Pearson Education Limited
Edinburgh Gate, Harlow,
Essex CM20 2JE, England
and Associated Companies throughout the world.

ISBN: 978-1-4058-8272-9

First published in Great Britain by Hodder and Stoughton Ltd 1982
First published by Penguin Books Ltd 2003
This edition first published 2008

1 3 5 7 9 10 8 6 4 2

Original copyright © Serpentine Publishing Co Pty Ltd 1982
Text copyright © Pearson Education Ltd 2008
All rights reserved

The moral rights of the authors have been asserted

Map on page viii by David Cuzik (Pennant)

Typeset by Graphicraft Ltd, Hong Kong
Set in 11/14pt Bembo
Printed in China
SWTC/01

Published by Pearson Education Ltd in association with
Penguin Books Ltd, both companies being subsidiaries of Pearson Plc

For a complete list of the titles available in the Penguin Readers series please write to your local
Pearson Longman office or to: Penguin Readers Marketing Department, Pearson Education,
Edinburgh Gate, Harlow, Essex CM20 2JE, England.

Contents

Introduction

Towards the end of their conversation Oskar said, 'In times like these, it must be difficult for a priest to tell people that their Father in Heaven cares about the death of every little bird. I'd hate to be a priest today when a human life doesn't have the value of a packet of cigarettes.'

'You are right, Herr Schindler,' said Stern. 'The story you are referring to from the Bible can be summarized by a line from the Talmud which says that he who saves the life of one man, saves the entire world.'

As a happy child growing up in a middle-class German family between the wars, Oskar Schindler would never have imagined that this line from the Talmud would guide him through the darkest days of the Second World War. He was not an intellectual man and did not have the patience to sit quietly and analyze situations. In fact, he was an ordinary businessman with ambitions to make a lot of money. After the Germans invaded Poland in 1939, Schindler saw his opportunity and started an enamelware company in the city of Krakow. He employed Jewish workers because they were cheaper than Polish workers. But gradually, as he observed how the SS treated the Jews, he understood that making money was less important than saving innocent lives. Putting his life at risk every day, he used his impressive charm and energy to fight his own war against the Nazi system and to save the lives of as many Jews as possible.

Schindler's List is an accurate, frightening history of what happened to real people in German-occupied territories between 1939 and 1945. It is, however, also a story of hope: a true story of how goodness can grow even in the most unlikely circumstances and become a positive example of heroism and courage for us all.

The story of *Schindler's List* is set mainly in Krakow, where the Nazis created one of five big Jewish ghettos during their occupation of Poland. Jewish people were divided into two groups: 'able workers' who could be usefully employed to help the Germans in their war efforts, and those who would be killed immediately in the gas chambers of Auschwitz, Belzec and other concentration camps. The story follows the history of the Jewish ghetto, from its creation in March 1941 until the final 'removal' of the Jews two years later. Over a two-day period in March 1943, under the command of Commandant Amon Goeth, 8,000 Jews were transferred to the labour camp at Plaszów, and 2,000 more Jews were killed in the streets of the ghetto. The rest were sent to die in Auschwitz.

Thomas Keneally was born in New South Wales, Australia, in 1935. After training to be a priest, then working as a schoolteacher and university lecturer, he became a writer. Many of his novels use historical material, but are modern in their psychology and style. The book first titled *Schindler's Ark* (1982) is his most famous novel and was the result of a meeting with Poldek Pfefferberg, a survivor of the Krakow ghetto and Plaszów labour camp. Keneally had visited Pfefferberg's shop two years earlier, in 1980. When Pfefferberg learnt that Keneally was a writer, he showed him his collection of files on the life of Oskar Schindler. *Schindler's Ark* won the most important literary prize in Britain, the Booker Prize, and is the basis of Steven Spielberg's film, *Schindler's List*. As a result of the film's worldwide success, Keneally's book is now published under the same title.

Since his first book, *The Place at Whitton* (1964), Keneally has written nearly thirty novels, including *The Chant of Jimmie Blacksmith* (1972), which was also made into a successful film. In addition to his novels, Keneally has written several works of non-fiction and four plays.

Steven Spielberg became internationally famous as a director of adventure and science-fiction films, from *Jaws* (1975) to *War of the Worlds* (2005). While he has always enjoyed making exciting adventure and science-fiction films, however, there is a more serious side to Spielberg. He has made films about the struggles of black people in the southern states of the United States (*The Colour Purple*, 1985), the slave trade (*Amistad*, 1997), ordinary people at war (*Empire of the Sun*, 1987, *Saving Private Ryan*, 1998) and international terrorism (*Munich*, 2005).

Before he made any of these films, however, Spielberg had read a *New York Times'* review of Thomas Keneally's book, *Schindler's Ark*. As a Jew himself, Spielberg was immediately interested in this amazing but true story of a Nazi who had saved Jews during the Second World War, and he persuaded Universal Studios to buy the book. When Poldek Pfefferberg met Spielberg in 1983, he asked him, 'Please, when are you starting?' Spielberg replied, 'Ten years from now.' He was unsure about his own emotional ability to make a film on such a sensitive but important subject and even offered it to another film director, Roman Polanski. But the project was too difficult for Polanski; he had spent some of his early childhood in the Krakow ghetto and his mother had been gassed at Auschwitz. Eventually, Spielberg felt ready to direct the film himself, with Liam Neeson taking the part of Schindler, Ben Kingsley as Itzhak Stern and Ralph Fiennes as Amon Goeth. When it was released in 1993, it was an immediate international success and won seven Oscars. More importantly, it brought both Schindler's story and the truth about the tragic suffering of Jews during the Second World War to a new mass audience, helping to fix that dark period of recent history in people's memories.

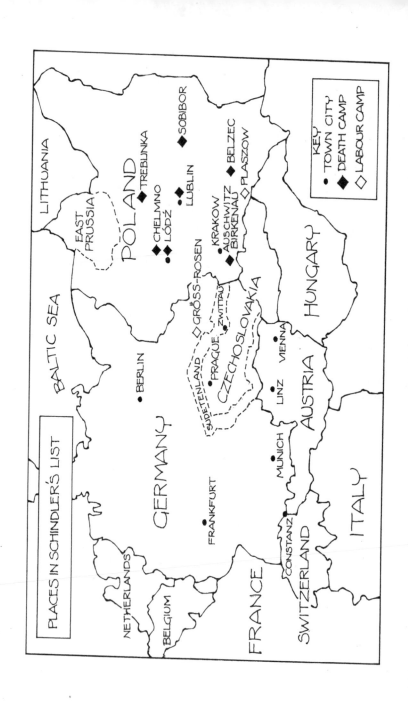

PLACES IN SCHINDLER'S LIST

KEY
• TOWN CITY
◆ DEATH CAMP
◇ LABOUR CAMP

Chapter 1 A Happy Child with a Bright Future

Oskar Schindler is the hero of this story, but nothing in his early life suggested that he would become a great, even a noble man.

Oskar was born on 28 April 1908 in the industrial town of Zwittau (now Suitava), where his family had lived since the beginning of the sixteenth century. In Oskar's childhood, this region was known as Sudetenland and was part of the Austrian Empire, ruled by Franz Josef. After the First World War it became part of Czechoslovakia, and later the Czech Republic.

Oskar's parents were great supporters of Franz Josef and proud to be Sudeten 'Germans'. They spoke German at home and at their jobs, and their children went to German-speaking schools. Few people in this quiet corner of Czechoslovakia objected to the way of life that the Schindlers and other Sudeten Germans had chosen for themselves.

Zwittau was a small industrial city, surrounded by hills and forests. Oskar's father, Hans Schindler, owned a factory which made farm machinery and employed about forty-five people. Oskar studied engineering in secondary school with the idea that one day he would run the factory for his father.

Herr* Schindler was a big, sociable man. He enjoyed fine wine and good tobacco and liked to spend his evenings in coffee houses, where the conversation was clever and amusing. He was the kind of man who could drive a wife to religion, and Frau Louisa Schindler practised her Roman Catholic faith with energy and sincerity. It worried her that her son stayed away from church as much as his father did.

*Herr, Frau: German for Mr and Mrs. Unlike the English titles, they can be used with other titles, such as Herr Direktor or Herr Kommandant.

In later years Oskar and his sister, Elfriede, remembered a childhood filled with sunshine. They lived in a modern house with a big garden and enjoyed being the children of a successful businessman. Oskar had an early passion for cars and began building his own motorbike as a teenager.

Some of the students at Oskar's German secondary school were from middle-class Jewish families and had fathers who were also successful businessmen. In fact, a liberal Jewish rabbi and his family lived next door to the Schindlers. Rabbi Kantor was a modern, intellectual man, proud to be both a German and a Jew, and always ready to enjoy a friendly debate about religion or politics with Herr Schindler. His sons went to school with Oskar and Elfriede, and the four children ran and played between the two gardens.

The Kantor boys were bright students, perhaps intelligent enough to become lecturers at the German University of Prague one day. But this dream changed in the mid-thirties. Rabbi Kantor had to admit that the Nazi Party* would never permit a Jew to teach at a university or to succeed as a scientist or businessman. There was certainly no type of rabbi that was acceptable to this new government either. In 1936 the Kantor family moved to Belgium, and the Schindlers never heard of them again.

History and politics meant little to Oskar as a teenager. His enthusiasm was centred around fast motorbikes, and his father encouraged this interest. In Oskar's last year at school, Hans Schindler bought his son an Italian motorbike. Then in the middle of 1928, at the beginning of Oskar's sweetest and most innocent summer, he appeared in the town square on a Moto-Guzzi, an amazing motorbike usually owned only by professional racers.

*Nazi Party: National Socialist German Workers' Party. A German political party from 1919, it dominated Germany from 1933 to 1945 under its leader, Adolf Hitler. One of the Nazis' goals was to rid German territories of all Jews.

For three months Oskar forgot about his studies and his future and entered professional motorbike races. He did very well and loved every exciting minute of this life. In his final race, in the hills on the German border, Oskar was competing against the best riders in Europe. He kept close to the leaders throughout the race and just failed to win. Even though people said he could become a champion racer, Oskar decided to end his motorbike career after that thrilling afternoon. The reason may have been economic because, by hurrying into marriage with a farmer's daughter that summer, Oskar lost the approval of his father, who was also his employer. The elder Schindler could see that Oskar was similar to him, and he worried that his son was marrying a girl like his own mother: a girl who was quiet, graceful and religious, but not very suitable for the sociable, charming and handsome Oskar.

The bride's father, a wealthy widower, was as unhappy about the marriage as Hans Schindler was. He was a gentleman-farmer who had expected Emilie, his daughter, to do better than to marry a boy on a motorbike with no money of his own. The bride, according to the custom of the time, agreed to bring a large sum of money into the marriage. Most of this money was never paid, however, because Emilie's father did not believe that Oskar would settle down and be a good husband to his only child.

Emilie, on the other hand, was delighted to leave her small village and her father's old-fashioned household, where she had to act as hostess to him and his boring friends. She was enthusiastic about moving into an apartment in Zwittau with her tall, handsome young husband. However, Emilie's dream of a happy marriage did not last long. Oskar followed his father's example and forgot about his wife in the evenings, staying in cafés like a single man, talking to girls who were neither religious nor quiet.

Hans Schindler's business went bankrupt in 1935, and soon afterwards he left his wife and found an apartment on his own.

Oskar hated his father for abandoning his mother and refused to speak to him. The son seemed blind to the fact that his treatment of Emilie was already following the same pattern.

Meanwhile, even though the world's economy was suffering, Oskar managed to get a good job. He had good business contacts, he had a background in engineering and he was good company. These qualities made him the perfect man to become the sales manager of Moravian Electrotechnic. He began travelling a lot, which reminded him of his time as a motorbike racer, and which gave him an excuse to stay away from his responsibilities in Zwittau.

By the time of his mother's funeral in the late 1930s, Oskar, like many young Czech Germans, was wearing a swastika, the badge of the Nazi Party, on the collar of his suit. He was still not interested in politics, but Oskar was a salesman. When he went into the office of a German company manager wearing the swastika, he got the orders that he wanted.

Oskar was a busy, successful salesman, but he could feel something even more exciting than money in the air. In 1938, in the month before the German army entered Sudetenland and made it part of the Third Reich,★ Oskar sensed that history was being made, and he wanted to be part of the action.

But, just as quickly as he had become disappointed in marriage, Oskar became disappointed with the Nazi Party. When German soldiers captured Sudetenland, Oskar was shocked by their rough treatment of the Czech population and the seizing of property. By March of 1939 he had quietly turned away from the Party.

Oskar was not ready to reject Hitler's grand plans completely at this time. In 1939 it was still not clear what kind of men would lead Germany forward. One evening that autumn at a party near

★Third Reich: Germany during the period of Nazi rule from 1933 to 1945

the Polish border, the hostess, a client and friend, introduced Oskar to a sociable, clever German named Eberhard Gebauer. The two men talked about business and the political situation in Europe. After several glasses of wine Gebauer explained that he worked for German military intelligence and asked Oskar if he could help them in Poland. With his charm and contacts, Oskar would be a useful agent for collecting military and industrial information for the German government.

Oskar agreed to the proposal for two reasons. First, it meant that he would not have to serve in the army, and second, he almost certainly approved of Germany's plan to seize Poland. He believed in Hitler's goals as he understood them at that time, but he still hoped that there would be civilized ways to achieve them. He hoped that decent men like Gebauer, not men like Himmler* and the SS,† would guide Germany.

Oskar was praised in the following months for his useful and thorough reports. He was good at persuading people to talk to him over a fine dinner with an expensive bottle of wine or two. As he did this work and continued as a salesman, Oskar also discovered that Krakow, the ancient centre of cultural life in Poland, offered many possibilities to an ambitious young businessman.

Chapter 2 War Brings Troubles and Opportunities

Germany invaded Poland from the west on 1 September 1939. The USSR invaded Poland from the east on 17 September. The Second World War had begun.

---

*Heinrich Himmler (1900–1945): German Nazi leader who directed the SS and Gestapo forces and ran the concentration camps in the Second World War
† SS: the special military and security unit of the Nazi Party

By the seventh week of German rule, the inhabitants of Krakow were struggling to make sense of the orders that arrived daily from the authorities in Berlin. Poles had to exist on the rations allowed to them; they had to do whatever jobs they were given.

But the Jews of Poland, who represented one in every eleven of the population, began to realize that their situation was particularly dangerous. Already they had to declare their Jewish origins and carry Jewish identity cards. As sub-humans, as the Germans insultingly called them, they received only half of the official rations given to non-Jewish Poles. The German administration insisted that all Jews must register with the appropriate government office by 24 November of that year. In this environment, it was obviously wise for a Jew to be careful of what he said and did.

One Polish Jew who understood what was happening better than most people in Krakow was Itzhak Stern, chief accountant at J C Buchheister and Company and an expert on Jewish law and religious texts. One day in October his new German bosses called him into the director's office as usual. They understood very little about the factory they were now running and relied on Stern to guide them.

The thin, intellectual Jew entered the big office and was introduced to Oskar Schindler and Ingrid, a beautiful young Sudeten German who had recently become the manager of a Jewish tool factory. They were an elegant, stylish couple, full of confidence and clearly in love with one another. They would go far under this new system.

'Herr Schindler,' the German director said, 'this is Itzhak Stern. He understands this factory and can also help you with information about other local industries.'

According to the rules of the day, Stern said, 'I have to tell you, sir, that I am a Jew.'

'Well,' Schindler confessed with a smile, 'I'm a German. So let's talk business.'

It's easy for you to be friendly, thought the accountant, *but I must still live by your rules*. Nevertheless, Stern understood history and trusted that, even though conditions would probably get worse, the Jews would survive in Poland. As a race, they had learnt how to deal with foreign rulers over many centuries. And anyway, young businessmen like Oskar Schindler still needed people with experience, whether they were Jews or not.

When Stern was alone with Oskar and Ingrid, Oskar began the conversation. 'I would be grateful if you could tell me about some of the local businesses.'

'With respect, Herr Schindler,' said Stern, 'perhaps you should speak to the German officials who are now in charge of business in Krakow.'

Schindler laughed and said, 'They're thieves and rule-makers. I don't like having to follow a lot of rules.'

So Stern and the young industrialist began to talk. Stern had friends or relatives in every factory in Krakow and understood how the economy worked. Schindler was impressed and finally asked the question he had come to ask: 'What do you know about a company called Rekord?'

'It went bankrupt before the Germans arrived. It made enamelware, but was badly managed,' Stern reported.

'I have the financial statements for the company's last five years in business. Can you give me your opinion of them?' asked Schindler as one businessman to another.

Stern looked carefully at this friendly German. Like many Jews, he had the gift of knowing in his bones who was a good non-Jew. He began to sense that it might be important to be connected with Oskar Schindler; he might be able to offer a kind of safety.

'It's a good business,' Stern continued. 'And, with the kind of machinery it has, there's the possibility of military contracts.'

'Exactly,' Schindler replied. 'The German government is looking for Polish factories that can produce army equipment:

pots, dishes and spoons for the soldiers. With my background, I understand the kind of company we're talking about.'

Stern sensed that he could be honest with the young German. 'I can help you with the legal work. You should rent the property with the option to buy.' Then, more quietly, he added, 'There will be rules about who you can employ.'

Schindler laughed. 'How do you know so much about the authorities' intentions?'

'We are still permitted to read German newspapers,' said Stern. Actually, he had read documents from the German government that he had seen on the desks of his new bosses. He knew that one of the aims of the Third Reich was to get rid of all Jewish owners, then all Jewish bosses and, finally, all Jewish workers.

As the two men left the office, Schindler became philosophical and began talking about the fact that Christianity had its roots in Judaism. Maybe he was reminded of his boyhood friends, the Kantor brothers. Stern had written articles about religion in serious journals and quickly realized that Oskar's knowledge of religion and philosophy was not very deep, but that his feelings were sincere. A friendship began to form between the two men.

Towards the end of their conversation Oskar said, 'In times like these, it must be difficult for a priest to tell people that their Father in Heaven cares about the death of every little bird. I'd hate to be a priest today when a human life doesn't have the value of a packet of cigarettes.'

'You are right, Herr Schindler,' said Stern. 'The story you are referring to from the Bible can be summarized by a line from the Talmud* which says that he who saves the life of one man, saves the entire world.'

'Of course, of course,' answered the German.

*Talmud: the most important book of holy writings for Jews

Rightly or wrongly, Itzhak Stern always believed that these words from the Talmud guided Oskar Schindler throughout the next five years.

◆

Schindler met Itzhak Stern by accident because he kept his eyes and ears open for people who might be useful to him. He met another Krakow Jew, Leopold Pfefferberg, by chance too.

Like other important Germans in the Polish city in 1939, Oskar had been given a fine apartment by the German housing authorities. It had previously been owned by a Jewish family by the name of Nussbaum who the authorities had ordered to move out without paying them for the apartment or its furniture.

Years later, several of Oskar's friends from the war claimed that he searched Krakow for the Nussbaum family in 1939 and gave them enough money to escape to Yugoslavia. This kind of generous behaviour was typical of Schindler. In fact, some people said that being generous became a disease in him – a disease because he was always in danger of dying from it.

Back in 1939 Oskar liked his big new apartment very much, but he wanted to decorate it in a more modern style. He heard that Mrs Mina Pfefferberg was the best interior decorator in Krakow, so he went to see her.

Mrs Pfefferberg and her husband were still living in their own apartment, but they feared a visit from the Gestapo,* announcing that the Pfefferberg home now belonged to a German army officer or businessman. (In fact, their apartment was taken from them by the Gestapo before the end of 1939.) When Mrs Pfefferberg heard a knock one morning in October, looked through a crack and saw a tall, well-dressed German with a

---

*Gestapo: the Nazi secret police; the SS and the Gestapo controlled the concentration camps.

swastika pinned to his suit, she thought that day had arrived. She looked at her 27-year-old son, Leopold, with alarm in her eyes.

'Mother, don't worry. The man is not wearing a Gestapo uniform. He's probably looking for me,' said Leopold calmly. He had been an officer in the Polish army until their defeat in September and, after he had been captured, managed to avoid being sent to Germany. Perhaps the Germans had found him now. Recently he had been surviving by buying and selling on the black market because he had not been allowed to return to his real job as a physical education teacher. In fact Jewish schools were closed soon after this time.

'Answer the door, Mother,' whispered Leopold. 'I'll hide in the kitchen and hear what he wants. If he makes trouble for you, I've got my gun.'

Mrs Pfefferberg nervously opened the door.

'You're Mrs Pfefferberg?' the German asked. 'You were recommended to me by Herr Nussbaum. I have just taken over an apartment near here and would like to have it redecorated.'

Mrs Pfefferberg could not manage a reply, even though the German was speaking politely. Leopold stepped into the room and spoke for her. 'Please, come in, sir.'

'Thank you. I am Oskar Schindler. My wife will be coming here from Czechoslovakia,' he explained, 'and I'd like to have my new apartment ready for her.'

With her strong, healthy son beside her, Mrs Pfefferberg relaxed and began to talk to Schindler as a client, discussing fabrics and colours and costs. After it was settled that Mrs Pfefferberg would do the work, Oskar turned to Leopold and said, 'Could you visit me at my apartment one day and discuss other business matters? Maybe you can tell me how to get local products when the shops are empty. For example, where would a man find such an elegant blue shirt as yours?'

Leopold knew that this man wanted more than a good blue shirt; his business sense told him that he could make some profitable deals with this customer. He answered, 'Herr Schindler, these shirts are hard to find and they're extremely expensive. But give me your size and I'll see what I can do.'

Oskar expected to be charged a very high price for the shirts, but he was sure that this Jew would be useful to him. In fact, Leopold became one of Oskar's most reliable sources of black market luxuries, and, as the years passed, those luxuries kept Oskar in business time after time.

◆

By December of 1939 it had become clear that the Germans would not be leaving Krakow very soon, but Oskar, and even many Polish Jews, continued to hope that the situation would be better in the spring. After all, the Jews told themselves, Germany is a civilized nation.

Through his contacts in the German police and military, Oskar heard troubling rumours. He learnt that the SS would carry out their first *Aktion*★ in a Jewish suburb of Krakow on 4 December. He went to the Buchheister offices and dropped hints for Stern, but this was the first *Aktion* and few believed it would happen.

The SS plan was to carry the war against the Jews from door to door. They broke into apartments and emptied desks and wardrobes; they took rings off fingers and watches out of pockets. A girl who would not give up her fur coat had her arm broken. A boy who wanted to keep his skis was shot.

There were worse events occurring in other parts of the city, being carried out by a group of German soldiers with special duties, known as the Einsatz Group. From the beginning of the

★*Aktion*: a military operation against private citizens by the SS

11

war, they had understood that Hitler's plan meant the extinction of the Jewish race, and they were willing to take extreme steps to achieve this goal.

While the SS were busy with their first *Aktion* in Krakow, Einsatz soldiers entered a fourteenth-century synagogue in another Jewish neighbourhood, where traditional Jews were at prayer. Their companions went from apartment to apartment and drove the less religious Jews into the synagogue too.

The Einsatz leader ordered each Jew to spit on the holy Jewish texts at the front of the hall or be shot. One man, described by people in the neighbourhood as a gangster with no interest in religion, refused to spit on the book.

'I've done a lot of bad things in my life,' the crook said, 'but I won't do that.' The Einsatz men shot him first. Then they shot the rest of the Jews and set fire to the place, destroying the oldest of all Polish synagogues.

But higher up the ladder of Nazi authority, men were discussing the weakness of a plan that required German soldiers to kill Jews one at a time, or even in small groups. They were looking for a faster, more efficient method of solving the Jewish 'problem' in Europe. Scientists eventually found a technological solution: a chemical named Zyklon B that could be used to kill hundreds of Jews at a time in secret sites throughout the German empire.

Chapter 3 Adjusting to a World at War

Oskar Schindler continued to consult with Itzhak Stern throughout 1939. Soon his plans were in place to open Deutsche Email Fabrik, or DEF, in the buildings of the former Rekord Company in the suburb of Zablocie. The factory would produce enamelware for the kitchens of Poland and for the German army. Oskar had the site, the experience and the right contacts in the

German administration, but he needed cash. Stern introduced him to Abraham Bankier, a Jew and former office manager at Rekord.

On 23 November 1939, all Jewish money and accounts in Polish banks had been frozen by the Germans. Jews could not touch any of their cash, but some of the rich Jewish businessmen had already put their money elsewhere, often in diamonds, gold or pieces of art. Bankier met with a group of these men, and they agreed to invest money in Oskar's factory in exchange for a certain quantity of enamelware over the next year. They knew that manufactured goods would be more useful to them than cash.

The men left their meeting with Bankier without a written contract. Such contracts were not considered legal documents in those days, but in the end the Jews found that they had made a good deal. Schindler was honest and generous; the Jews who put money into DEF received everything they were promised.

When DEF opened, Oskar employed forty-five workers and made only enamelware. At the beginning of 1940, to no one's surprise, the factory began to receive contracts from the army. Oskar had worked hard to make friends with men who had influence in government offices and in the army, entertaining them at the best restaurants and clubs and remembering birthdays and other special celebrations with wine, carpets, jewellery, furniture and baskets of luxury food.

After asking for and receiving permission to expand his business, Oskar bought new machines and opened more of the old buildings, with one section producing pots and pans and another producing military equipment for the German army. By the summer of 1940, DEF had 250 employees of which 150 were Jews. Many of them had been introduced to Oskar by Stern, and DEF began to win a reputation as a safe place for Jews to work.

The beautiful Victoria Klonowska was a Polish secretary in DEF's front office, and Oskar began a romantic relationship with her. Ingrid, his German girlfriend, lived with him in his new apartment. Emilie, his wife, continued to live in Zwittau. These three women obviously knew about each other, and about the other occasional girlfriends that Oskar was seen with around the city. Oskar never tried to make a secret of his love life, and because he did not lie to any of the three women, traditional lovers' arguments never developed.

Victoria Klonowska was blonde and very attractive and wore clothes that were different from those of the depressed, grey women on the streets of Krakow. For Christmas Oskar bought her a ridiculous little white dog which perfectly suited her fresh, fashion-magazine style. But Oskar appreciated her for more than just her beauty: she was also efficient, clever and persuasive. She knew how to talk to important people and how to keep them on Oskar's side. She also knew Krakow well and could recommend people and places that met her boss's needs.

Oskar took Nazi leaders and other German officials to the old, traditional Hotel Krakovia, where they could eat heavy meals and drink expensive German wines while listening to old-fashioned music from Vienna. But he wanted a good night-club where he could take his real friends, and Victoria knew the perfect place. She recommended a jazz club which was popular with students and young lecturers from the university and which would not attract SS men or Nazi supporters.

At the end of 1939 Oskar organized a Christmas party at the jazz club for a group of friends. These men were all Germans who were away from their homes, and they all had doubts about some of the goals of the Nazi administration. Oskar had done business with each of them, and he had enjoyed long sociable evenings in their company.

Eberhard Gebauer from military intelligence, who had first sent Oskar to Poland, was among the party. Oskar's work for Gebauer had continued, even including reports on the behaviour of the SS in Krakow. Gebauer invited the other guests to raise their glasses.

14

'I ask you to raise your glasses to our good friend, Oskar Schindler, and to the success of his enamelware factory. If DEF makes a lot of money, Herr Schindler will throw a lot more parties – and his are the best parties in the world!'

The men around the table shouted, 'To Oskar!'

But after a fine meal and a few more speeches, the talk turned to the subject that none of them could forget: the Jews.

'We spent the day at the railway station, trying to decide what to do with boxcar after boxcar full of Jews and Poles,' complained Herman Toffel, a young German policeman. 'We're at war, but the whole railway system is being used to send all the Jews from the German territories to us. How is the German army travelling? By bicycle?'

Soon everyone in Poland would get used to the sight of trains packed with human beings who had been pushed into the boxcars by lying SS men with the promise that their luggage would be waiting for them at the other end. But at Oskar's 1939 Christmas party people were still surprised by this idea.

'They call it "concentration",' said Toffel. 'That's the word in the official documents. I call it a waste of our time. What are we supposed to do with more Jews?'

'The men at the top say that they are going to get rid of all of the Jews in Krakow as soon as possible,' said a military man. 'They may allow five or six thousand Jewish workers with special skills to stay, but I don't know what they're going to do with the rest of them, not to mention all the new arrivals.'

'Maybe the Judenrat* will find work for them,' suggested Gebauer. 'Their leader has given my office a plan for using Jewish labour. They are willing to carry coal, sweep streets, dig ditches – anything to make themselves useful.'

*Judenrat: a Jewish council set up in each Jewish community by order of the German administration

15

'They'll cooperate to avoid something worse,' added another of the guests. 'That's how they've always survived.'

'But this time things are going to be different. They don't have any idea how to save themselves from the plans of the SS,' said Gebauer rather sadly.

Oskar could see from the faces of the men at this table that they did not hate Jews, and he felt a sense of relief in their company. These men were his friends, and in the future they would also help him to carry out his own plans.

Oskar did not spend all of his time in restaurants and clubs. He worked very hard during DEF's first year in business – harder than he had ever worked in his life – but it was worth it because DEF was making a fortune for him. Part of Oskar's satisfaction came from the fact that he was employing a lot more people and was making a lot more money than his father had ever done.

The only thing that slowed down the work in the factory was the weather. On bad days the SS men stopped Jews on their way to work and made them clear the streets and pavements of snow. Sometimes as many as 125 workers failed to arrive at the factory on a winter morning. Oskar went to SS headquarters to complain to his friend Herman Toffel.

'I have military contracts,' explained Oskar, 'and DEF is part of an essential industry. My products will help Germany win the war, but my workers must arrive at my factory on time every day.'

'Oskar, these SS men don't care about contracts or essential industries. They want to see Jews working like slaves for them. They're causing problems for every factory in Krakow.'

Oskar left thinking about what Toffel had said. A factory owner must have control over his workers; they must not be prevented from coming to work. It was an industrial principle, but also a moral one. Oskar would apply it to the limit at DEF.

◆

As his employees worked on DEF's military contracts at the beginning of 1941, Oskar began to hear rumours that a ghetto was planned for the Jews in Krakow. He hurried to Itzhak Stern's office to warn him.

'Oh yes, Herr Schindler,' said Stern calmly, 'we have heard about this plan. Some people are even looking forward to the ghetto because we'll be together inside, and the enemy will be outside. We can run our own affairs without people throwing stones at us or spitting on us. The walls of the ghetto will be the final step that the Germans will take against us.'

On the same day, Schindler heard two Germans talking in a bar. 'All Jews have to be inside the ghetto by 20 March. Things will be better without Jews living near us.'

'Better for the Poles too,' added his friend. 'They hate the Jews as much as we do. They blame them for everything that has gone wrong in Poland in this century. When I came here in 1939, the Poles wanted to help us punish the Jews. Maybe even the Jews will be happier if they're separated from the Poles and from us.'

Many Jews agreed with this opinion even though they knew that life in the ghetto would be very hard. The ghetto itself would be small, and they would have to live in crowded rooms, sharing their space with families who had different customs and habits. They would have to have an official labour card to be able to leave the ghetto for work, which they would no longer be paid for. They would have to survive on their rations.

But there would be definite rules, and the Jews believed they would be able to adjust to them in a place where their lives could again be organized and calm. For some older Jews the ghetto also represented a kind of homecoming, and like Jews over the centuries in other ghettos, they would drink coffee together, even if they could not have cream in it, and they would enjoy being Jewish among Jews.

By March, as he drove one of his four luxury cars from his apartment to his factory each morning, Oskar saw Jewish families carrying or pushing their odd bits and pieces into the ghetto. He assumed that this was how Jewish families had arrived in Krakow over five hundred years before.

For two weeks, the Jews walked between the apartments and the ghetto with their beds, their chairs, their pots and pans. They had hidden their jewellery and their fur coats under piles of pillows and blankets. As they walked through the streets, crowds of Poles threw mud and shouted, 'The Jews are going! Goodbye, Jews!'

An official from the Judenrat Housing Office met each family at the ghetto gate and directed them to their room. On 20 March the move was complete, and for the moment, the Jews were at rest.

Twenty-three-year-old Edith Liebgold now lived in one room with her mother and her young baby. When Krakow had fallen to the Germans eighteen months before, her husband had become severely depressed. One day he had walked into the forest and never come back.

On her second day inside the ghetto, Edith saw an SS truck stop in the square and take people away to clean the streets. It was not the work that Edith was afraid of, but she had heard rumours that the trucks usually returned with fewer people than when they left.

Next morning Edith went to the Jewish Employment Office with a group of her friends. She hoped to be able to get a job at night when her mother could look after the baby. The office was crowded – everyone wanted a job in essential industry and a labour card. Edith and her friends were talking and laughing together when a serious-looking man in a suit and tie came over to them. He had been attracted by their noise and energy.

'Excuse me,' said Abraham Bankier. 'Instead of waiting, there is an enamelware factory in Zablocie which needs ten healthy women to work nights. It's outside the ghetto so you'll get labour cards. You'll be able to get things you need on the outside.'

He waited and let the girls think for a minute or two.

'Is the work hard?' asked one girl.

'Not heavy work,' he assured them. 'And they'll teach you on the job. The owner is a good man.'

'A German?'

'Of course,' said Bankier, 'but one of the good ones.'

'Does he beat his workers?' asked Edith.

'No, never,' answered Bankier. 'And he gives them good thick soup and bread every day.'

That night Edith and her friends arrived at DEF and were taken upstairs to the director's office by Bankier. When he opened the door, the girls saw Herr Schindler sitting behind a huge desk, smoking a cigarette. The girls were impressed by the tall, handsome figure who stood to greet them. His clean, shiny hair was between blonde and light brown. In his expensive suit and silk tie, he looked like a man on his way to the theatre or a smart dinner party. He looked, in fact, like Hitler's perfect German.

'I want to welcome you,' he told them in Polish. 'If you work here, then you will live through the war – you'll be safe. Now I must say good night to you. Mr Bankier will explain your jobs.'

How could anyone make this promise to them? Was he a god? Maybe so, because they all believed him. Edith and the other girls began their nights at DEF in a happy dream, remembering Herr Schindler's magic words. If he was wrong, then there was nothing good in the world: no God, no bread, no kindness. But he was their best hope, and they continued to believe him.

◆

Just before Easter Oskar left Krakow and drove west through the forests to Zwittau to visit Emilie and the rest of his family. For a few days he wanted to spend money on them and enjoy their admiration of his expensive car and his success in Poland.

Emilie was pleased to have Oskar at home for the holiday and looked forward to attending church with her husband and walking through Zwittau together like an old-fashioned couple. But their evenings alone in their own house were formal and polite rather than happy and romantic. There was always the question of whether or not Emilie should move to Krakow. Wasn't it her duty as a good Catholic wife to be living with her husband? But Emilie would not consider moving to Poland unless Oskar gave up his girlfriends and protected her reputation as his wife.

Unfortunately they could not discuss their situation openly, and so they continued to follow their old ways. After dinner each evening Oskar excused himself and went to a café in the main square to see old friends, most of whom were now soldiers. After a few drinks on one occasion a friend asked, 'Oskar, why isn't a strong young fellow like you in the army?'

'Part of an essential industry,' responded Oskar. 'Someone has to supply the German army with the things it needs.'

They laughed and told stories from before the war. Then one of the friends got serious. 'Oskar, your father is here. He's sick and lonely. Why don't you have a word with him?'

'No, I'm going home,' answered Oskar quickly, but the friend pushed him into his chair as another led Hans Schindler over.

'How are you, Oskar?' asked the elder Schindler in a weak voice.

Oskar was surprised to see how small and ill this proud old man looked. Oskar knew from his own marriage that relationships could follow laws of their own; he understood now why his father had left his mother. He put his arms around the old man and kissed him on the cheek. His soldier friends, who had once been motorbikers like Oskar, cheered.

Back in Krakow, Oskar began to receive letters from his father, always on the same topic: Hitler would not win the war because, in the end, the Americans and Russians would crush his evil empire. Oskar smiled at his father's lack of loyalty to the German leader, then sent him another cheque to make up for the lost years.

◆

Of course life in the ghetto could never match the optimistic dream that many Jews had in March of 1941. Life changed when the administration of the ghetto passed from the control of the local German authorities, who relied on help from the Judenrat and the ghetto's own police force, to Gestapo Section 4B, which was in charge of religion. This change occurred in the other big Jewish ghettos in the cities of Warsaw and Lódz too. In Krakow SS boss Julian Scherner now made all the rules for his ghetto, and life became even harder for the Jews under his administration.

Some young Jewish men who had never had any power or position in the Jewish community took jobs in the new administration and learnt to make money by accepting bribes and making lists of uncooperative Jews for the SS. They were happy to obey Herr Scherner if it meant more power and more bread for them and their families. But would their luck last? Germany invaded Russia in 1941, and the nature of SS planning changed. The entire Nazi army was now preparing for a long war and carrying out Hitler's plan to make Germany a racially pure nation.

Oskar visited the ghetto in April to order two rings from a jeweller and to have a look around. He was shocked by the crowded conditions and the offensive smells, even though the women worked all day trying to keep the ghetto clean and free of lice in order to prevent the spread of infectious diseases. The situation made Oskar think about the land behind his factory. He knew how to get as much wood as he wanted, and he began to wonder if he could get permission to build on this land.

For Oskar Schindler 1941 was a fast, busy, but still almost easy year. He worked long hours, went to parties at the Hotel

Krakovia, to drinking evenings at the jazz club and to romantic dinners with Victoria Klonowska. When the leaves began to fall, he wondered where the year had gone.

Then, near the end of the year, he was arrested. Perhaps a Polish shipping clerk or a German engineer had reported him to the Gestapo for breaking one of the many new rules. But more likely, it was because of Oskar's black market trading. You could never predict how people would react to success.

'You must bring your business books with you,' ordered one of the young Gestapo men who had come to arrest him.

'Exactly what books do you want?' asked Oskar, quickly realizing that these boys had not arrested many people before.

'Cash books,' said the other boy. Then the two of them went back to the outer office when the beautiful Miss Klonowska offered them coffee. Oskar got his accounts and made a list of names.

'Miss Klonowska,' said Oskar when he came out of his office, 'please cancel these meetings for tomorrow.' He handed her a piece of paper, which was actually a list of people with influence. With friends like these Oskar felt confident that he would not disappear forever behind the gates of the SS jail.

At SS headquarters Oskar was left at the desk of an older German. 'Herr Schindler,' said the official, 'please sit down. We are investigating all companies that are manufacturing products for the war effort.' Oskar did not believe the man, but he nodded to show that he understood. 'It is the duty of every factory owner to concentrate on helping our army.'

'Of course,' Oskar agreed.

'You live very well,' said the official. 'And we need to know that all of your money comes from legal contracts. We will have to keep you here while we examine your books.'

Oskar smiled and said, 'My dear sir, whoever gave you my name is a fool and is wasting your time. But, I assure you, when

Herr Scherner and I are laughing about this over a glass of wine, I will tell him that you treated me very politely.'

Oskar was then taken to a comfortable bedroom with its own bathroom and toilet. Soon there was a knock at the door, and Oskar received a small suitcase that Victoria had brought for him. It contained a bottle of whisky, some books, clean clothes and a few small luxuries. Later, a guard brought him an excellent supper with a good bottle of wine.

Next morning the official from the night before visited him. 'Herr Schindler, we have looked at your books, and we have received a number of telephone calls. It is clear that anyone who has such a close relationship with Herr Scherner and other important men is doing his best for the war effort.'

Downstairs Victoria Klonowska was waiting for him, happy that her telephone calls had worked, and that Oskar was leaving the death house without a scratch. But, as he kissed Victoria, Oskar suspected that this would not be the last time the Gestapo would call him in to ask questions about his business.

Chapter 4 Mercy Is Forgotten

Late one afternoon in 1942, when the rest of the family were at work, Mrs Clara Dresner heard a knock at the door of her family's crowded room in the ghetto. She hesitated – life was too uncertain to allow people to be friendly – but she knew there would be trouble if she ignored an official at her door. But instead of someone from the Judenrat, or even an SS officer, Mrs Dresner was surprised to see two Polish peasants and Genia, the daughter of her cousin, Eva.

Genia's parents had left her in the country with these poor farmers because they believed she would be safe there, but now even the countryside was as dangerous as the ghetto. The old Polish couple were very fond of the little girl and had treated her like a special grandchild, but neither they nor Genia were safe while the SS offered cash for every Jew who was betrayed.

Genia, always dressed in the red cap, red coat and small red boots which the peasants had lovingly given her, settled into her new life and did as she was told without question. Mrs Dresner's only concern was how strangely careful the three-year-old was about what she said, who she looked at and how she reacted to any movements around her.

The Dresner family tried to make conversation about 'Redcap's' real parents because they wanted the little girl to relax and feel at home with them. The parents had been hiding in the countryside too, but now planned to return to the relative safety of the Krakow ghetto. The child nodded as Danka, Mrs Dresner's teenage daughter, talked, but she kept quiet.

'I used to go shopping for dresses with your mother, Eva. Then we would go to a lovely tea shop and have delicious cakes. Eva always let me have hot chocolate too.'

Genia did not smile or look at anyone. 'Miss, you are mistaken,' she said. 'My mother's name is not Eva. It's Jasha.' She gave the names of the other people in her fictional family and explained where she was from. The Dresners frowned at each other but understood that this false history, which the peasants had taught her, might save her life one day.

◆

It was 28 April 1942, Oskar Schindler's thirty-fourth birthday, and he celebrated like a rich, successful businessman – loudly and expensively. A party atmosphere spread throughout the departments of DEF as Oskar provided rare white bread with the workers' soup and plenty of wine for his engineers, accountants and office workers. He passed out cigarettes and cake, and later a small group of Polish and Jewish men and women, representing the factory workers, entered the director's office to give him their best wishes.

Oskar, feeling very happy on his special day, shook hands and even kissed one of the girls.

That afternoon someone reported Herr Schindler to the authorities with a charge more serious than making money on the black market. This time Oskar was accused of a racial crime; no one could deny that he was a Jew-kisser.

He was arrested on 29 April and rushed off to Montelupich prison, an even more frightening place than Pomorska prison, where he had been taken previously. Oskar knew that he could not expect a civilized chat with an SS officer or a comfortable bedroom and good food at Montelupich. As he was led into a small dark cell with two narrow beds and two buckets on the floor – one for water and one for waste – Oskar just hoped that he would get out of this place alive and unharmed.

The door was locked behind him and after Oskar's eyes adjusted to the darkness, he realized he was not alone.

'Welcome, sir,' said an SS officer. Oskar was careful now. It was likely that this man was here to spy on him, but with nothing else to do, the two Germans eventually began to talk. Oskar acted surprised by the man's complaints against the SS – they were cruel, greedy murderers – but he was determined not to share his own opinions of them. He desperately wanted a drink; a certain amount of alcohol would make the time go faster and make his companion seem more normal.

Oskar banged on the cell bars and called for a guard. 'Is it possible to order five bottles of whisky? Here's the money.'

'Five bottles, sir?' asked the guard.

'Yes, my friend and I would like a bottle each as we're enjoying a rare opportunity for good conversation. I hope that you and your colleagues will accept the other bottles as a gift from me. And could I ask you to call my secretary and give her this list of names? I'm sure a man in your position has the power to make a routine phone call for a prisoner.'

'Are you crazy?' asked the SS officer when the guard had walked away. 'Bribing a guard is more dangerous than kissing a Jew!'

'We'll see,' said Oskar calmly, but he was frightened.

The whisky arrived and helped Oskar through his five anxious days in Montelupich. In the end his important friends got him released again, but before he left, he was called into the office of Rolf Czurda, head of the Krakow.Special Duty groups.

'Oskar,' said Czurda, as an old friend, 'we give you those Jewish girls to work in your factory. You should kiss us, not them.'

'You're right, but it was my birthday.'

Czurda shook his head. 'Oskar, don't be a fool. The Jews don't have a future, I assure you. The extinction of the Jews is part of our official programme, and your important friends might not be able to save you if something like this happens again.'

◆

By the summer of 1942 any idea of the ghetto being a small but permanent community had gone. There was no longer a post office, a newspaper, a restaurant or even a school. The Nazis made it clear that the ghetto would not be there for long.

Everyone in the ghetto had to have a yellow identity card with a photo and a large blue 'J' for Jew. If you were lucky, you would get the *Blauschein*, or blue stamp, attached to your card to prove that you had an essential job outside the ghetto. Without the *Blauschein*, life became even riskier than before.

Leopold Pfefferberg continued to live by doing favours for Oskar, by buying and selling on the black market and by teaching the children of Symche Spira, chief of the Jewish ghetto police. Because he had this job, Pfefferberg expected to get the *Blauschein* with no trouble when he went to the Labour Office, but the clerks refused to give him the stamp. 'Teacher' was not an approved profession for a Jew, and no one wanted to listen to Pfefferberg's arguments about why he was an important worker.

As he came out of the office Pfefferberg was stopped by a group of German Security Police, who asked to see his identity card.

'No *Blauschein*? You join that line. Understand, Jew?' shouted one of the policemen.

Pfefferberg began to argue again, but was pushed into a line of people who, like him, did not have the precious blue stamp. When the line had grown to more than a hundred, it was marched around the corner into a yard where hundreds more people were already waiting. At fairly regular intervals, a policeman would enter the yard with a list and take a group of people to the railway station. Most people tried to stand at the edge of the yard, to stay away from the police, but Pfefferberg stayed at the front, near the gate.

Beside the guards' hut he saw a thin, sad-looking teenager in a Jewish ghetto police uniform. He was the brother of one of Pfefferberg's students. The boy looked up. 'Mr Pfefferberg, sir,' he whispered with respect, 'what are you doing here?'

'It's nonsense,' said Pfefferberg, 'but I haven't got a blue stamp.'

'Follow me, sir,' the boy said quietly. He led the former teacher to a senior officer and lied, 'This is Herr Pfefferberg from the Judenrat. He has been visiting relatives.' Without looking up, the officer waved Pfefferberg through the gate.

He could not turn and thank the teenager with sad eyes and a thin neck for saving his life without putting both the boy and himself in danger. Instead Pfefferberg rushed straight back to the Labour Office and used his charm to talk the girl behind the desk into giving him a *Blauschein*. When he came out, he was no longer a teacher with a good education. His identity card now said he was a metal polisher, an essential worker.

◆

Early one morning the following week, one of Oskar's office girls phoned the director before he had left his apartment.

27

'Herr Schindler, there's an emergency. I saw Mr Bankier and about a dozen more of our workers being marched out of the ghetto towards the train station when I was coming to work.'

Oskar hurried to the station and found the railway yard full of boxcars and the station crowded with people from the ghetto. He was shocked because he knew what it meant: the Jews in the yard were there for their final journey.

'Have you seen Bankier?' Oskar asked the first person he recognized, a jeweller from the ghetto.

'He's already in one of the boxcars, Herr Schindler.'

'Where are they taking you?'

'To a labour camp, they say. Near Lublin. Probably no worse than here,' said the jeweller. Oskar gave the man a pack of cigarettes and some money from his pocket before hurrying off.

Oskar remembered an invitation for bids for the construction of crematoria in a camp near Lublin in an SS publication the previous year. Even in the summer of 1942 Oskar did not want to guess at the connection between the people in this railway yard and those very large ovens. Instead he concentrated on Bankier and rushed along the boxcars calling out his name.

A young SS officer stopped him and asked for his official pass.

'I'm looking for my workers,' Schindler insisted. 'This is crazy. I have military contracts, and I need my workers in order to meet the needs of the German army.'

'You can't have them back,' said the young man. 'They're on the list.' The officer knew the rules: everyone became equal when their name was on the list.

'I don't want to argue about the list,' said Oskar. 'Where is your senior officer?'

Oskar walked up to the young man's superior, mentioned the names of a few important friends and ended by saying, 'I believe I can guarantee that you will be in southern Russia by next week.'

The senior officer told the driver to delay leaving the station, then he and the other officer hurried alongside the train with Oskar. At last they found Bankier and a dozen DEF workers in a boxcar near the end of the train. The door was unlocked and Oskar's employees quietly jumped down.

Schindler thanked the senior officer and began to follow his workers, but the SS man stopped him. 'Sir,' he said, 'it makes no difference to us. We'll put another dozen Jews on the train. Do you really think your workers are important? It's the inconvenience of the list, that's all.'

Bankier admitted that he and the others had failed to pick up blue stamps for their identity cards. 'How could you be so stupid?' shouted Oskar. He was not so upset with his workers, but the whole scene at the train station had made him feel sick and angry.

◆

By June of 1942 no one knew who to trust either inside or outside the ghetto. Children stopped talking if they heard a noise on the stairs; adults woke up from bad dreams and saw that they were living in a worse one. Fierce rumours met them in their rooms, on the street, on the factory floor: children were being taken off to be shot, or drowned, or operated on; old people were closed up in abandoned salt mines. Perhaps they believed they could prevent the rumours from becoming true if they spoke them out loud. That June, unfortunately, the worst rumour became a fact, and Oskar and Ingrid were witnesses.

The handsome German lovers hired horses early one summer morning and rode off into the hills above the city. They stopped after a good ride and looked down into the ghetto. At first they were confused by what they saw, but soon they began to understand. A group of SS men, working with dogs, were going from house to house and forcing everyone out into the street.

Oskar noticed that two lines kept forming in Wegierska Street: one, with healthy-looking adults, did not move; the other, with the old, the very young and the weak, was regularly marched away into another street and moved out of sight. Families were divided and could do nothing about it; Oskar understood what this meant.

The couple on horses moved on to a place where they could see a different street. They watched as a line made up of a few women and many more children was led towards the train station. They noticed a slow-moving little child dressed in a small red coat and cap at the end of the line. The bright colour caught Oskar's eye; it made a statement about the child's love for red, but also about an individual life. A young SS man kept the little girl in line with the others with an occasional gentle touch on her arm. Oskar and Ingrid felt a brief sense of relief, thinking that these children would be treated kindly, but it did not last long.

They became aware of terrible noises from the surrounding streets. The SS teams with dogs were now going through every building a second time and chasing on to the pavement the men, women and children who had hidden in basements or cupboards, inside wardrobes or behind walls during the first search. As they reached the street, screaming and crying in terror of the dogs and guns, they were shot and left there. Schindler could see a mother and her thin son, perhaps eight years old, hiding behind some rubbish bins. He felt an uncontrollable fear for them and saw that Ingrid had seen them too, and was crying beside him.

With a terrible sense of alarm Oskar searched the streets for little Redcap. When his eyes found her, he realized that she and the others in her line could see the murders taking place on the next street. The horror of these actions was made much worse because witnesses had been permitted. Redcap stopped and turned to watch as the SS men shot the woman behind the bin, and one of the men, when the boy fell to the ground crying, put his boot down on the child's head and shot him in the back of the neck.

Little Redcap stared, but the kindly SS guard moved her forward again. Oskar could not understand this gentleness, since he, and somehow even the child, knew that mercy had been cancelled on the next street. If they permitted witnesses, those witnesses would not survive. Oskar knew that this scene would be happening over and over again throughout the German territories, carried out by SS men with official orders from the Nazi government.

More than 7,000 people were cleared from the ghetto during that weekend in June, and at the Gestapo office the *Aktion* was declared a great success. Oskar later remembered his own feelings and told people: 'Beyond this day, no thinking person could fail to see what would happen. I decided at that moment to do everything in my power to defeat the system.'

Chapter 5 Krakow's Jews Are Not Alone

Oskar Schindler did not keep a written account of Nazi crimes, but he began to notice more and to listen to more stories of what was happening. He wanted solid evidence that would allow him to make an accurate report to the world one day. He got news from police contacts, but also from clear-thinking Jews like Itzhak Stern and from organizations which either officially or secretly were working against the Nazis. Wild rumours flew through the streets of Krakow, but for a long time the people of the ghetto chose to ignore them and continued to hope. Realization for the ghetto began with the return to Krakow, eight days after he had been sent to one of the concentration camps, of a young chemist named Bachner.

Bachner returned to the ghetto with white hair and madness in his eyes. He had seen the final horror in Belzec, a death camp, and told his story to everyone he met. At the camp, SS men pushed the crowds of Jews along to two large buildings, where they were made to undress. A young boy moved among them, giving them string with which to tie their shoes together and collecting their rings and glasses. Then the prisoners had their heads shaved before being led to different buildings, each of which had a Jewish star on the roof and a sign which said 'Baths and Disinfection Rooms'. SS men encouraged them all the way, telling them to breathe deeply inside the building because it was an excellent means of preventing disease.

In the buildings, said Bachner, they were all gassed, and afterwards teams of SS men sorted out the terrible, twisted piles of bodies and moved them away to be buried. Only two days after they left Krakow station, they were all dead, except for Bachner. The calm tone of the SS men had alarmed him, and he had somehow slipped away to a toilet hut. He had hidden inside a toilet pit and stayed there for three days, with human waste up to his neck. He had feared drowning but had found a way to lean against the corner of the hole and sleep. On the third night he had crawled out and escaped. Outside the camp, a peasant woman cleaned him and put him into fresh clothes before he walked back to Krakow.

Maybe Bachner was completely mad, but his story fitted with what Schindler knew. The huge gas chambers of Belzec had been completed several months ago by a German engineering firm; 3,000 killings a day were possible there. Crematoria were under construction throughout the German territories. Oskar heard the names Sobibor, Lublin, Treblinka, Auschwitz, Lódz, Chelmno; all of these camps had gas chambers with the new technology. He heard that at one of the Auschwitz camps 10,000 people could be murdered in one day.

Oskar, and others who felt like him about the Nazis' actions against the Jews, began to put their own lives at risk. Oskar started to build barracks for his night workers behind DEF. When there was an *Aktion*, which by October was almost daily, workers from his factory, as well as from other factories, found shelter there and had the excuse of being at work in an essential industry. Other sympathetic Germans smuggled Jewish children out of the ghetto in boxes or provided families with false documents to get them out. A Jewish organization of young people, which worked to save Jewish lives, fought its own war against the Nazis. They secretly attacked small German boats; they disguised themselves in SS uniforms and planted bombs in restaurants, cinemas and military garages throughout the city; they made non-Jewish passports for people in the ghetto, and risked their own lives every day.

By the autumn of 1942 Jews in other parts of the world began to hear rumours of what was happening in the German territories. They wanted more information, and then a way to help. One of these people was a Budapest jeweller called Samu Springmann who began working with Jews in Istanbul to get rescue money into the German territories and to get accurate information out. He found Dr Sedlacek, an Austrian dentist who could travel freely in and out of Poland, and sent him to Krakow at the end of 1942 with a piece of paper in his pocket. It was a list of people that Jews in Palestine had learnt – probably from men like Itzhak Stern – were honourable people. The second name on the list was *Oskar Schindler*.

On his first evening in Krakow Dr Sedlacek met with Major Franz von Korab, a German officer and an old friend from their student days in Vienna, at the Hotel Krakovia. Once, a long time ago and against all good sense, but for the sake of friendship, von Korab had confessed to Sedlacek that he had a Jewish grandmother. Knowing this secret and keeping it safe meant that the dentist could trust von Korab with secret information that he now carried with him: he showed the German military officer the list from the Palestinian Jews.

Von Korab looked over the list and pointed to *Oskar Schindler*. 'I know Herr Schindler very well,' he laughed. 'I've dined with him many times. He's a big man, with an enormous appetite for life. He's making a lot of money from this war and spending a lot too. Very clever – more intelligent than he pretends to be. I can phone him now and arrange a meeting.'

At ten the next morning, after polite introductions had been made, von Korab left Dr Sedlacek in the director's office at DEF.

After explaining the purpose of his trip, the dentist asked, 'What can you tell us about the war against the Jews in Poland?'

Oskar hesitated and Sedlacek wondered if he was willing to risk his success, even his life, in order to help a few Jews. Schindler's factory now employed over 550 Jews, for which he paid the SS a slave wage, and he had rich military contracts from the German government and the guarantee of many more. Most men in his position would simply lean back in their comfortable chairs and claim not to know what people like Sedlacek were talking about, but Oskar surprised the dentist.

'There is one problem,' Oskar whispered roughly. 'It's this: what they are doing to people in this country is beyond belief.'

Sedlacek was shocked to hear the details of the official extinction of a whole race of people. The story that Schindler told him was not only terrible in moral terms but was hard to believe in the middle of a desperate war. The Nazis were using thousands of men, precious resources and expensive engineering and scientific technology to murder a race of people, not for military or economic gain, but for a psychological victory.

'The Nazis are closing the ghettos, in Krakow as well as in Warsaw and Lódz. The population of the Krakow ghetto has already been reduced by four-fifths,' said Schindler.

'What have they done with those people?' asked the dentist.

'Some were sent to labour camps. In the past few weeks, about 2,000 ghetto workers from Krakow have been marched every day to a site near the city to build a vast labour camp at the village of Plaszów. The labour camps don't have crematoria, so the Jews who are sent there can expect to be used as slave labour. But at least three-fifths of the Jews from the Krakow ghetto were transported to camps that have the new scientific equipment. These camps are common now; they are death camps.'

'How can you be sure?' asked Sedlacek.

'I know where the crematoria have been built; I know where the trains full of Jews have gone. I hear and see too much every day. Shall I tell you another little story about four jewellers?'

'Yes, of course,' answered the dentist. It was painful to hear what Schindler had to say, but he needed as much real information as possible to take back to Samu Springmann.

'One morning recently,' Schindler began, 'an SS man arrived at the Krakow ghetto and took away four men, all of whom had been jewellers by profession. They felt a sense of relief when the SS officer marched them past the train station to the old Technical College, which is now used for the SS Economic and Administration Office.

'The jewellers were led into the huge basement and saw walls piled high with suitcases and trunks, each with the name of the former owner carefully written on the side. And do you have any idea what their job was?'

'No, I can't imagine,' said Sedlacek quietly.

'They spent six weeks going through the gold and silver, the diamonds and pearls that came out of those suitcases. They weighed and valued each piece and put it into the correct box, and as each box was filled and labelled, it was sent to Nazi headquarters in Berlin.

'They acted professionally and could sometimes forget about

where all the stuff had come from until they were given suitcases full of gold teeth, still marked with blood. After valuing hundreds of thousands of teeth, would you still have any hope?'

At the end of this shocking meeting, an exhausted Sedlacek asked Schindler if he would come to Budapest to tell others what he had just reported to him. Oskar Schindler visited Budapest that December to give Springmann and his colleagues the first eye-witness account of the Polish horror. His report changed these men forever. They promised to get the information to Jews in Istanbul and Palestine, as well as to the governments of Great Britain and the United States.

Chapter 6 Amon Goeth Closes Krakow's Ghetto

In February 1943, as Oskar Schindler returned by train from Budapest, where he had predicted that the Krakow ghetto would soon be closed, another young German was on his way to Krakow with orders to do exactly that job. Commandant Amon Goeth and Oskar Schindler could in some ways be described as twins, with Goeth being the evil one. He had been born in the same year as Oskar, had been raised as a Catholic and had studied engineering at secondary school. Like Oskar, Amon Goeth was a huge, tall man with a weakness for good food, alcohol, splendid clothes and sex, but his sexual habits were not what everyone would describe as 'normal'. He was often very romantic at the beginning of a relationship, but then beat women when he became bored or angry with them.

He had been a Nazi since 1930, and after 1940 had risen quickly in the SS. He had been in charge of special teams of soldiers during *Aktions* in the crowded ghettos of Lublin and, because of his excellent performance there, had earned the right to destroy the Krakow ghetto. He was excited about this opportunity and knew it was important for his career, so he was determined to concentrate on the job, even though he had not been sleeping well and had been drinking more than ever recently. But he would do the job – he would clear the ghetto within a month of the date of his orders – and then he would be in charge of the labour camp that was being built at Plaszów.

Commandant Goeth was met in Krakow by two SS officers and taken directly to the ghetto. 'The ghetto is divided into two sections,' explained Horst Pilarzik, one of the young officers. 'On the left is Ghetto B with about 2,000 inhabitants who escaped earlier *Aktions* but who are not useful to us. They do not have appropriate skills and have not been given new identification cards. We'll ship them out of Krakow to Auschwitz immediately.

'On the other side you'll see Ghetto A, which still contains more than 10,000 people. They will be transferred to Plaszów and become the first labour force there. We plan to move the most important factories, which are owned by Germans of course, into the camp, so we will no longer have to march the Jews to and from their work every day.'

The small group moved out of the city to have a look at the progress being made on the camp at Plaszów. There was still a lot to be done, but with modern methods and plenty of free labour, these places could be built almost overnight. Amon Goeth was satisfied and excited by what he saw and looked forward to his meeting at Police Chief Scherner's office the next day to talk to the local factory owners. Privately he was calculating how much money he could make from the work that would go on in *his* camp. He had reached that happy point in his career at which duty and financial opportunity come together.

Goeth walked through the camp and came to the SS apartments where the work was under the direction of an excellent officer called Albert Hujar. Hujar marched up and made his report to the new commandant: 'Sir, a section of this building has fallen down.'

While Hujar was talking, Goeth noticed a girl walking around the half-finished building, shouting at the teams of men.

'Who is that?' Goeth asked Hujar.

'She is a prisoner, sir, named Diana Reiter. She's an architect and an engineer, in charge of constructing the housing for the camp. She says that the basement of this building was not dug properly and that we must tear it down and begin again.'

Goeth could tell that Hujar had been arguing with this woman. He smiled at the SS officer and said, 'We're not going to argue with these people. Get the girl.'

Diana Reiter walked towards Commandant Goeth; he judged her as he watched how she moved and how she held her head. To him she was the sort of Jew that he hated most: the type that still thought they were important.

'You have argued with Officer Hujar,' Goeth said.

'Yes, sir,' the girl said confidently. 'The basement at the north end must be re-dug or the whole building will fall down.' She went on arguing her case intelligently, as if she was talking to a fellow engineer. The commandant nodded but knew that you could never believe anything a Jew, especially a Jewish specialist, tried to tell you. Her attitude of authority was an insult to him.

'Hujar!' Amon Goeth shouted suddenly. The SS officer returned, thinking he was going to be told to follow the girl's orders. The girl did too, because she knew she was right.

'Shoot her,' Goeth told Hujar. The younger man paused and looked closely at the commandant. 'Shoot her now,' Goeth repeated. 'Here, on my authority.'

Hujar knew how it was done. He pushed the young architect forward, took out his gun and shot her in the back of the neck. Everyone in the camp stopped for a second but then quickly went back to work. Diana Reiter looked at Amon Goeth before she died with a look that frightened but also excited him. He believed that political, racial and moral justice had been done.

38

But later that evening the new commandant would suffer for this act and have an empty feeling that he tried to cure with food, alcohol and contact with a woman.

Next morning Goeth ignored any feelings of guilt he might have had the night before. The Jewish workers would never be lazy or difficult with him in charge; they had learnt what could happen in this camp. Hujar and his colleagues knew that quick judgement, followed by immediate murder, was the permitted style at Plaszów.

Later that morning as he sat in Police Chief Scherner's office and listened to him speaking to Oskar Schindler and the other factory owners, Goeth felt full of confidence. 'We'll do everything we can to make this camp work for you: your labour on site, no rent and no charges for maintaining the buildings.'

Goeth stood up and added, 'We are pleased to be partners with businessmen who have already made very valuable contributions to the war effort. I will not get in the way of the smooth operation of your businesses, and I will offer you as much help as possible inside the camp: housing for the workers, as well as for the SS guards and administrative staff, watch towers, good roads, a railway link and buildings with cement floors for industrial occupation. I hope that all of you will move your factories inside the camp walls as soon as possible.'

Two days later, after hearing the news of the murder of Diana Reiter, Oskar Schindler arrived at Commandant Goeth's office with a bottle of whisky under his arm. Schindler knew that he had to pretend to agree with everything Goeth said and did, but he was determined to keep his factory outside Plaszów.

The two big men sat opposite each other and understood what they had in common: they were both in Krakow to make a fortune and each of them had his own way of working within an evil system – one fought against it and the other pushed it to its extreme limit. Oskar turned on his salesman's charm and by listing his reasons for keeping DEF outside the camp – all of which had to do with being able to meet the demands of his military contracts – he persuaded Goeth to allow the factory to stay at its original site. His workers would stay at Plaszów and march to and from work each day. Oskar had made Goeth think that he was granting a favour for a friend, although he would always hate the commandant and everything he represented.

'I am very grateful for this decision, Herr Commandant,' said Oskar, 'and I'm sure our army will also be grateful.'

Amon Goeth knew this meant regular gifts from his new 'friend': drink, diamonds, women, even enamelware.

♦

On the ghetto's last morning, 13 March 1943, Amon Goeth and his team arrived at the main square an hour before dawn. The commandant drank from his bottle of whisky because, as usual, he was suffering from a morning headache due to lack of sleep. Now that he was here, though, he felt a certain professional excitement. Today was history. For more than seven centuries there had been a Jewish Krakow, and by tomorrow those 700 years would be no more than a rumour; Krakow would be free of Jews. Every minor SS official wanted to be able to say that he had seen it happen, and Goeth was thrilled to be leading this historic operation. He was not like some commandants who left the action to their men. He would show the way, as he had with Diana Reiter. He knew that when he was old and there were no Jews in the German empire, the young would ask him about this day.

It was a slow, tense day for Leopold Pfefferberg and Mila, the young wife he had married in the first days of the ghetto. They both had the blue stamp, but Leopold wanted to try to escape from the ghetto; he did not want to go to the labour camp at Plaszów. Mila, though, was afraid of her husband's proposed route out of the ghetto through the large underground waste pipes.

She had heard rumours that the SS would fill these pipes with gas and kill anyone who tried to escape through them. How could they decide to leave their little room and take this chance? And when?

Finally at midday, as they ate their ration of bread and listened to the terrible noise from the *Aktion* outside, Pfefferberg announced that he would go outdoors and see what was happening.

'Please don't leave me, Leopold,' begged Mila. 'You are all I have in this world.' Everyone in both their families was already dead – most of them murdered by the Nazis.

'I'll keep off the streets and go through the holes that connect the buildings,' her husband said calmly. 'I'll go to the doctor's house and find out if the pipes are still safe. I'll be back in five minutes. Just stay here and don't worry.'

Pfefferberg travelled quickly through the ghetto, keeping out of sight until he reached the Labour Office. Then he risked crossing the street and reached the doctor's building, but in the yard an old man told him that the doctor and his wife had left through the underground waste system.

Back home, Pfefferberg found that Mila and all their neighbours were gone, all the doors were opened, all the rooms were empty. He ran back outside, and on the pavement outside the hospital he saw a pile of about seventy dead bodies. These victims were people who had been marched here during the day and then shot. Pfefferberg recognized a few old clients of his mother's and parents of some of his students. Somehow he did not think of looking for Mila in this pile – instead, he raced on.

He found a crowd in Wegierska Street, loosely guarded by SS officers, and noticed some neighbours from his building. 'What has happened? Have you seen Mila?' he whispered.

'She'd already left when the SS arrived,' the neighbours said. 'She'll be near the gate by now, on her way to Plaszów.'

Pfefferberg decided to look for a good hiding place. He and Mila had said that if one of them was sent to Plaszów, the other one should try to stay out and get food to the one inside. Leopold hid behind the big iron gate near the Labour Office and watched the SS push people along. As they went through the gate, the Jews were forced to leave their suitcases behind on the ghetto street.

From his hiding place, Leopold could see three SS men and two large police dogs coming towards the gate. The dogs pulled one of the men into the building across the street while the other two waited on the pavement. One of the dogs dragged a screaming woman and her small child out of the building. The SS man pulled the child from its mother's arms and threw it against the brick wall, then he shot them both.

Perhaps before the woman and child were even dead, certainly before he had time to think, Leopold Pfefferberg stepped out into the street. He knew the dogs would find him, so instead of hiding, he began lifting suitcases and piling them against the walls of the yard. When the three men finally noticed him, Pfefferberg stood to attention, clapped his heels together like a good Polish soldier and addressed the tallest, most important-looking SS man.

'Herr Commandant!' he almost shouted. 'I respectfully report to you that I received an order to keep this road clear of all luggage.'

The dogs were pulling towards Pfefferberg, expecting to be told to kill this Jew, but instead of giving the order to kill, the commandant, with blood on his boots and trousers, smiled. Commandant Goeth was pleased to see a victim who could amuse him, and he threw back his head and laughed.

'We don't need you here,' Goeth said. 'The last group is leaving the ghetto. Now, get lost!'

Pfefferberg began to run, not looking back, and it would not have surprised him to get a bullet in his back as he joined a group of Jews at the main gate. He was in the last group that left

42

the ghetto alive, but as they left they heard the nearly constant sound of gunfire. It meant that Amon Goeth and his team were bursting into basements, breaking down false ceilings, opening wooden boxes and finding people who all day had maintained a hopeful silence. More than 4,000 such people were discovered, pulled into the street and killed.

Chapter 7 Schindler's Double Life

On one of the first mornings at Plaszów, Commandant Goeth stepped out of his front door in his riding clothes and fine white shirt, carrying binoculars in one hand and his hunting gun in the other. He looked through the binoculars at the prisoners around the camp. In a relaxed manner, with a cigarette at the corner of his mouth, he took aim and for no apparent reason shot one of the prisoners. Goeth had chosen his target out of a group who were pushing and pulling carts of rocks to one of the building sites. The victim's body was thrown across the road when the bullet hit. The other workers stopped pushing, their muscles tensed, waiting for more bullets, but Amon Goeth waved them on; he was finished with them for the moment. This kind of unexpected shooting became a habitual part of the commandant's morning routine, reminding the prisoners that they would never know when it was their turn to die.

Such killing was just sport to Goeth and his SS men, but they also believed that it was their duty to murder Jews in order to make room at Plaszów for new prisoners as they arrived from different parts of the German territories. Sometimes the population at Plaszów rose to over 35,000 and the commandant had to find ways to control it. His quick method was to enter one of the camp workshops, order the prisoners to form two lines, and march one of them away. The prisoners in this line would either be taken to a hill behind the camp and shot immediately, or taken to the boxcars at Krakow Plaszów railway station and sent to the gas chambers in one of the death camps.

With his workers living at Plaszów, Oskar Schindler heard about what was going on in Goeth's evil empire. Apart from his extreme solutions to the growing numbers at the camp, Goeth also angered Schindler by breaking his promise that he would do nothing to stop the smooth running of the local factories. One day Oskar had a telephone call from Julian Madritsch, owner of the Madritsch Uniform Factory inside the camp, and one of the few other German owners who was trying to keep his 4,000 Jewish workers out of the death camps.

'Have you had any trouble with your workers arriving at DEF on time?' Madritsch asked.

'Yes, almost every day,' answered Schindler. 'Do you know what's going on?'

'It's Goeth's little games,' Madritsch said. 'Yesterday he found a potato hidden in one of the barracks, so every man from that barracks had to be publicly whipped in front of thousands of other prisoners with Commandant Goeth watching. My workers arrived several hours late, still shaking and unable to work properly.'

'There is a solution,' said Oskar. 'I'm thinking of keeping my workers at my factory site, away from Goeth's whips and guns.'

'Where would you put them? You don't have the space.'

'Not at the moment, but I think I know how to get more land.'

Oskar immediately began his efforts to build his own sub-camp beside DEF. He paid a very fair price to an elderly Polish couple for the land attached to the back of his factory and then went to see Amon Goeth and explained his plan for a sub-camp of Plaszów to be built in his own factory yard. This meant that Oskar would remove a significant number of Jews from Plaszów, perhaps as many as 2,000, and Goeth could make him pay for the new camp as well as for the continued care of the DEF workers. The commandant thought Oskar was a good fellow who was sick with a form of Jew-love, and he did not mind making a profit from his friend's illness.

Oskar followed the basic requirements for an SS Forced Labour Sub-camp by building three-metre fences, watchtowers, toilet huts, barracks, medical buildings, a bath house, a food store, a laundry and offices. That year DEF made a fortune for Schindler, but he also spent a small fortune on building his sub-camp, and he was only just beginning to pay for the privilege of saving Jewish lives.

When news began to spread that Herr Schindler was building his own camp, competition for a place there became fierce. People who got into the new camp would later recall it as a kind of heaven; they were contrasting it with Plaszów of course, but certainly it was a place where people had hope and a sense of safety. The guards were changed every two days, and they looked forward to their time at DEF because the food was better, Herr Schindler was generous with his whisky and they were not allowed inside the factory; their job was boring, but easy.

Inside Schindler's camp there were no dogs and no beatings. There was more and better soup and bread than at Plaszów, and even though the prisoners worked long hours – Oskar was still a businessman with war contracts to fill and a desire for profit – the work was reasonable. At DEF no one died from overwork, beatings or hunger, whereas at I G Farben's plant, a typical German factory with workers from Plaszów, 25,000 prisoners out of a work force of 35,000 would die at their labour.

◆

Itzhak Stern, now working in the Plaszów administration office, wanted to get Manasha Levartov, a young intellectual rabbi, into

Oskar's sub-camp. Stern admired Levartov for his understanding of Jewish law and history and worried that Goeth would make him a target because he was too intelligent and too well-educated.

On a morning when Plaszów held over 30,000 prisoners, the commandant decided to reduce the numbers in the metalworks factory, and Levartov found himself in what seemed to be the safe line. Suddenly a boy of about sixteen, who had a good idea of where his line was going, called out, 'But Herr Commandant, I'm a very good metalworker too.'

'Yes, child?' said Goeth softly. Then he took out his gun and shot the boy in the head. The rest of the men in the line were marched to the train and moved to a death camp. Levartov was sure that the commandant had noticed him and believed he had avoided a bullet from his gun only because the young boy had dared to speak; he would not be safe for long.

Within a few days Goeth returned to the metalworks and began to select prisoners to be taken to the hill to be shot. He stopped beside Rabbi Levartov and asked, 'What are you making?'

'Herr Commandant,' said Levartov, 'I am making machine hinges.' He pointed to the small heap of metal hinges on the floor.

'Make me one now,' ordered Goeth. He looked at his watch and began timing the rabbi. Levartov cut a hinge and put it together as quickly as his nervous fingers would move.

'Another,' the commandant ordered as soon as the rabbi had finished the first one.

After the second metal hinge was completed, Goeth, without raising his eyes from the pile of finished work on the floor, said, 'You've been working here since six this morning and can make a metal hinge in less than one minute, but you have only made this ridiculous little pile of hinges.'

Goeth led the rabbi outside and stood him against the workshop wall. Then he took out his gun, the same one he had used to shoot the sixteen-year-old boy, held it to Levartov's head and fired, but nothing happened. Goeth opened his gun, checked the bullets, returned it to Rabbi Levartov's head and fired again – but still nothing happened.

The commandant began <u>cursing</u> wildly before taking a smaller gun from his jacket pocket. Rabbi Levartov knew that Goeth would not be stopped by a technical problem. He began praying again, and waited for the gun at his head to fire, but again the gun failed to go off.

Now Levartov decided to speak. 'Herr Commandant, I beg to report that I had only a small pile of hinges beside me today because I was sent to carry coal this morning.'

Red with anger, Goeth hit the rabbi across the face and stormed away, leaving Levartov against the wall with a bleeding mouth. However, he knew the battle had only come to a temporary stop.

Itzhak Stern reported this incident to Oskar Schindler in the Building Office at Plaszów. When Stern finished, Oskar said, 'Why the long story? There's always room at DEF for someone who can make a metal hinge in less than a minute.'

Levartov and his wife moved to the DEF camp in the summer of 1943, and at first the rabbi thought Schindler was making cruel jokes on Friday afternoons when he said, 'You shouldn't be here, Rabbi. You should be preparing for holy services.'

But when Oskar gave Levartov a bottle of wine for use in the Friday night Jewish ceremonies, the rabbi knew that the Herr Director was not joking. From that day Levartov was allowed to leave his <u>workbench</u> before the sun went down on Friday afternoons, return to his prisoners' barracks and do his duty as a rabbi by performing a holy Jewish ceremony.

◆

When he was settled in Plaszów, Amon Goeth began to give grand parties, and Oskar Schindler was one of his favourite guests. As much as he enjoyed good food and wine and the company of attractive women, Oskar hated receiving an invitation to a social event from Commandant Goeth. There had, in fact, never been a time when sitting at Goeth's table had not been a disturbing business, but by the autumn of 1943 Oskar found the idea disgusting.

As he and his driver approached the gates of the labour camp, Oskar, with an expensive gift in his pocket for Goeth, prepared himself to act the sociable role that was expected of him. He would be a sympathetic listener when Goeth complained about the Jews or told a joke or sang a song. He would charm the female guests – usually women who were paid to keep the gentlemen guests happy – and would promise boxes of enamelware to various German officials, all the time smiling and looking for the first opportunity to escape. The idea of getting drunk or having sex at Goeth's house did not appeal to Schindler, and he felt a sense of relief when the commandant finally went upstairs with one of the pretty girls who had been hired to satisfy his wishes.

Oskar quickly said good night and left the other guests. In the hall, he saw Helen Hirsch, Goeth's Jewish housekeeper. He and everyone else had noticed this young woman as she served at the dining table because of the dark bruises along her jaw and even darker, almost purple, marks on her thin neck. Oskar had been surprised at dinner by the way Goeth had displayed the girl to the guests, rather than hiding her and her bruises in the kitchen.

The girl servant noticed Oskar and stood at attention, waiting for him to order her to do something.

'Please, Helen,' said Herr Schindler, 'you don't have to be afraid of me. Please, show me your kitchen.'

Helen Hirsch was afraid, but she knew she had no choice in these situations. The commandant's guests could order her to do what they wanted. In the kitchen Oskar asked, like a famous football player or actor, 'Don't you know me? I'm Schindler.'

With relief the girl said, 'Herr Director, of course, I've heard . . .
And you've been here before. I remember . . .'

He put his arm around her and touched her cheek with his
lips. He whispered, 'Don't worry, Helen, it's not that kind of kiss.
I pity you for what you have to bear in this house.'

Helen Hirsch began to cry because of Schindler's kind words,
and she saw that he was crying too. Then he stood back and
looked at her. 'Itzhak Stern told me about you. No one should
have to live like you do.'

'I've accepted my life,' said Helen. 'One day he'll shoot me. I've
seen too many things.'

'He enjoys you too much to kill you. It's not decent, but it's
life. If you can keep your health, you can hold on to your life.'

'But he'll kill me in the end,' said Helen quietly.

'I have a factory – surely you have heard of it?' asked Schindler.

'Oh yes,' the girl said like a starving child talking about a
palace. 'Schindler's DEF. I've heard of it.'

'Keep your health. I'll try to get you out of here.'

In this crazy world at war Oskar had become like a character
from a story, an almost imaginary figure: the good German. By
this time in 1943, he had broken Reich laws to such an extent
that he had earned a hundred bullets for his own head or a trip to
Auschwitz. But he would not change his ways now; he would
continue to spend his money and use his influence to save people
like Helen Hirsch.

Chapter 8   Saint Oskar?

The Oskar Schindler who looked and dressed like a film star,
went to elegant dinner parties and continued to make an
enormous amount of money from his wartime factory was also
the Oskar Schindler whose main concern was thinking of ways

49

to save his Jews. How could he fit more prisoners into the DEF sub-camp? How could he find enough food for his camp kitchen? In 1943 he was one of a very small number of people in the whole of Poland who were willing to risk their lives to feed and protect 'the enemy'. By contrast, in the great death camps and the forced-labour camps, large and small, it was part of the official programme to starve the Jews to extinction.

Schindler also attempted to stop the murder of as many individuals as possible. He was away from Krakow on business when two brothers named Danziger accidentally cracked a metal press at DEF, and a factory spy reported the incident to the SS guards outside. The next morning the prisoners heard over the loudspeaker: *Tonight the people of Plaszów will witness the hanging of two criminals.*

Oskar returned from his trip three hours before the advertised hanging and drove immediately to Plaszów, taking several bottles of excellent wine and some fine Polish sausage. No one knows what kind of deal Schindler made with Commandant Goeth, but when he left Plaszów at six o'clock, the Danziger brothers were sitting in the back seat of his luxury car and were thrilled to be returning to the security of the DEF sub-camp.

Unfortunately Schindler was able to save very few of the Jews at Plaszów: ninety per cent of them did not survive to see the end of the war. It was a place where murder was especially frightening because it became such an ordinary, everyday occurrence. For the fraction of the Plaszów prisoners who did live on into the peace, the hanging of Emil Krautwirt was the first story they told after relating their own personal histories of their time in the camp.

This young engineer had received his diploma in the late 1930s and worked for Schindler at DEF. He was going to be hanged because of some letters he had written to people in Krakow. A sixteen-year-old boy, who had been heard singing Russian folk

50

songs, would be hanged beside him. The prisoners stood in lines and listened as the young boy begged for his life.

'Herr Commandant,' the boy began in a shaking voice, 'I am not a Russian supporter. They were just ordinary school songs.'

The hangman placed the rope around the boy's neck. He could see that Goeth was losing patience with the boy's tragic begging. When the hangman kicked the support from beneath the boy's feet, the rope broke and the boy, purple and almost unable to breathe, with the rope still around his neck, crawled on his hands and knees to Goeth. He begged to be allowed to live, hitting his head against the commandant's ankles and holding on to his legs. It was a terrible act of surrender, and it emphasized Goeth's kingly position. Surrounded by total silence, the commandant kicked the boy away and shot him through the head.

When the engineer saw the boy's horrible death, he took a razor blade he had hidden in his pocket and cut his wrists. In spite of this, Goeth ordered the hangman to proceed with his job, and the Jews of southern Poland, including children, were forced to watch as Krautwirt was hanged with blood pouring from his wrists.

Even while such terrible events were happening very close to him, Schindler continued to search for more ways to help the Jews. Dr Sedlacek returned from Austria to Krakow in 1943, and Oskar persuaded Itzhak Stern, who was not sure he should trust Sedlacek, to write a full account of the situation at Plaszów for the dentist to take back to rescue organizations in Budapest and Istanbul. In the end Stern wrote a clear and honest report that told the story of what was happening at Plaszów, as well as at the other 1,700 labour camps, large and small, in Poland. It was a report that would shock the world.

At the same time that Schindler was protecting his Jews and Itzhak Stern was writing reports, another German Catholic, Raimund Titsch, the manager of Madritsch's uniform factory, was saving lives by playing chess with the commandant. The first time they had played, Goeth had lost within half an hour and marched angrily out of his living room. Titsch had worried that the commandant was going out to find a Jew to punish for his defeat. Since that afternoon Titsch had taken as long as three hours to lose to the commandant. Workers who saw him arrive at Goeth's house with his chess board now spread the word that the commandant was playing chess and everyone could expect a sane afternoon.

But Raimund Titsch did not only play preventative chess. He had secretly begun to photograph everything that happened at Plaszów. He made a permanent record of the cruel forced labour in the camp, in the factories and in a mine near the camp. He showed the condition of the starving prisoners, as well as where they lived, what they ate, where they died and were buried. He photographed the SS men and the Ukrainian guards marching, at work, at play. Some of his pictures showed the size of the camp and how empty and lonely it was with roads made from broken Jewish gravestones. Some even showed a fat Amon Goeth relaxing in the sun on his balcony with his two big, vicious dogs and his Polish lover, Majola.

As he finished each roll of film, Titsch hid it in a steel box in his Krakow apartment and never actually saw the photographs himself. Even after the war he was afraid of being called a 'Jew-lover' and of being punished for taking such photographs by a secret society of former SS men. The Plaszów rolls of film were not developed until after Titsch died in the 1960s, when Leopold Pfefferberg bought the film. Nearly all the pictures came out clearly.

◆

In the early days of 1944 the Plaszów Forced Labour Camp and Oskar's sub-camp became concentration camps, which meant that they were now under the authority of General Oswald Pohl and the SS Main Economic and Administration Office in Berlin, instead of being under the authority of the local German police chiefs. Fees for labour now had to be sent to Pohl's office and if Oskar wanted a favour or any information about the future of his camp, he had to talk to someone in Berlin as well as to Amon Goeth in Krakow. Oskar decided to go to Berlin to meet his new bosses and find out what they planned to do with DEF, a very small operation compared to some of the huge factories and camps that Pohl's office was also in charge of. A minor personnel officer was appointed to meet Herr Schindler.

'I hope you don't want to increase the size of your camp,' said the officer. 'It would be impossible to do so without an increased risk of spreading disease.'

Oskar dismissed this suggestion with a wave of his hand. 'I am interested in having a permanent labour force. I've discussed this matter with my friend, Colonel Erich Lange. I have a letter from him which explains the importance of my factory to the war effort. Both he and I hope that my work will not be stopped by moving my highly skilled workers from place to place.'

He could see that the personnel officer was impressed with the letter from Lange. The colonel was a man of influence at Army Headquarters in Berlin.

Oskar and Lange had met at a party in Krakow and had realized that they shared certain ideas about the Nazis' treatment of Jews. Lange had been shocked by the factory camps of Poland – by the Farben works at Buna, for example, where Jews worked until they dropped. Their dead bodies were then thrown into ditches and covered with cement.

'Herr Schindler,' the personnel officer continued, 'there are no plans to alter your factory or sub-camp, and we do not wish to move your workers. But you must understand that the situation of Jews, even in a company with military contracts, is always risky. Sometimes the SS officers away from Berlin make their own decisions. Even at the death camps, they sometimes forget to keep enough Jews alive to do the work in the camp. But I don't think you'll have any problems with your work force,' he finished, tapping the letter from Lange.

Oskar returned to Krakow with at least some guarantee that his factory and his Jews were safe for the moment.

Chapter 9   Schindler's List

Schindler's thirty-sixth birthday, 28 April 1944, was a quiet day without celebrations either in the office or on the factory floor, although Oskar did receive good wishes from his wife in Zwittau and gifts from both Ingrid and Victoria. Oskar was not in a party mood because he was upset about the war news. The Russian armies had come to a stop instead of continuing south into the German territories. Was he hoping for a German defeat without considering what that would mean to his factory and sub-camp?

At the same time the possibility that the Russians might reach Poland was making life more complicated for Amon Goeth. The Nazis did not want their enemies to find any evidence of what they were doing to the Jews, so the SS had been ordered to destroy the gas chambers and crematoria at many of the death camps. The huge camp at Auschwitz would finish the job, and then the Nazis planned to destroy that as well.

Plaszów had never had a gas chamber or crematorium, but its dead lay everywhere around it, and now Goeth was ordered to find and burn them. Estimates of the number of bodies at Plaszów vary widely, with some as high as 80,000. Most victims had been shot or hanged, or had died from disease. Oskar saw and smelled the piles of burning flesh and bones on the hill above the workshops during a visit to Plaszów just before his birthday. He walked into the Administration Office and found Itzhak

Stern. Instead of making his usual polite conversation, he whispered, 'Stern, what does everyone think?'

'Herr Schindler, prisoners are prisoners. They do their work and hope to survive to see another day.'

'I'm going to get you *all* out,' Oskar said as he banged on Stern's desk with his fist.

'All?' asked Itzhak Stern. He knew that such promises could not match the reality of the situation.

'You, anyhow,' said Oskar. '*You.*'

As he left Stern's office, Oskar was depressed to see the ordinary life of the camp going on as the air filled with the thick smoke and terrible smell of burning bodies.

◆

Of course many people began to wonder how long their 'ordinary' life in Plaszów could continue. One of these was Mietek Pemper, a studious young prisoner who worked in the Administration Office beside Amon Goeth's private secretary, a young German woman called Frau Kochmann. Pemper was not supposed to see any secret Nazi documents or to read any important orders from Nazi headquarters, but because he was a much more skilful secretary than Frau Kochmann, he eventually saw almost everything that came to the office. Besides being an expert typist, Pemper also had a photographic memory, and he stored the details of beatings, hangings and mass murders in his head, without needing to write any of the information down. He knew that this was his death sentence; he was a witness that Commandant Goeth would, in the end, have to get rid of.

At the end of April Pemper read a letter from Berlin that he would always remember. A labour chief was asking Goeth how many Hungarian Jewish prisoners could be held temporarily at Plaszów, while a weapons factory at Auschwitz prepared itself to receive them. The Labour Department would be very grateful if

Goeth could take as many as 7,000 of these recent, relatively healthy prisoners.

Goeth's answer, either seen or typed by Pemper, stated that there was no room at Plaszów, but he would be happy to accept 10,000 prisoners on their way to Auschwitz if he were given permission to get rid of the unproductive prisoners inside the camp. Goeth was later pleased to receive notice that the director of the gas chambers at Auschwitz-Birkenau would expect a group of unfit prisoners to be delivered from Plaszów, and that transport would be arranged from the gate of his camp.

With his orders in hand Amon Goeth confidently planned his sorting process, which he called the Health Action. In one horrible day he would sentence to death as many prisoners as Oskar Schindler was keeping safe at DEF.

The Health Action on Sunday 7 May was organized a bit like a county fair. The square was hung with signs that said: *To Every Prisoner, Appropriate Work!* Loudspeakers played popular music, and at a long table sat the eccentric Dr Blancke, Dr Leon Gross and a number of clerks. The SS doctors assessed the entire prison population by having the prisoners remove all their clothes and run up and down in front of the table. While the music played the doctors looked for signs of disease and injury, and the clerks recorded the names of the people the doctors judged to be too weak to work, including the children. The prisoners were running for their lives, with their stomachs turning and their lungs fighting for air.

Fortunately many of the camp children survived the Health Action by hiding on that terrible day. Several hid silently in the ceiling of a barracks, not moving to get food or water or to go to the toilet for hours. The guards avoided the ceilings because they believed the rats that lived up there carried disease.

One fairly tall thirteen-year-old orphan had usually passed as a man, but without his clothes it was obvious that he was still a child, so he was marked down to go to Auschwitz. The boy had to join the children who were leaving the camp, but after a few minutes he quietly moved away from the group and stood with the safe adults. After another minute or two, he held his stomach and asked a guard for permission to go to the toilet huts.

Arriving at the huts, the boy climbed into a toilet hole and found a place to put his feet on either side of the hole. The smell blinded him and flies crawled into his mouth, ears and nose. Then he thought he heard ghosts.

'Did they follow you?' whispered a young voice.

'This is our place! There isn't room for you,' said another.

There were ten children in there with him.

At the end of the process 1,402 adults and 68 children stood in the square, ready to be transferred to the gas chambers of Auschwitz. Goeth considered the figures disappointing, but they made enough room for Plaszów to receive quite a large number of Hungarian prisoners.

One hot afternoon, soon after the Health Action, Schindler and the other factory owners were called to a meeting at the commandant's office. Amon Goeth spent the entire time warning them that there were Poles in Warsaw who were planning to attack the camp and release the prisoners. Oskar knew that no such thing would ever happen and could tell that Amon Goeth had a secret motive in telling him and the other owners this ridiculous story, but he was not sure what it was.

After the meeting Oskar gave Goeth some beautiful, handmade leather riding equipment. Because the fees for his workers now went straight to Berlin, Oskar understood that regular gifts for Goeth were necessary to keep him friendly. As the two men drove through the camp to the commandant's house, they could see that the boxcars standing on the railway tracks were full of prisoners, and they could hear the sound of suffering from inside. Oskar stopped his car and listened. Goeth, who was feeling very happy with his gift, smiled at his emotional friend.

'Some of them are from Plaszów,' said Goeth, 'and some from the Montelupich prison. They're complaining now? They don't know what suffering is yet.'

The roofs of the boxcars were burning hot in the afternoon sun.

'Commandant, if you don't object, I'll call out your fire department,' Oskar said.

For some reason Goeth decided to sit back and watch what Schindler might do. When the firemen arrived, Oskar instructed them to turn the water on to the boxcars and cool them down. Then he opened the doors and passed buckets of water inside and had the prisoners pass out any dead bodies. Before the train left the station, he gave the driver a basket of cigarettes, wine, cheese and sausage, and asked him to open the doors when the train stopped near stations and to give the prisoners water.

Goeth was entertained by Oskar's performance, but he was also worried about him. Schindler's need to help the Jews had reached a new, passionate level and his actions were becoming more and more dangerous. After the train left, Goeth said, 'You have to relax, my friend. You can't go running after every train that leaves this place. You can't change their final destination.'

Others, including the prisoner Adam Garde, also noticed that Schindler's need to stop the madness going on around him became more and more desperate. On the night of 20 June an SS man came to Garde's barracks. 'Herr Schindler has called the guardhouse,' the man told Garde. 'It is necessary for you to go to his office immediately.'

Garde found Oskar listening to a German radio station with a bottle and two glasses on the table in front of him. He pointed to a chair and a glass of whisky for Garde as he concentrated on what the announcer was saying. Finally he turned to the young Jew and said, 'Someone has tried to kill Hitler. They announced it earlier this evening and then said that Hitler had survived and would soon speak to the German people, but that was hours ago, and they haven't produced him yet.'

'What do you think it means?' asked Garde.

'I think he might be dead,' said Oskar with hope rising in his voice. 'Just think, it could be the end of the SS, the end of people like Himmler and the death camps.' The ten o'clock news repeated the earlier story, but still Hitler did not speak.

'Our troubles are over,' Oskar said. 'The world is sane again. Germany can join the western powers and defeat the Russians.'

Garde began to hope that Oskar was right, but all he wished for was a safe place, even an old-fashioned ghetto, for the Polish Jews. The same message was repeated every hour as the two men sat together drinking whisky and hoping. But a little before one o'clock in the morning, Hitler began broadcasting from Rastenberg. 'My fellow Germans!' the voice began. 'I am unhurt and well.' The speech ended four minutes later with Hitler's promise to punish those who had tried to murder him.

Garde had never really believed that the world would be different in the morning, but Oskar had and now he was filled with grief. 'Our vision of liberation will have to wait,' he said, as if they were both prisoners waiting to be released. Garde was surprised to see how depressed Schindler now looked. Until lately he had always seemed so practical and optimistic.

◆

Later that summer Oskar found out the real purpose of Goeth's last meeting with the factory owners. The commandant had heard a rumour that Plaszów and the other labour camps would soon be closed, so he went to the SS police chief in Krakow and told him the story of a possible attack by Poles from Warsaw.

'If there's trouble at Plaszów,' Goeth said to the police chief, 'do I have your permission to shoot first and do the paperwork later?' Since General Pohl had been in charge of the camps, Goeth had not been allowed to kill prisoners without a genuine reason. If he ignored the rules from Berlin, he would get into trouble.

'No problem,' said the police chief, who was also unhappy with so many new orders from Berlin. 'If you're careful and use your judgement, I'll support you.'

Goeth now had an excuse to murder some of the prisoners at Plaszów who knew too much about him. Unfortunately for them, the whole Chilowicz family fell into this category. From the first days at Plaszów, they had made themselves useful to Goeth as his agents. They travelled between Plaszów and Krakow, doing business for the commandant: selling food that was meant for the prisoners, as well as jewellery and gold that had been found in the prisoners' clothes or hidden around the camp. They had enjoyed a privileged life, but Goeth believed that the Chilowiczes would try to trade information about him if they needed a way out of a death camp. A very fat Goeth, yellow with disease and having difficulty breathing by this time, had the whole family shot and then conveniently found a gun hidden in the father's boot; the gun was Goeth's proof that the Chilowiczes had been trying to escape from the camp.

When the bodies were displayed on the Plaszów square, they had signs tied around their chests which read: *Those who break fair laws can expect a similar death*. That, of course, was not the lesson the prisoners learnt from the sight.

The rumour that Amon Goeth had heard earlier in the summer was confirmed one morning when Oskar Schindler found orders from Army High Command waiting for him on his desk. Because of the war situation the concentration camp at Plaszów and the sub-camp beside DEF would close. Prisoners from DEF would be sent back to Plaszów to wait for the time when all the prisoners would be sent to another camp. Oskar's job, according to the orders, was to close his factory as quickly as possible.

Who were these people in Berlin who knew nothing about his Jews? Why didn't they name the camp that the prisoners would be moved to? At least, thought Oskar, people like General Frank, one of the top Nazis in Poland, had had the courage to tell the truth earlier in the year when he said in a speech, 'When we finally win this war, Poles, Ukrainians and all those prisoners idling about here can be cut up and made into dog food.' The bosses in Berlin wrote about 'another camp' and then believed they had no part in the final solution.

Goeth, on the other hand, knew exactly what 'another camp' meant and during Oskar's next visit he told him. 'All Plaszów men will be sent to Gröss-Rosen and will be worked to death in the vast mine in Lower Silesia. The women will go to Auschwitz, where the death machines are more direct and modern.'

When the news that DEF would be closed reached the factory floor and the sub-camp, many prisoners believed that they had reached the end of the road. They had had a few years of comparative rest, soup and sane treatment under Schindler, but they expected to die now. Rabbi Levartov feared facing Amon Goeth again. Edith Liebgold, who had been hired by Bankier for the night shift three years before, noticed that Herr Schindler no longer made promises of safety.

But at the end of the summer, when the DEF workers packed their bundles and were marched back to Plaszów, there was a rumour among them that Schindler had spoken of buying them back. Some refused to hope that the rumour could be true, but others began to believe that Schindler would get them out again; they began to believe that a *List* already existed, and surely their names were on it.

These Jews, it seems, knew Oskar Schindler very well because he began talking to Amon Goeth about taking Jews away from Krakow one night as the two men sat alone in Goeth's living room. The commandant was not hosting so many parties these days because Dr Blancke had warned him that if he did not eat and drink less, he would die.

Towards the end of a pleasant evening, Oskar began to talk more seriously. 'Commandant, I want to move my factory and my skilled workers to Czechoslovakia, near my home in Zwittau. I'll ask the appropriate office in Berlin for approval, and I'd be very grateful for any support you can give me.'

Goeth was always interested when Oskar talked about being 'grateful' and said, 'Yes, of course. If you can get Berlin to cooperate with your crazy scheme, I'll allow you to make a list of the workers you want from here.'

With business out of the way, Goeth wanted a game of cards. He knew that he would profit from helping Oskar with his plan, so now he did not mind risking some money on cards. They played a game that was not easy to lose on purpose and Oskar kept winning. Soon he had a pile of money in front of him, and Goeth called for Helen Hirsch to bring coffee. The servant came in, looking very clean and neat but with a swollen and bruised eye. Oskar observed to himself that she was so small that Goeth must have had to bend down to beat her.

It was almost a year since Oskar had promised to help Helen. He was always kind when she saw him at the house, but she could not let herself hope that she would escape from Goeth. Only a few weeks before, for example, when the soup was not the correct temperature, the commandant had called for two of his guards and told them to take Helen outside and shoot her.

As they marched her to a tree outside Goeth's window, Helen said to one of the men, 'Petr, who's this you're going to shoot? It's Helen who gives you cakes.'

'I know, Helen,' Petr whispered. 'I don't want to hurt you, but if I don't shoot you, he'll kill me and then you.'

Helen's legs were trembling violently as the men stood her against the tree. Then at the last moment they heard Goeth shouting, 'Bring her back. There's plenty of time to shoot her. Maybe I can still educate her.'

After their coffee, Oskar suggested a change in the betting. 'I'll need a housekeeper when I return to Czechoslovakia. It would be very difficult to find a servant as intelligent and well trained as Helen Hirsch. Let's play one more game and if you win, I'll pay you double the amount on the table. But if I win, then you give me Helen Hirsch for my list.'

'Let me think about that,' said Goeth.

'Come on,' encouraged Oskar. 'She's going to Auschwitz anyway.' Oskar tried to keep the tone of the conversation light, but he got up and found some official-looking paper and wrote: *By my authority the name of Helen Hirsch should be added to any list of skilled workers to be moved to Herr Oskar Schindler's factory in Zwittau.*

The card game did not last long, Oskar's luck continued and soon an angry Amon Goeth signed the paper Oskar had prepared. Out in her kitchen, Helen Hirsch had no idea that she had been saved over cards, but Schindler later talked about his evening with the commandant to Itzhak Stern, and soon rumours of Oskar's plan spread through Plaszów. There *was* a Schindler list, and it was worth everything to be on it.

Chapter 10 The Long Road to Safety

After the war Schindler's Jews would shake their heads and try to understand the complicated motives behind the Herr Director's willingness to risk his life to save them. Most of them said quite simply, 'I don't know why he did it.'

Others came to the conclusion that he enjoyed the games he had to play and the deals he had to make in order to keep them alive. Others said that he loved the satisfaction he felt in doing good, or that he was a rebel working against the evil he saw in the Nazi system. But none of these explanations could fully account for his fierce determination in the autumn of 1944 to find another safe place for the DEF workers.

Schindler's first step was to go to Berlin to talk to his friend Colonel Erich Lange at Army Headquarters. Lange could guarantee military contracts and strongly recommend to the Army High Command that Oskar be given permission to move his factory and workers to Zwittau. Lange wanted Oskar's plan to work, but he told him, 'We can do it, but it will take a lot of money. Not for me – for others.'

With Lange's support, Oskar was able to get approval from Berlin, but there were still problems. The governor of the Liberec area around Zwittau refused to allow any labour camps with Jewish prisoners in his district, and he had successfully kept such camps out throughout the war. Oskar was told to speak to an engineer in the Weapons Department named Sussmuth, and was reminded that if he wanted to get anything done, he should come to meetings with a good supply of sausage, top quality tobacco, wine, whisky and coffee. Oskar was used to this sort of thing, but by 1944 the price of such luxuries was extremely high. Nevertheless, Oskar continued spending.

In the middle of Oskar's trip to Berlin to see Sussmuth, Amon Goeth was arrested. Someone who was jealous of the commandant's very comfortable lifestyle had reported him, and now he was sitting in jail waiting for his trial, as senior SS investigators examined his finances. They did not care about the number of people Goeth had shot from his balcony or the number of Jews he had had killed on the hill behind his camp; they were more interested in his black market businesses and how he had treated some of his junior SS officers. They also searched the apartment Goeth kept in Krakow and found a large amount of cash, almost a million cigarettes and many other luxury items piled from floor to ceiling. He had obviously been using the flat as his private storehouse.

The investigators called in Helen Hirsch and Mietek Pemper,

but they were both sensible enough to keep their mouths shut. They knew what happened to prisoners who told the truth about their commandants: they were usually dead within hours of talking. They both wisely played the role of polite, blind servants, and soon the SS police took them back to Plaszów. Goeth's arrest had given these two a better chance at life, unless he was released too soon.

But Goeth was not released. His powerful friends did not step forward to help him, and the investigators were both shocked and envious at the way the commandant had been living.

Oskar was concerned about the investigations into Goeth's lifestyle and was worried that he would also be arrested or at least called in for questioning about his friendship with the former commandant. He was right to be worried because Goeth explained some of the cash in his Krakow apartment by saying, 'Oskar Schindler gave it to me to make life easier for his Jews.' But fortunately Oskar was not called in to answer questions about Amon Goeth at this time.

◆

To his surprise Oskar did not need the whisky and diamonds he took to his meeting with engineer Sussmuth, an honest and moral man. Oskar learnt that he had also proposed the idea of building some small Jewish work camps in the border towns between Poland and Czechoslovakia to make weapons for the German army. Even though these camps would be under the central control of either Auschwitz or Gröss-Rosen, Sussmuth knew that if the prisoners were in smaller camps, they would have a greater degree of safety. Unfortunately he had got nowhere with his plan because of objections from the local governor. Sussmuth did not have enough friends in high places to change the governor's mind, but perhaps Schindler, with the support of Colonel Lange and others, had the necessary influence.

'Herr Schindler,' said Sussmuth, 'I have investigated the border area and have made a list of suitable sites for small labour camps. There is one on the edge of Brinnlitz. Do you know this village?'

'Of course,' replied Schindler. 'It's very close to Zwittau, my home town. Which place are you talking about?'

'It's a cloth factory owned by the Hoffman brothers from Vienna. The business is very successful, but they have a very large building standing idle.'

'I know the factory you're talking about, and there's a local railway line from Zwittau to Brinnlitz,' said Oskar.

'Yes, I have that in my report,' said Sussmuth.

'But do you have in your report that my brother-in-law is in charge of the railway yard in Zwittau?'

'That's very good news,' said Sussmuth, smiling. 'I will write to Berlin and recommend the Hoffman building for your factory. With Colonel Lange behind you, I think you will succeed where I failed.'

Oskar left Sussmuth and drove to Brinnlitz to have a look at the Hoffman Brothers' Cloth Factory. He was able to walk into the empty building without being challenged and was delighted with what he found. There was enough space for his machines, his offices, his own apartment, and upstairs there was space for his Jews to live. He knew that the people of Brinnlitz would not be happy with the idea of more than a thousand Jews moving into their neighbourhood so late in the war. But after seeing this place Oskar was determined to spend whatever money was needed, to talk to the necessary people and to move his Jews to Brinnlitz.

A week after Oskar's meeting with Sussmuth the gentlemen of the appropriate Berlin office instructed the difficult governor in his castle in Liberec that Oskar Schindler's factory, with its military contracts and skilled workers, would be moving into the Hoffman brothers' empty building in Brinnlitz. The governor and other officials complained that a thousand Jews would bring disease and crime into the area; they said that Oskar's small factory would do very little to help the war effort but could make Brinnlitz a target for enemy bombs; they put signs up in the area which said: *Keep the Jewish Criminals Out.* But the protests had no effect because they had to go straight to Colonel Erich Lange's office in Berlin.

So with the help of Lange and Sussmuth, Oskar's plans went forward, but every step along the way was expensive. He had to pay to get permits, to get money moved from one bank account to another, to make friends in Brinnlitz. No one wanted cash, so Oskar had to search everywhere for tea, leather shoes, carpets, coffee, fish – whatever the people in charge wanted.

One of the people Oskar had to keep happy was Commandant Hassebroeck at Gröss-Rosen. Under Hassebroeck's management, 100,000 people died in the Gröss-Rosen system, but when Oskar talked to him he found him to be a type he had met before: a charming killer. Hassebroeck was excited about extending his empire further into Czechoslovakia. He already controlled 103 sub-camps and was pleased to be getting number 104.

Commandant Büscher, who had replaced Amon Goeth at Plaszów, knew about Schindler's list and told Oskar that it had to be completed and on his desk by a certain day. There were more than a thousand names on the dozen pages, which were the only papers in Plaszów with any connection to the future. The list included the names of all the prisoners of the sub-camp at DEF, as well as new names, including Helen Hirsch. Oskar had allowed Raimund Titsch to add names of prisoners from Madritsch's factory, but he had stopped him after seventy names because Berlin had set a limit of 1,100 for the list. One name that had been included from the beginning was Itzhak Stern, Oskar's most trusted advisor and friend during all his years in Krakow.

When the list was out of Oskar's hands more names were added by Marcel Goldberg, the personnel clerk at Plaszów. The

Plaszów authorities were busy with the job of closing the camp and would sign any list Goldberg gave them as long as there were not many more than 1,100 names on it. After adding his own name Goldberg, known as Lord of the Lists, took bribes to add more. 'For this list, it takes diamonds,' he told people.

After the war every survivor had a story about how this person or that one got on the list. Leopold Pfefferberg, for example, did not have any diamonds to give Goldberg, but with his trading skills he was able to get hold of a bottle of whisky. With this in hand he went to talk to Hans Schreiber, an SS officer who had an evil reputation but for some reason found Pfefferberg amusing and interesting. The Jew gave Schreiber the bottle and begged him to force Goldberg to add his and Mila's names to the list.

'Yes,' Schreiber agreed, 'the two of you must get on it.' And when the time came, the Pfefferbergs found themselves there. The mystery is why men like Schreiber did not ask themselves: *If this man and his wife are worth saving, why aren't the rest?*

The men on Schindler's list, including Marcel Goldberg, who must have left his bags of diamonds with someone in Krakow, climbed into the boxcars of a cattle train at the Plaszów station on Sunday, 15 October 1944. The women would leave a week later. The 800 Schindler men were kept separate on the train from an additional 1,300 prisoners who were heading for Gröss-Rosen. The Schindler Jews expected to be taken directly to Brinnlitz, and so they were fairly tolerant of the difficult conditions during their three-day journey.

The train moved slowly and snow was already falling in this part of Poland. Each prisoner had been given less than half a kilogram of bread to last the entire trip, and each boxcar had been provided with a single water bucket. Instead of a toilet the travellers had to use a corner of the floor, or the space in which they stood if their car was really crowded. But the Schindler men continued to feel hopeful about their destination: Brinnlitz and Herr Schindler.

Finally the train reached its destination late on the third day. The doors were unlocked and the SS guards ran among the prisoners shouting, 'Hurry up!' 'Everyone off the train!' 'Take off all your clothes. Everything must be disinfected.' The prisoners piled their clothes and shoes on the ground and looked around, realizing they were in the main square of the Gröss-Rosen Concentration Camp. Was a Schindler camp in Czechoslovakia just a dream?

There was no room in the prisoner barracks at Gröss-Rosen, and so the men were kept on the square all night with nothing to protect their bodies from the bitter weather. In later years when talking about those seventeen hours in the severe cold, survivors did not mention any deaths. Maybe life under the SS had made them tough enough to live through such horrors.

Towards eleven o'clock the next morning, the prisoners had all their hair shaved off by Ukrainian soldiers before they were taken to the showers.

Leopold Pfefferberg crowded into the shower with the others and looked up, wondering if it would be gas or water that came out. To everyone's relief it was water, and after washing the men were given striped prison uniforms and crowded into barracks. The SS guards made them sit in lines, one man backed up between the legs of the man behind him, his opened legs giving support to the man in front. By this method, 2,000 men were crowded into three barracks and covered every inch of the floor.

Each day the prisoners had to stand in silence for ten hours in the camp's main square. Then they were given thin soup in the evenings and had a little time to walk and talk together before going back at nine o'clock to their barracks and their odd sitting position for the night.

On the second day, an SS officer came to the barracks looking for the clerk who had been in charge of Schindler's list. Somehow it had not been sent with the prisoners from Plaszów.

Marcel Goldberg was led off to an office and asked to type out the list from memory. By the end of the day he had not finished the work and, back in the prisoners' barracks, he was surrounded by people making sure that he had remembered their names and begging him to include other friends and family members.

Then, on the third day, the 800 men of the re-written list were separated out from the mass on the square, taken to the showers for another wash, permitted to sit for a few hours and talk like villagers in front of their barracks, and at last marched to the railway track again.

Their train travelled 160 kilometres and the doors opened early in the morning of the second day at Zwittau station. The Schindler men and a few boys got off the train and were marched through the sleeping town. Zwittau had not been touched by the war; it looked as though it had been asleep since the late 1930s.

The group tramped five or six kilometres into the hills to the industrial village of Brinnlitz, where they saw the solid-looking buildings of the Hoffman factory, and to one side the Brinnlitz Labour Camp with watchtowers, a wire fence around it, and some barracks for the guards.

As they marched through the gate, Oskar Schindler appeared from the big building inside the fence, smiling and wearing a Sudeten country gentleman's hat. They were home again.

Chapter 11 To Hell and Back

Everything at the new Brinnlitz camp was paid for by Oskar Schindler. According to the Nazis this made sense since the factory owners would make impressive profits by taking advantage of cheap labour from the camps. In fact, Oskar did get some cement, petrol and fuel oil and fencing wire at very low prices before leaving Krakow, but he still had to pay wartime prices out of his own pocket for the materials he needed for everything else, from toilet huts and kitchens to watchtowers and his own apartment. He also had to be prepared for official visits from SS men like Commandant Hassebroeck, who left Brinnlitz with inspection fees in his pocket and his car packed with a supply of whisky, tea and enamelware.

Schindler spent his money enthusiastically, but his operation at Brinnlitz was unique because he knew he was not investing this money in a serious business. Four years earlier he had gone to Krakow to get rich, but in October of 1944 he had no plans for production or sales. His only goal was to save the lives of the 1,100 Jews on his list, but, of course, this was never an uncomplicated task.

One of Oskar's new complications at Brinnlitz was having his wife Emilie as part of his daily life again. The factory and sub-camp were too close to Zwittau for a good Catholic wife to live separately from her husband, so Emilie moved into Oskar's apartment inside the factory and found her own role at the camp, helping many people, especially the sick and lonely. The couple treated each other with respect, but it is doubtful that Oskar now became a better husband. He remained close friends with Ingrid, who had moved to Brinnlitz, and he continued to visit Victoria Klonowska, who was always ready to help her former boss in times of trouble, whenever he went to Krakow.

◆

At the Brinnlitz camp, Oskar told the men confidently that the women would be joining them almost immediately, but the Schindler women's journey was not as simple as Oskar had hoped. The 300 women and girls had left Plaszów in boxcars with 2,000 other female prisoners, but when the train doors opened they had found themselves in Auschwitz-Birkenau instead of Brinnlitz.

The Schindler group marched through the thick mud of Birkenau to the shower house, where they too were thankful that icy water rather than gas came out of the showers. Some of the other prisoners were taken away to get numbers tattooed on their arms. This was a good sign because it meant that the Nazis intended to use you, not feed you directly into the gas chambers. With a tattoo you could leave Birkenau and go to one of the Auschwitz labour camps, where there was at least a small chance of survival, but the Schindler women were not given tattoos. Instead they were ordered to dress and go to a barracks, where they found no beds, a wet dirt floor, no glass in the windows – it was a death house at the heart of Birkenau. On some days there were more than a quarter of a million prisoners in this one camp; there were thousands more in Auschwitz I and tens of thousands working in the industrial area named Auschwitz III.

The women from DEF had no idea about these numbers, but outside, looking towards the western horizon, they could see constant smoke rising from the four huge crematoria. They would not have guessed that, when the system worked well, 9,000 people could be gassed in one day.

The women were also not aware that the progress of the war had taken a new direction. The outside world learnt about the existence of the death camps when the Russians uncovered gas chambers, crematoria, human bones and Zyklon B at the Lublin camp. Himmler, who wanted to take Hitler's place after the war, announced that the gassing of Jews would stop, but he delayed giving the order to the Gestapo and the SS. Jews continued to be gassed until the middle of November 1944, and after that date they were either shot or allowed to die of disease.

The Schindler women knew nothing about these changes and lived every day with the threat of death by gassing; no industrial prisoners, even the ones on Schindler's list, were safe at Auschwitz. In fact, the previous year General Pohl had sent several trains full of Jewish workers from Berlin to I G Farben, but the trains had stopped at Auschwitz-Birkenau. Of the 1,750 male prisoners in the first train, 1,000 were immediately gassed. Of 4,000 in the next four trains, 2,500 went directly to the gas chambers. If the Auschwitz administration had not been careful with workers for Farben and General Pohl, how careful would they be about Jews who called themselves Schindler's group?

The doctors of Auschwitz walked through the camps daily looking for the old, the weak and the sick and sent them directly to the gas chambers. When the women saw the doctors coming, they would rub a bit of red mud on their cheeks and try to stand up straighter. If a woman fainted during an inspection, which could occur at any hour, the guards picked her up, dragged her to the electric fence and threw her on to it.

◆

In their first days at Brinnlitz the Schindler men were worried about their mothers, wives and daughters in Auschwitz. When Schindler appeared on the factory floor, they would gather round him and ask about the women. Oskar did not try to explain anything, but would simply say, 'I'm getting them out.'

In the middle of this worry and activity, Oskar was arrested for the third time. The Gestapo arrived at the factory unexpectedly one lunchtime.

In his office Oskar was questioned about his connections with Amon Goeth. 'I do have a few of Commandant's Goeth's suitcases here,' Oskar told the men. 'He asked me to keep them for him while he was in prison.'

And even though the Gestapo found nothing except Amon Goeth's non-military clothes in the suitcases, they arrested Oskar.

'You have no right to arrest him,' shouted Emilie Schindler. 'Explain what he has done. What is his crime? The people in Berlin won't be happy about this.'

'Darling, please, don't worry,' Oskar quietly advised his wife. 'But please call my friend Victoria Klonowska and cancel my appointments.' Emilie knew what this meant. Klonowska would do her trick with the telephone again, calling Oskar's important friends and relying on them to get him out of this mess.

The Gestapo men took Oskar back to Krakow by train, to the prison he had stayed in during his first arrest. Again he had a comfortable room, but this time he was genuinely frightened about what might happen. He knew that the Gestapo's methods for making prisoners confess were cruel and dangerous.

The next morning Oskar was questioned by twelve SS investigators. 'Commandant Goeth has said that you gave him money so that he would make life easier for the Jews. Is that true?' asked one of the investigators.

'I may have given him money,' said Oskar, 'but only as a loan.'

'Why would you give him a loan?' the investigator asked.

'My factory is part of an essential war industry,' said Oskar, using his usual defence. 'If I found out about a skilled metalworker at Plaszów, for example, and wanted him to work at DEF, I would want him sent to me as quickly as possible. Because of the Herr Commandant's help in these matters, I may have given him a loan.'

The investigators understood what Oskar was talking about: Amon Goeth had had to be paid for favours. What helped Oskar most when he faced the investigators was the fact that he had not done any business deals with Goeth. He had never had a share in his black market trading or in the small operations Goeth had set up inside Plaszów to make furniture, clothes and shoes. There were no letters or contracts to imply that the two men had been business partners, or even friends.

Oskar was so charming that the investigators wanted to believe his version of events. Also, Oskar's friends in high places supported him again. Colonel Erich Lange emphasized how important Herr Schindler's work was to the war effort, and Sussmuth reported that DEF was involved in the production of 'secret weapons', something that Hitler had talked about and promised, but which no one had actually seen.

Nevertheless, Oskar was not confident about the way the investigation was going. On about the fourth day one of the SS men visited him in his cell, not to question him but to spit at him and curse him for being a Jew-lover. Maybe it was a test planned by the SS, but it made Oskar nervous because he did not know how they expected him to react to these insults.

On the other hand, Oskar was also visited by the Krakow police chief, whose departing words were, 'Don't worry. We intend to get you out.' On the morning of the eighth day Oskar found himself outside the prison. When he arrived back at Brinnlitz, he was surprised and pleased to learn that Emilie had kept things going while he had been in prison, but he was also shocked to find that the women were still in the distant concentration camp.

◆

In October 1944 Auschwitz-Birkenau was ruled by Commandant Rudolf Höss, the camp's builder and the brain behind Zyklon B. According to the stories told by Schindler men and women long after the war, it was Höss himself that Oskar had to argue with for his 300 women, and, indeed, there is evidence proving that there was contact between the two men during this time, although the content of their communications is unknown. On the other hand, the story of Oskar sending a girl to Auschwitz-Birkenau is certain.

Itzhak Stern, the most reliable of witnesses, told this story years later in a public speech in Tel Aviv. After Oskar was released from prison, he and a group of the Schindler men were discussing what could be done about the women trapped in Auschwitz when one of Schindler's secretaries came into the office.

Oskar pointed to a huge diamond ring that he was wearing and said to the girl, 'Would you like to have this ring?'

The girl's eyes lit up and she said, 'I'd love to have it – it's the most beautiful ring I've ever seen, and the biggest diamond.'

'Take the list of women, pack a suitcase with the best food and drink you can find in my kitchen and go to Auschwitz. The commandant there has an eye for pretty women. If you bring the women back, you'll get this diamond.'

According to Stern the secretary went, and when she did not return after two days, Schindler himself went to Auschwitz to settle the matter. Others remember the story differently. Maybe the girl slept with the commandant and left a handful of diamonds on his pillow. Maybe the girl was a good friend of Emilie's. No one is positive about the details, but it is certain that Oskar sent a girl to Auschwitz and that she acted with courage.

When he arrived at the concentration camp, Oskar used his old argument about needing his highly trained workers for his essential industry.

'Just a moment,' said one of Höss's officials. 'I see the names of girls as young as nine years old on this list. Are you telling me that they are skilled metalworkers?'

'Of course,' replied Schindler confidently. 'They can polish the insides of weapons with their long, thin fingers. It is work that is beyond most adults.'

Schindler continued to argue his case, mainly by telephone. He knew that the women were getting weaker each day and soon no one would believe that they were strong enough to work in any factory. Even young women like Helen Hirsch and Mila Pfefferberg were suffering with terrible hunger, stomach problems and coughs.

Clara Sternberg, a Schindler woman in her early forties, had been put in the barracks for sick women at Auschwitz, and one morning after inspection she decided that she could not face another day. She had stopped believing that she would ever see her husband and teenage son at Brinnlitz, so she walked through the women's camp, looking for one of the many electric fences.

When she saw a woman from Plaszów, a Krakow woman like herself, Clara stopped her and asked, 'Where is an electric fence? Yesterday they were everywhere and today I can't find even one.'

It was a crazy question, but this was a crazy situation and Clara expected the woman to point the way to the wires. Fortunately for Clara, the woman gave her an odd, but sane reply.

'Don't kill yourself on the fence, Clara. If you do that, you'll never know what happened to you.'

Clara was not sure that she understood what the woman was talking about, but she turned around, went back to her barracks and did not try to kill herself again.

◆

While Oskar was away from Brinnlitz, trading enamelware, diamonds and cigarettes for drugs and medical equipment for his workers, an inspector arrived from Gröss-Rosen and walked through the factory with Josef Liepold, the new commandant. The inspector had orders from Berlin that all sub-camps had to be cleared of any children. The doctors at Auschwitz wanted them sent there to be used in their medical experiments.

The young boys at Oskar's factory were used to living a relatively normal life and were allowed to run and play throughout the factory, so the inspectors had no trouble finding most of them. The orders also required the children's parents to accompany them, so the fathers joined their captured sons for the trip to Auschwitz-Birkenau.

On the train from Zwittau to the concentration camp, the small group was guarded by a polite young SS sergeant. At one stop he even went to the station café and returned with biscuits and coffee for the prisoners. He started talking to two of the fathers, Henry Rosner and Dolek Horowitz, whose wives were at Auschwitz.

'I'm taking you to Auschwitz,' the kind sergeant said, 'and then I have to collect some women and bring them back to Brinnlitz.'

'This good gentleman is going to bring your mother back to Brinnlitz,' they told their sons, and the thrilling news spread through the Schindler group.

The two men also dared to ask the sergeant for a favour: would he give letters to their wives from them? The sergeant gave them some of his own writing paper and promised to deliver the letters to Manci Rosner and Regina Horowitz.

Later in the journey Henry's son, Olek, began to cry as he leaned against his father's arm.

'Son, what's the matter?' asked Henry.

'I don't want you to die because of me,' he said. 'You should be back in Brinnlitz.'

The SS sergeant leaned over with tears in his eyes too. 'I know what will happen,' he said gently to Henry. 'We've lost the war. You'll get the tattoo and you'll live to the end.'

Henry Rosner was grateful to the sergeant, but he got the impression that the man was making promises to himself as well as to Olek. Perhaps in five years' time the sergeant would remember his words and be comforted.

◆

On the afternoon of the day on which Clara Sternberg had gone looking for an electric wire, she heard talking and laughter coming from the direction of the Schindler barracks. She crawled out of the damp building where she had been put and saw the Schindler women standing outside the camp's inner fence. They looked as thin and old as everyone else in the camp, but they were chatting and laughing like schoolgirls. Women from the other barracks stared at these cheerful women, acting so strangely for camp prisoners.

Clara Sternberg knew that her name was on the list, and she decided to act. A fence, not an electric fence, but a strong one with eighteen parallel wires with gaps of only about twenty centimetres, stood between Mrs Sternberg and her friends. According to witnesses, Mrs Sternberg tore her way through the fence, ripping her thin dress and her flesh, and rejoined the Schindler women. The guards were too surprised to stop her.

The group of women were taken to the washhouse and were showered and shaved before being marched with no clothes on to another barracks, where they were given clothes from the recently dead. Still they remained in a good mood, chatting and modelling the clothes for each other.

But the women grew quiet as they walked towards the train; it was always a frightening experience to be packed into the blackness of a boxcar. That morning Niusia Horowitz, the only daughter of Dolek Horowitz, found a corner in the boxcar where a board had come loose, and from there she could see what was going on behind the fence of the men's camp. She saw something unusual: there was a small group of boys waving at the train. Niusia thought that one of the boys looked a lot like her six-year-old brother Richard, who was safe in Brinnlitz. And the boy at his side looked like their cousin Olek Rosner. Then, of course, she understood: it *was* Richard, and it *was* Olek.

Niusia called to her mother, and the women pushed her to the corner of the crowded boxcar so that they could look out. Soon Regina Horowitz and Manci Rosner, the boys' mothers, were crying loudly, not understanding what this meant for their sons. The door of the boxcar opened and a young guard shouted, 'Who is making all this noise?'

Regina and Manci pushed through the crowd of women again and Manci tried to explain, 'My child is over there behind the fence. I want to show him that I'm still alive.'

'Get off the train, just you two,' the guard ordered. 'What are your names?'

When the women answered, the guard pulled something out of his pocket – not a gun, as the women had expected, but a letter for each of them. Then he told them about his trip to Auschwitz with their husbands and sons.

'Could you let us get down under the train for a minute or two?' asked Manci. Sometimes this was allowed if the train was delayed and the prisoners needed to use the toilet.

With the guard's permission, the two women quickly got under the train and Manci let out the whistle she had used at Plaszów to communicate with her family. Soon the two boys saw them and were waving to their mothers. Olek held his arm up and pulled back his sleeve to show his mother that he had a tattoo; Richard showed his too. They were 'permanent'.

Then Olek held out his hand and showed his mother a few little potatoes he had: 'Don't worry about me being hungry.'

Richard, the younger of the two boys, showed that he had some potatoes too, but he could not stop himself from saying, 'Mama, I'm so hungry.'

Henry Rosner and Dolek Horowitz arrived at the fence while the women were still outside the train. By now the wives had read the letters from their husbands and understood the situation.

'The tattoo!' Henry called proudly. His wife was happy about that, but worried because she could see that he was cold and sweating at the same time, being worked to death.

There was little time now before the train left, and the guard wanted the women to get back on the train. 'Look after Niusia,' Dolek called out, trying to sound cheerful, and then the families were separated again. Nothing could surprise them any more.

As the train moved away from Auschwitz, the women knew that this was their last chance. Many of them would die within days if they did not get some food and rest; another concentration camp would finish them all.

In the cold dawn of the second day, the train stopped and the women were ordered out. They climbed out of the boxcar and smelled the air, which was painfully cold but fresh and clean. They were marched to a large gate and behind it they could see several large chimneys and a group of SS guards.

'They've brought us all this way to send us up a chimney anyway,' a girl beside Mila Pfefferberg cried.

'No,' said Mila, 'they wouldn't waste their time like that.'

As they got closer to the gate, they saw Herr Schindler standing among the Brinnlitz SS men. He stepped forward and the lines of women stopped. They could neither believe their eyes, nor could they speak; it was like seeing a ghost.

Then Oskar spoke to the women, even though Commandant Liepold was there with him. 'When you go inside the building you'll find soup and bread waiting for you. You have nothing more to worry about. You're with me now.'

Years later one of the women tried to explain their feelings that morning: 'He was our father, he was our mother, he was our only faith. We could always depend on him.'

The Schindler men stood on the balcony of the building as the women passed below, each man searching for the face of his mother, wife, daughter or friend. Because the women had no hair and many of them were very ill, they were not all easily recognizable, but it was an amazing sight. There had never been and never would be another Auschwitz rescue like this one.

Many of the women had to go directly to the factory's medical unit to be treated for all kinds of problems. Emilie Schindler worked quietly in this part of Oskar's kingdom, feeding and comforting the sick and dying.

Chapter 12 Life in the Kingdom of
Oskar Schindler

Oskar Schindler ran his little kingdom at Brinnlitz under the careful watch of Commandant Josef Liepold in his office outside the gate of the DEF building, and under the official control of Commandant Hassebroeck at Gröss-Rosen. Somehow, though, even with watchful Nazi eyes observing every move, Schindler managed to do things *his* way.

If it was discovered that a prisoner had brought typhoid fever into the Brinnlitz camp, not only would that prisoner be shot, but also the camp would be closed and the rest of the prisoners would be sent to the typhoid barracks of Birkenau to die.

On one of Oskar's morning visits to the medical unit in the camp, one of the Jewish doctors told him that there were two possible cases of typhoid fever among the women. The disease was carried from person to person by louse bites, and it was impossible to control the huge population of lice that lived on the prisoners.

So Oskar ordered the doctors to isolate the two women by putting them in the basement. He then ordered his workers to begin building a de-lousing unit with showers, a laundry and a disinfection room as quickly as possible; in this way he stopped the spread of the disease before it had a chance to get started. Regular meals also took care of most of the prisoners' stomach complaints. In all of war-torn Europe, only the Jews who were lucky enough to be in Brinnlitz were fed enough to live on.

'You have to remember,' said a prisoner of Oskar's camp years later, 'that Brinnlitz was hard. But compared to any other camp, it was heaven!'

'And Schindler? Did he eat the same meals as the prisoners?'

The former prisoner laughed at such a question. 'Schindler? Why would Schindler cut his rations? He was the Herr Director.'

After a pause, the man continued, 'You don't understand. We were grateful to be there. There was nowhere else to be.'

After finishing work on the new de-lousing unit one evening, Leopold Pfefferberg and another male prisoner climbed to the top of the DEF building to bathe in a water tank on the roof. The water was warm up there from the heat of the machines, and when you climbed into the tank you could not be seen from the floor.

Dragging themselves up, the two prisoners were amazed to find the tank already occupied. Huge Oskar Schindler was sharing the bath with a beautiful blonde SS girl, whose healthy golden breasts floated on the surface. The two men apologized and left, shaking their heads and laughing like schoolboys.

Soon afterwards Schindler wandered into one of his workshops to talk to Moshe Bejski, a young artist.

'Could you make a rubber stamp like the one used on these official papers?' Oskar asked, as he showed Bejski a document from the Food and Agriculture Department in Krakow.

Bejski began his new job immediately and became an expert at copying Nazi stamps which Oskar could then use on all sorts of official documents. Prisoners could now do work outside the factory, such as driving by truck to Brno or Olomouc to collect loads of bread, black market petrol, flour or cigarettes.

In the Krakow years DEF had produced a vast quantity of enamelware and a smaller amount of weapons which had made a fortune for Oskar Schindler, but the factory in Brinnlitz produced nothing of any worth at all. As Oskar would claim, 'We had difficulties with the production of weapons and bullets.'

Because DEF did not produce anything that was exactly right, Oskar was getting a bad name at the Weapons Ministry, and other factory managers and owners were getting more and more angry with DEF. The factory system was planned so that one workshop made bullets and another made guns, so if Oskar's prisoners made bullets that were the wrong size, for example, both DEF and the factory that made the weapons for those bullets looked bad.

Oskar celebrated when his bullets or guns did not work because he did not want to help the Nazis kill more people, but as this went on, he also had to find more and more clever ways to protect his business and his Jews. Even in 1945 there was a series of inspections at DEF when Nazi officials and engineers marched through the factory with their checklists. Oskar used his old tricks and started these official visits with a very good lunch and several bottles of excellent wine. In the Third Reich there were no longer as many good meals for minor officials as there had been. Prisoners standing at their machines would report that the uniformed inspectors smelled of alcohol and were unsteady on their feet as they tried to concentrate on their task.

The prisoners also had their own tricks. The skilled electricians and engineers among them adjusted the machines so that they looked normal and efficient, but they did not perform properly. Some machines, for example, did not reach the correct temperature, or the size of a bullet was just a tiny bit too big. These problems could not be seen in an inspection, but they meant that DEF never produced any workable weapons or bullets.

There were complaints about the Brinnlitz factory from local officials as well, and Oskar regularly gave important men from the surrounding areas a tour of the factory and a good dinner. But after his third arrest Commandant Liepold and the Hoffman brothers, owners of the DEF building, wrote to every Nazi office they could think of to complain about Oskar Schindler and his morals, his law-breaking and his love of Jews. Oskar heard about the attacks on him and invited two of his old friends to Brinnlitz.

The first was Ernst Hahn, second in command of the Berlin office of services to SS families, and with him he brought Franz Bosch, a frequent guest at Amon Goeth's parties at Plaszów. Both men were famous drunks and both of them loved the sociable

Oskar Schindler and saw him as a man, like them, who knew how to enjoy the finer things in life.

The two men arrived looking like leaders from the early grand days of the Nazi Party in their splendid Nazi uniforms, complete with military decorations and ribbons. Commandant Liepold was invited to join them for dinner and felt like a schoolboy at the grown-ups' table. He left knowing that if he wrote complaining letters to distant authorities, they were likely to land on the desk of an old drinking companion of the Herr Director, and that could prove to be more dangerous for him than for Schindler.

The next morning Oskar was seen driving through Zwittau, laughing and joking with these elegant, handsome men from Berlin. He hated both Hahn and Bosch, but he was an expert at acting whatever role was necessary to protect his workers. The local Nazis stood on the pavements and waved as this wonderful display of Reich power passed by.

◆

Down in the basement of DEF, one of the two women who had had typhoid fever still remained isolated. Luisa's fevers kept returning. She remained in the basement, well fed and well looked after, but as white as a ghost and still carrying the infection. She understood that she was in the only space in Europe in which she would be allowed to live.

One morning as Luisa lay in her bed, she heard the heavy boots of three men coming down the stairs and she tensed, expecting the worst. It was the Herr Director with two official inspectors from Gröss-Rosen. Luisa was partly hidden behind a large heater, but Schindler did not try to hide her. Instead he came and stood at the end of her bed and talked about her as if she was not there.

'This is a Jewish girl,' Schindler said in a bored voice. 'I didn't want to put her in the medical unit. She's not infectious, but she has something serious. The doctors say she won't last more than thirty-six hours.'

Then Oskar ignored the girl and told the men about the machines and equipment around them. Luisa closed her eyes and lay very still, but as the men began to climb the stairs she cautiously opened her eyes. Herr Schindler looked back and gave her a quick smile. It was the kind of victory that excited him and kept him working every day for his Jews.

In the spring of 1945, after six months in the basement, Luisa walked out of DEF and into an altered world to continue her life.

◆

Oskar's old drinking friends sometimes thought of him as the victim of a Jewish fever, and they were not using literary language. They believed that he had a real disease, one that he had caught and could not be blamed for. They even believed that this brain fever was highly infectious, and they pointed to men like Sussmuth as proof of this.

Over the winter of 1944–45, Oskar and Sussmuth managed to get 3,000 more women out of some of the biggest camps and into sub-camps in Czechoslovakia by finding small factories which needed workers. With Oskar's influence and charm, and Sussmuth's clever paperwork, the pair convinced the authorities to send groups of 300–500 women at a time into typically tiny rural factories, where they had a chance of escaping the death orders that reached the bigger camps in the spring of 1945.

While this was going on, Oskar continued to search for other ways to rescue more Jews; through Sussmuth again, he applied for an extra thirty metalworkers. Eventually he got these thirty men, but not before another dramatic journey.

Moshe Henigman, one of the prisoners, wrote about this trip after the war: 'A short time after Christmas 1944, 10,000 prisoners from Auschwitz III were lined up and marched away towards Gröss-Rosen. We heard that we were being taken to work in the area's factory camps, but if the Nazis wanted us to work, they didn't plan the journey very well. It was a bitterly cold time of year and we had no food as we walked along. At the beginning of each stage of the march, anyone who had trouble walking or had a cough was shot. After ten days there were only 1,200 of the original 10,000 left alive, and each day as we continued, the weak were separated out and killed.

'Then one day thirty of us heard our names called, and we were put into a boxcar. We were even given food for the trip, which was unbelievable. Then we arrived at Brinnlitz and thought we'd died and gone to heaven. Schindler even let us rest and build up our strength before going to work. After what we had been through, it was hard to believe that men like him still existed.'

Dr Steinberg, working at a small labour camp in the Sudeten hills, also had a story to tell about Schindler's kind but dangerous behaviour. 'I was the doctor at a camp which made aircraft parts. There were about 400 prisoners, with a very poor diet and an extremely heavy workload.

'I heard rumours that this man Schindler was running a civilized camp at Brinnlitz, so I managed to get a factory truck to use and went to visit him. I told him about the conditions in my camp and, without hesitating, he worked out a way for me to visit Brinnlitz twice a week and get extra food. I don't know exactly how many kilograms of food I picked up over those months, but if the Brinnlitz supplies had not been available, at least fifty more of our prisoners would have died by spring.'

By January 1945 the Nazis were closing down some of the factories inside Auschwitz itself, and in the middle of that month 120 workers from the cement factory were thrown into two boxcars. They travelled for ten days without food and with the doors of the train frozen shut. A boy remembered that they scratched the ice off the inside walls to get enough water to keep themselves alive. The train stopped at Birkenau and at other camps, but the doors of their boxcars remained shut; they had no industrial value and the commandants did not want the responsibility of either housing or killing them.

Finally, on a freezing morning at the end of January, the two boxcars were abandoned in the rail yards at Zwittau. It was probably Oskar's brother-in-law who telephoned him to report cries and scratching noises from inside the cars. Oskar told him to move the two boxcars to Brinnlitz.

Leopold Pfefferberg was called to bring his tools and cut the frozen doors open. In each boxcar, they saw a pile of stiff and twisted bodies which no longer looked human. The hundred survivors each weighed less than thirty-four kilograms, they smelled terrible and their skin had turned black from the cold. The condition of both the dead and the living reminded the Brinnlitz Jews of what was happening outside Schindler's kingdom. When they were inside the factory, Emilie Schindler and the doctors made sure that these 'workers' all survived.

◆

Into this strange factory which employed the weak and hungry and which produced nothing useful came Amon Goeth in the early days of 1945. He had been released from prison because of serious health problems, although the SS were continuing their investigation of his affairs. No one was sure what his motives were for this visit. Was he looking for a managerial job in Oskar's factory? Did he need money and want a loan? Had Oskar acted as his agent in a business deal? Or was he just hoping to find someone who was still his friend?

A different Amon Goeth walked through the factory that day. He was much thinner and his face showed the signs of illness and worry, but for the former residents of Plaszów this man still represented evil. Some people turned their heads away from him and spat; others, like Helen Hirsch, could not move when they saw him. Surely the former commandant had no power in Oskar's kingdom, but the prisoners could not be sure. He was still Amon Goeth and he had a presence, a habit of authority. Thirty years later Leopold Pfefferberg said, 'When you saw Goeth, even in your dreams, you saw death.'

Everyone felt a sense of relief when Oskar led him through the factory on the third day on his way back to the station at Zwittau. The prisoners were now rid of their old commandant, and at the time of Oskar's thirty-seventh birthday on 28 April 1945 he was scheming to get rid of Commandant Liepold as well.

In the week before the birthday celebrations an order from Hassebroeck, who, as we know, was the commandant of Gröss-Rosen and in charge of Brinnlitz and 103 other small camps, had reached Liepold's office. The order instructed Liepold to get rid of all his Jewish prisoners by shooting the old and weak immediately and marching the others out of the area in the direction of Mauthausen. The Nazis did not want the approaching Russian army to discover the camps or the prisoners.

It was fortunate for the prisoners in this new phase of danger that neither they nor Liepold ever knew anything about this order. Mietek Pemper, whom we have met as one of Amon Goeth's secretaries, was now working in Commandant Liepold's office and did not hesitate to read his boss's mail. After seeing Hassebroeck's order, Pemper took it directly to Herr Schindler.

'All right,' Oskar said after reading the communication, 'then we must say goodbye to Commandant Liepold.'

Schindler knew that Liepold was the only SS officer in Brinnlitz who was capable of carrying out this death sentence. His deputy, an older man named Motzek, would never be able to murder a large number of human beings so coldly.

Feeling certain of this, Oskar decided to get Liepold out of Brinnlitz and leave Motzek in charge. He wrote letters of complaint against the commandant to important friends in Berlin and to Hassebroeck. He accused the commandant of unnecessarily severe treatment of the prisoners and of threatening to kill them all immediately. Then he reminded the men he was writing to that his labourers were working on secret weapons, and that they were necessary for a final German victory. Even though Hassebroeck was responsible for thousands of deaths and believed that all Jews should be killed when the Russians came near, he was against any of his commandants making a special case of his own prisoners.

Schindler noted that Liepold kept saying that he would like to be in the real fighting, rather than sitting behind a desk. Two days after Oskar's birthday, Liepold received his orders to join an army unit at the battlefront. Schindler's Jews were now safer under their latest commandant, Herr Motzek, who knew nothing about any recent orders from Hassebroeck.

◆

On 28 April Oskar received a special hand-made box and birthday wishes from the workers and provided two truckloads of white bread for them. Oskar's serious mood was reflected in a speech he made that night to his prisoners and staff as well as to the SS. Leopold Pfefferberg later remembered that he looked around nervously at the SS men with their guns and thought: *They will kill this man, and then everything will fall apart.*

Schindler's birthday speech contained two main promises. First, that the war and the rule of terror was ending. He spoke as if the SS men standing against the walls were also prisoners who longed for liberation. Then he promised that he would stay at Brinnlitz until the war was officially over. 'And five minutes longer,' he added, promising the Jews that he would not allow them to be taken into the woods to be shot before the Nazis departed.

Oskar delivered his speech calmly, but he later admitted how worried he had been during those last days about what actions might be taken by the SS, or by German army units or advancing Russian soldiers; he knew that these groups were capable of anything. But with their stomachs full and their Herr Director speaking, the prisoners did not sense the terror Oskar felt.

Chapter 13 The Gates Are Opened

Both Oskar and a group of prisoners had radios and were able to keep in touch with what was happening during the final days of the war. They knew that Russian soldiers were shooting non-military German citizens, but they believed the war would end before any Russian army units could reach the Zwittau area. The Jewish prisoners had hoped that the Sudeten area would be captured by the Americans, but the news they heard indicated that the Russians would reach them first. Nevertheless, the group of prisoners closest to Oskar were working on a letter in Hebrew to explain Oskar's actions during the war. They hoped that he would be able to present this letter to American forces, with their significant number of Jewish soldiers, including army rabbis, and that this would guarantee his safety.

Oskar heard the news of the German surrender on the radio in the small hours of 7 May. The war in Europe would cease at midnight on the following night, Tuesday, 8 May 1945.

At midday the next day Schindler stopped work in the factory and everyone listened to Winston Churchill's victory speech as it was broadcast in English from London. A few of the workers understood what Churchill was saying and the news spread quickly. As the SS men learnt what had happened, they started to look away from the prisoners and the camp and began worrying about the approaching Russians and the dangers the world beyond the camp might hold for them. Nevertheless, they remained conscious of their duty and stayed at their posts until midnight.

In the long hours leading up to the peace one of the prisoners, a jeweller named Licht, had been working on a gift for Schindler. The prisoners knew that Oskar and Emilie would have to leave Brinnlitz as quickly as possible after midnight, but they wanted to mark this departure with a short ceremony and a special gift.

Licht was making a gold ring with these words on the inner circle: *He who saves a single life, saves the entire world* – the Talmudic verse Itzhak Stern had quoted to Oskar in the director's office at Buchheister's in October of 1939. But where had he found the gold? Old Mr Jereth, who had helped Oskar find the wood for his first sub-camp, insisted that Licht use his gold teeth. 'Without Oskar Schindler,' Mr Jereth said, 'my gold teeth would be in some heap in a Gestapo storehouse, with the teeth of thousands of other Jews.'

Everyone was looking for ways to help the Schindlers. Other prisoners took apart Oskar's luxury car and hid his diamonds inside the doors and under the seats.

Six hours before midnight Oskar called his prisoners and staff to another assembly, and the SS again stood along the walls with their guns. The Herr Director wanted to make a final speech about the new world they would all soon enter.

'The unconditional surrender of Germany,' he said, 'has just been announced. After six years of cruel murder, we cry for the victims, and Europe begins to return to peace and order. I ask all of you who have worried with me through many hard years to act now as civilized, decent men and women. The soldiers at the front, as well as the little man who has done his duty, are not responsible for what a group, calling itself German, has done.

'Millions of Jews have been murdered – your parents, children, brothers and sisters – and many Germans have fought against this killing, and even today there are millions of Germans who do not know about the horrors committed in their name.

'I beg you to leave justice to the authorities, to tell your stories in the courts. Do not commit acts of revenge or terror. For your own safety, keep order and act with understanding towards the people outside these gates.

'Do not thank me for your survival. Thank your own people who worked day and night. Thank Itzhak Stern and Mietek Pemper and others, who thought about you and worried about you every day, and faced death for you at every moment. With their guidance, continue to make only honourable decisions.'

The prisoners thought Oskar was walking on dangerous ground when he turned his attention to the SS men. 'I would like to thank the SS guards for acting in an extraordinarily good and correct manner in this camp.' If the SS accepted Oskar's praise, then there would be nothing left for them to do except to walk away.

'In conclusion,' Oskar ended, 'I request you all to keep a three-minute silence, in memory of the countless victims among you who have died in these cruel years.'

After the three minutes the SS left the hall quickly, and the prisoners asked Oskar for a few minutes of his time before he packed and left. Licht's ring was presented, and Oskar spent some time admiring it and showing the verse to Emilie while Itzhak Stern translated it for her. Then Oskar became very serious as he slowly placed the ring on his finger. Though nobody quite understood it, it was the moment in which the Jews became themselves again, and in which Oskar Schindler became dependent on their gifts.

The world was at peace, but none of the people inside Brinnlitz camp had a clear idea of what that meant for them. Over the past year Oskar had built up a store of weapons which he now passed out among the prisoners, who were glad to have some protection against the SS guards. But they need not have worried because the SS were ready to give up their own weapons and hurry towards their homes. When midnight came, there were no SS men or women in the camp, not even Commandant Motzek.

Now it was time for the Schindlers to depart, but first Oskar called Bankier and gave him the key to a private storeroom. It contained eighteen truckloads of high quality fabric, thread and shoes, which Oskar had agreed to store for the Nazi Weapons Department. Now this huge supply of goods – estimated to be worth 150,000 American dollars – would give the prisoners something with which to start their journey into freedom. Some of them made travelling clothes out of the fabric, others saved theirs to trade with as they moved out of the camp. Each prisoner was also given a ration of cigarettes and a bottle of whisky; these too were items which could be traded.

Oskar and Emilie wore the striped uniforms of prisoners as they said goodbye and climbed into their car with one of the prisoners as driver. Eight other Jewish men had volunteered to follow the Schindlers in a truck loaded with food, and with cigarettes and alcohol for trading. Oskar was anxious to leave because of the threat that the Russians could arrive at any time, but still he gave Stern and Bankier instructions until the last moment. The prisoners watched as the car and truck rolled through the gates. After so many promises, they now began to realize that they had to bear the weight and uncertainty of their own future.

The prisoners did not move out of the camp for three days as they tried to make certain that the world outside was safe for them. They remembered that the only time they had seen the SS show fear, apart from their anxiety in the last few days, had been when typhoid fever broke out. So on the morning after the Schindlers left they hung typhoid fever signs on the gate and along the fences.

Three Czech soldiers arrived at the gate that first afternoon and talked through the fence to the men on guard. 'It's all over now,' they said. 'You're free to walk out whenever you want.'

'We'll go when the Russians arrive,' said the guards. 'Until then we're staying inside.' Schindler's Jews wanted to be certain that the last German unit had gone. The Czechs walked away.

In fact, the Brinnlitz prisoners watched a German unit drive down the road from the direction of Zwittau later that day. Before they were out of sight, one of the German soldiers turned and fired his gun into the camp. A girl was slightly wounded by flying pieces of bullet, but her injury was not serious and no one else was hit.

They were also visited by five young German soldiers on SS motorbikes. When they turned off their engines and walked towards the gate, several of the men inside wanted to shoot them, but cooler heads persuaded them to wait and see what the soldiers wanted. 'We need petrol,' said the oldest of the Germans. 'Have you got any we can have?'

Leopold Pfefferberg argued that it was better to supply them with some fuel and send them on their way than to start a fight.

'I hope you realize there's typhoid fever here,' said Pfefferberg in German, pointing to the signs.

This seemed to impress the soldiers, who had no desire to add fever to their troubles. When the cans of petrol were brought to them, they thanked the prisoners politely and left as quickly and quietly as possible. This was the prisoners' last meeting with anyone from Heinrich Himmler's special army.

On the third day a single Russian officer rode into the camp on horseback, and after a short conversation half in Russian, half in Polish, he asked for a chair. Standing on it, so that the prisoners could see and hear him, the officer gave them the standard liberation speech in Russian: 'You are free to go to town, to move in any direction you choose. You must not take revenge. We will find your enemies and punish them in a just and fair court.' He got down from the chair and smiled. He pointed to himself and said in old-fashioned Hebrew that he was Jewish too. Now the conversation became friendly.

'Have you been to Poland?' someone asked.

'Yes,' the officer admitted, 'I've just come from Poland.'

'Are there any Jews left up there?'

'I saw none, but I heard there are still a few Jews at Auschwitz,' the Russian reported. Before he left he promised to send them some bread and horsemeat. 'But you should see what they have in the town here,' he suggested.

As the Russian officer had urged them, the Brinnlitz prisoners began to move out of the camp. Their first experiences of the world outside were a mixture of the positive and the negative. A grocer offered some of the boys a bag of sugar he had been hiding in his storeroom. The boys could not resist the sweet taste and ate the sugar until they were sick, learning that they had to approach their freedom more gradually.

On Mila Pfefferberg's first visit to the village of Brinnlitz, a Czech soldier stopped two Sudeten girls and made them take off their shoes so that Mila, who had only an old pair of boots, could select the pair which fitted her best. Mila felt embarrassed by this sort of choice, and after the soldier had walked away she hurried after the girls and gave the shoes back. The Sudeten girls, Mila said, would not even speak to her.

Some of the families began to find their way to the West – to parts of Europe, to North and South America; others made plans to go to Palestine and settle with other Jews. Husbands and wives found their way to pre-arranged meeting places; others went to the Red Cross for news of family members.

Regina Horowitz and her daughter Niusia took three weeks to travel from Brinnlitz to Krakow to wait for their family. Dolek arrived but he had no news of little Richard, who had been taken away from him with a group of children several months previously. Then one day in the summer of that year Regina saw the film of Auschwitz which the Russians had made and were showing without charge in Polish cinemas.

'It's my son, it's my son!' Regina screamed when she saw Richard looking out from behind the fences. Through a Jewish rescue organization the parents learnt that Richard had been adopted by some old friends who thought Regina and Dolek were dead. He was returned to them, but he was now a nervous child and had terrible dreams because of what he had seen in the camps.

◆

After leaving, Oskar's group were stopped on the first day by Czech soldiers. One of the prisoners explained that they were all prisoners from the Brinnlitz labour camp: 'We escaped and took this truck and the director's car.'

'Do you have any weapons?' the Czech officer asked.

'Yes, we have a gun for protection,' the prisoner answered.

'Give it to us. You'll be safer without it if the Russians stop you. Your prison clothes are your best defence,' explained the officer. Then he directed them to the Czech Red Cross in the next town. 'They will give you a safe place to sleep for tonight.'

When the Brinnlitz car and truck reached the town, the Red Cross officials suggested that the safest place for the Schindlers and the nine young men to sleep would be in the town jail. So they took their few pieces of luggage into the jail for the night, leaving the car and truck in the town square.

When they returned to their vehicles in the morning, they found that everything had been taken – not only the hidden diamonds and food and drink, but also the tyres and the engines.

They could only continue their journey by train and on foot. They wanted to go towards Linz, where they hoped to find some American military units, and as they walked through a wooded area they met a group of American soldiers.

'Don't move,' said the leader of the group, after he heard Oskar's story. He drove away without explanation but returned within half an hour with a group of Jewish American soldiers and even a rabbi. They were very friendly and kind to the nine prisoners, who were the first Jewish concentration camp survivors they had seen. When Oskar showed the rabbi the letter from his workers, there were many tears as well as handshaking and clapping. Schindler and his party spent two days on the Austrian frontier as special guests of the American rabbi and the military commander. Then they were given an old ambulance to drive to Linz in Upper Austria.

From Linz, where the group reported to the American authorities, they travelled to Ravensburg. Again the Americans listened to their stories of Plaszów, Gröss-Rosen, Auschwitz and Brinnlitz before finding a bus for them to drive to Constanz, on the Swiss border. They believed the Schindlers would be safer in Switzerland, and then they and the prisoners could begin to make their own plans for the rest of their lives.

They reached the border and crossed into Switzerland, but they were then stopped and put in jail. They were not sure which story to tell: the truth or that the Schindlers were also Jewish prisoners. After several days the whole truth came out and local officials welcomed them and moved them to a fine hotel for several days of rest, paid for by the French military government.

By the time Oskar sat down to dinner with his wife and friends on that first night at the hotel, he had no money or diamonds left, but he was eating well with members of his 'family'. He did not know it then, but this would be the pattern for the rest of his life.

Chapter 14 The Final Years

Oskar Schindler lived for almost three more decades after the war, but, as Emilie Schindler said in 1973, 'Oskar had done nothing impressive with his life before the war and has done nothing special since.' He was fortunate, therefore, that in that short fierce period between 1939 and 1945 he had met people who had stirred him to use his deeper talents.

Between the end of the war and 1949 Oskar and Emilie lived in Germany, often staying with Schindler Jews who had returned to Munich. They lived very modestly; they had traded the last of their jewellery for food and drink and the Russians had taken Oskar's property in both Poland and Sudetenland. Still he was always as generous as possible with the Brinnlitz survivors who had become his family.

Many of the survivors from Plaszów and Brinnlitz were invited to attend the final trial of Amon Goeth, one of the first trials for war crimes brought by the Polish government. They found the former commandant thin from illness but still unwilling to accept any guilt for the killings at Plaszów. 'All orders for each death and transportation were signed by my superiors,' Goeth claimed, 'and were therefore *their* crimes, not mine.'

The judges listened to Goeth but they also listened to different accounts from survivors, including Mietek Pemper and Helen Hirsch, who gave clear details of Amon Goeth's crimes. Goeth was hanged in Krakow on 13 September 1946.

Towards the end of the forties Oskar was looking for a new business, something that would give him the kind of opportunities for success that he had found in Krakow in 1939. He decided to farm in Argentina, but he had no money to support this plan. However, an international Jewish organization stepped in to help him, based on his wartime activities as owner and director of 'the only two labour factories and sub-camps in the Nazi-occupied territories where a Jew was never killed, or even beaten, but was always treated as a human being.'

With 15,000 American dollars from this organization, the Schindlers sailed for Argentina in 1949, taking half a dozen families of Schindler Jews with them and paying the fares for many of them. They settled on a farm in Buenos Aires province and stayed there for a decade, but for many reasons the farm failed and the Schindlers went bankrupt. Perhaps Oskar's skills needed to be balanced with the more serious business sense of men like Itzhak Stern and Abraham Bankier.

By the beginning of the sixties Oskar was back in Germany and Emilie was still living in Argentina; they would never live together again. With 'loans' from a number of Schindler Jews Oskar tried to set up a cement factory, but soon he had gone bankrupt again.

In 1961, hearing that he was in trouble, the Schindler Jews in Israel invited Oskar to visit them at their expense. He was welcomed enthusiastically, and even though he looked older and heavier, the survivors were glad to see that he was still the same charming, sociable Herr Director at the series of parties and receptions held in his honour.

On Oskar's fifty-third birthday he was formally honoured with love and thanks in Tel Aviv in the Park of Heroes, where he was described as the man who had saved the lives of more than 1,200 prisoners at the Brinnlitz Concentration Camp. Ten days later in Jerusalem he was declared an Honourable Person and invited to plant a tree beside those of other honourable Germans, including Julius Madritsch and Raimund Titsch, owner and manager of the Madritsch Factory, where Jews had also been fed and protected.

The publicity Oskar received in Israel often made his life more difficult in Germany, where some people continued to hate him for being a Jew-lover. These attacks increased his need to depend on the Jewish survivors for his emotional and financial security. For the rest of his life he spent about half of every year in Israel, being treated like an honoured member of the family, and the other half in a small, dark apartment near the railway station in Frankfurt.

The Schindler Jews never forgot him, and worried that he often seemed discouraged and lonely and always short of money. Leopold Pfefferberg urged other survivors now living in the United States to contribute one day's pay a year to Schindler. Others, including Itzhak Stern and Moshe Bejski, persuaded the West German government to provide him with a decent pension based on his wartime heroism, the property he had lost and his poor health. In addition to the pension, the German government also officially recognized Schindler's noble acts during the war years.

As he entered his sixties, Oskar was still living and drinking like a young man although he was very ill with heart problems. He was working for several Jewish charities, and wherever he travelled he was well taken care of by his children, the survivors. But now they had become more like his parents, and they were concerned about his health and happiness.

Back in Germany one day in the autumn of 1974 Oskar fainted in his small apartment in Frankfurt, and he died in hospital on 9 October. A month later, according to his wishes, his body was carried through the crowded streets of the old city of Jerusalem and buried there. A crowd of Schindler Jews can be seen in the newspaper photographs of the ceremony.

He was grieved for on every continent.

ACTIVITIES

Chapters 1–3

Before you read

1 Discuss these questions with another student.

    a Who is your greatest hero? What do you admire about him / her?

    b 'Only saints and madmen risk their lives to help other people.' Do you agree with this statement? Why (not)?

2 Read the Introduction and answer these questions.

    a What do you learn about Oskar Schindler and the Krakow ghetto?

    b How long did Steven Spielberg wait before he made the film? Why?

3 Look at the Word List at the back of the book. Find words for

    a people

    b places

While you read

4 Tick (✓) the correct answer.

    a When Oskar Schindler was a child, his home town belonged to

        1) Austria. .....

        2) Czechoslovakia. .....

    b Rabbi Kantor and his family moved to

        1) Poland. .....

        2) Belgium. .....

    c Oskar Schindler hated his father for

        1) leaving his mother. .....

        2) disapproving of his marriage. .....

    d Oskar wore a swastika because it helped him

        1) in business. .....

        2) to work for the German government. .....

    e Itzhak Stern helps Oskar to

        1) understand Jewish law. .....

        2) develop his business. .....

    f Many Jews are shot by

        1) the Einsatz Group. .....

        2) Zyklon B. .....

102

g Oskar's main interest is to
   1) help the Jews.   .....
   2) make money.   .....
h In Zwittau, Oskar's relationship with his wife
   1) improves.   .....
   2) does not improve.   .....
i Life in the ghetto is hard at first
   1) and gets even harder.   .....
   2) but gets a bit easier.   .....
j The Gestapo are worried about Oskar's
   1) business activities.   .....
   2) attitude towards the Jews.   .....

After you read

5 Who are these people? How do they feel about Oskar, and how does Oskar feel about them? Why?

  a Hans Schindler   **f** Abraham Bankier
  b Emilie   **g** Victoria Klonowska
  c Ingrid   **h** Eberhard Gebauer and Herman
  d Itzhak Stern   Toffel
  e Leopold Pfefferberg   **i** Edith Liebgold
              j Julian Scherner

6 What do we learn about Oskar's character from his

  a summer of professional motorbike racing?
  b attitude towards the Nazi party?
  c work as an agent for the German government?
  d choice of business advisers and partners?
  e life style?
  f treatment of his work force?
  g reaction to news of the first *Aktion* and plans for a ghetto?
  h business methods?
  i reaction to his visit to the ghetto?
  j reaction to his arrest?

7 Discuss these questions with another student.

  a What evidence is there of Oskar's future heroism in the first part of the story?
  b Would you divorce Oskar if you were Emilie? Why (not)?
  c Would you describe the gangster's behaviour in the synagogue as heroic or foolish? Why?

Chapters 4–6

Before you read

8 Work with another student. Have this conversation between two people in the Krakow ghetto.

Student A: You are a teacher. You think that your job is important in the ghetto. Say why.

Student B: You are a metal polisher. You think that your job is more important in the ghetto than a teacher's. Say why.

While you read

9 Finish these sentences with one word or name in each space.

a The .... family look after ....

b Oskar is .... for .... a Jewish girl.

c Leopold Pfefferberg cannot get a .... because he is a ....

d Oskar rescues .... and a dozen .... workers from a train.

e .... escapes death by hiding in a .... pit for three days.

f Dr Sedlacek invites Oskar to .... to give .... and his colleagues an account of the suffering of Jews.

g .... orders Albert Hujar to .... a young architect.

h Oskar persuades .... to let him keep his .... outside the new labour camp.

i .... is not killed because the Germans think that he is ....

After you read

10 How are these places important in this part of the story?

a Montelupich prison   e Vienna
b a labour camp near Lublin   f the old Technical College
c Wegierska Street   g Budapest
d Belzec   h Plaszów

104

11 Who or what are these sentences about? Why?

    a She has a fictional family.

    b He is calm but frightened.

    c Oskar is angry because Mr Bankier failed to get one.

    d Oskar cannot understand his gentleness.

    e There is madness in his eyes.

    f They are shocked by his report.

    g She should not have argued.

    h Oskar pretends to like him.

12 Discuss these questions with another student.

    a How does Oskar use money, charm and influential friends in this part of the story? Is he right to give expensive gifts to merciless killers like Amon Goeth?

    b What finally makes Oskar decide to try and defeat the system? How does he try to do this? Should he have reached this decision earlier?

13 Work with another student. Have this conversation between Oskar and a member of the Jewish freedom fighters who kill Nazis.

    Student A: You are the freedom fighter. You think that all the Jews in Krakow should fight the Nazis now. Tell Oskar why you need his help.

    Student B: You are Oskar. Tell the freedom fighter why you cannot help him.

Chapters 7–9

Before you read

14 Discuss these questions with another student.

    a How might Oskar's relationship develop with Amon Goeth? Why?

    b Why do you think that this story is called *Schindler's List*?

While you read

15 Match the names on the left with the correct descriptions on the right. Write the numbers 1–10.

    a Julian Madritsch   .....   **1)** reads secret documents

    b Manasha Levartov   .....   **2)** loses at cards

c	Helen Hirsch	.....	**3)** writes a report
d	the Danziger brothers	.....	**4)** takes secret photographs
e	Emil Krautwirt	.....	**5)** accidentally damage equipment
f	Itzhak Stern	.....	**6)** is hanged
g	Raimund Titsch	.....	**7)** a factory owner
h	Leopold Pfefferberg	.....	**8)** a rabbi
i	Mietek Pemper	.....	**9)** buys secret photographs
j	Amon Goeth	.....	**10)** a housekeeper

After you read

16 How do these people feel, and why?

  a prisoners at Plaszów, when Amon Goeth appears on his balcony

  b Amon Goeth, about Oskar

  c workers and guards, about DEF

  d Oskar, about Amon Goeth's dinner parties

  e the Danziger brothers, about Oskar

  f Raimund Titsch, about his photographs

  g Oskar, after his trip to Berlin

  h Oskar, after his visit to Plaszów

  i Oskar, after Hitler's radio speech

  j Oskar, after his game of cards with Amon Goeth

17 How are these important in this part of the story?

a	a hidden potato	**f**	games of chess
b	metal hinges	**g**	a letter from Colonel Lange
c	bruises on a woman's face	**h**	Hungarian prisoners
d	excellent wine and Polish sausage	**i**	a toilet pit
e	a razor blade	**j**	leather riding equipment

18 Work with another student. Have this conversation between Majola, Amon Goeth's Polish lover, and her father.

  Student A: You are Majola. You love Amon Goeth and want to marry him. Tell your father why.

  Student B: You are Majola's father. You want your daughter to leave Goeth. Tell her why.

Chapters 10–11

Before you read

19 Discuss these questions with another student.

    a As Germany looks increasingly likely to lose the war, will life for the Jewish prisoners get better or worse? Why?

    b How would Oskar feel if Amon Goeth got into trouble with the German authorities? Why?

While you read

20 Are these people helpful (H) or unhelpful (U) to Oskar in this part of the story?

    a Colonel Lange   .....

    b the governor of Liberec   .....

    c Amon Goeth   .....

    d Sussmuth   .....

    e Commandant Hassebroeck   .....

    f SS investigators   .....

    g the Krakow police chief   .....

    h one of his secretaries   .....

    i an inspector from Gröss-Rosen .....

After you read

21 How are the people in Question 20 helpful or unhelpful to Oskar in this part of the story?

22 Only one of these sentences is true. Why are the other sentences false?

    a Amon Goeth is arrested because of his cruel treatment of the Jews in Plaszów.

    b Sussmuth helps Oskar in return for gifts of whisky and diamonds.

    c Only workers at DEF are allowed onto Schindler's list.

    d Leopold Pfefferberg has good reason to be grateful to Marcel Goldberg for his kindness.

    e The Schindler men from Plaszów are taken directly to Brinnlitz.

    f Oskar expects to make a profit from his factory in Brinnlitz.

    g Prisoners are anxious not to have numbers tattooed on their arms.

h Oskar lies to the SS about his business deals with Amon Goeth.

i Clara Sternberg wants to kill herself because she is separated from her husband and son.

j Regina Horowitz and Manci Rosner are first reunited with their sons and husbands at Brinnlitz.

23 Answer these questions with another student.

    a Why is Marcel Goldberg called 'Lord of the Lists'?

    b Why does Emilie move into Oskar's Brinnlitz apartment?

    c How does Oskar get out of jail?

    d Why are the Rosner and Horowitz families at Auschwitz and not Brinnlitz?

Chapters 12–14

Before you read

24 Will life for the DEF work force in Brinnlitz be better or worse than in Plaszów. Why?

While you read

25 In which order do these happen? Number the sentences 1–10.

    a Amon Goeth dies. .....

    b A disease is not allowed to spread. .....

    c Oskar goes to Switzerland. .....

    d Oskar makes a public display of his important friendships. .....

    e Evil orders are not received. .....

    f Ice keeps some people alive. .....

    g Oskar is helped by his former workers. .....

    h A sick girl has a lucky escape. .....

    i The Russians arrive at Brinnlitz. .....

    j Workers in another camp receive extra food. .....

After you read

26 Complete the sentences with the correct endings below.

    a If a prisoner had brought typhoid fever into the Brinnlitz camp, the other prisoners .....

b If Oskar had been unable to put artificial Nazi stamps on
   official documents, prisoners   .....
c If Oskar had not provided such good lunches, the Nazi
   officials and engineers   .....
d If Ernst Hahn and Franz Bosch had not accepted
   invitations to Brinnlitz, Commandant Liepold   .....
e If Oskar had not lied to the inspectors from Gröss-
   Rosen, Luisa   .....
f If Oskar had not asked for thirty metalworkers, Moshe
   Henigman   .....
g If Oskar's brother-in-law had not telephoned him,
   120 cement workers   .....
h If Mietek Pemper had not read Commandant Liepold's
   mail, the prisoners at the Brinnlitz camp   .....
i If Oskar had not complained about the cruel treatment
   of the prisoners at Brinnlitz, Commandant Liepold   .....
j If some prisoners had not written a letter in Hebrew,
   Oskar   .....

1) would not have been sent to the battlefront.
2) might have died in a Gröss-Rosen factory camp.
3) would have continued to make official complaints about
   Oskar.
4) would have been shot and the camp would have been
   closed.
5) might have been in serious trouble after the war.
6) would have been shot or marched in the direction of
   Mauthausen.
7) would not have been permitted to leave the Brinnlitz camp.
8) would have been sent to the barracks at Birkenau.
9) would have been more critical of DEF in their reports.
10) would have died in freezing conditions.

27 How are these places important to Oskar after he leaves Brinnlitz
   in May 1945?

a a town jail   **f** Argentina
b the Austrian frontier   **g** Tel Aviv
c Linz   **h** Jerusalem
d Switzerland   **i** Frankfurt
e Munich

Writing

28 Write about life in Krakow during the Second World War and the importance of Oskar Schindler from the point of view of one of the following people: Itzhak Stern, Leopold Pfefferberg or Abraham Bankier.

29 'All German officers in this story deserve to be severely punished after the war.' Do you agree with this statement? Why (not)? Write a magazine article on this subject.

30 You work for a business journal. Write an account of the history of DEF from 1939 to 1945. Is it a good model for similar future businesses to follow? Why (not)?

31 You are Emilie (Chapter 3). Write a letter to your sister about life as Oskar's wife. Are you happy? Why (not)? How would you like things to change?

32 You are Oskar in Budapest (Chapter 5). Write your eye-witness report of events in Poland for Samu Springmann.

33 You are Itzhak Stern (Chapter 8). Write your account of the situation at Plaszów for the rescue organizations in Budapest and Istanbul.

34 You are Commandant Liepold (Chapter 12). Write your letter of complaint to the Nazi authorities about Oskar's 'morals, law-breaking and love of Jews'. What do you think the authorities should do with him? Why?

35 You are Oskar (Chapter 14). Write a report on your dealings with Amon Goeth. In your opinion, does he deserve the death penalty? Why (not)?

36 You are Leopold Pfefferberg (Chapter 14). Write your letter to surviving Schindler Jews in the United States. Why should they contribute one day's pay a year to Schindler?

37 Write a letter to the head teacher of your local secondary school, giving reasons why this book should be read by every student who is studying twentieth-century history.

Answers for the Activities in this book are available from the Penguin Readers website. A free Activity Worksheet is also available from the website. Activity Worksheets are part of the Penguin Teacher Support Programme, which also includes Progress Tests and Graded Reader Guidelines. For more information, please visit: www.penguinreaders.com.

WORD LIST

bankrupt (adj) without enough money to pay what you owe

barracks (n pl) a building or group of buildings in which soldiers live

binoculars (n pl) a pair of special glasses that you hold up to your eyes to look at objects that are a long way away

black market (n) the system by which people illegally buy and sell goods that are difficult to get

boxcar (n) a railway carriage with high sides and a roof, usually used for carrying goods

chamber (n) a room used for a special purpose, usually an unpleasant one; a **gas chamber** is used for killing people with gas

chess (n) a game for two players, played with pieces that are moved across a special board

colonel (n) a person with a high position in the army

commandant (n) the army officer who is in charge of a place or a group of people

concentration camp (n) a prison where people who are not soldiers are kept and treated cruelly, especially during a war

crematorium (n) a building in which the bodies of dead people are burned

disinfect (v) to clean something with a strong chemical

empire (n) a group of countries all controlled by one government; a group of organizations controlled by one person

enamelware (n) metal pots and dishes covered with a hard, shiny protective or decorative substance

extinction (n) the end of the existence of a type of person or animal

ghetto (n) a part of a city where Jews were forced to live in the past

hinge (n) a piece of metal fixed to something like a door that allows it to swing open and shut

invade (v) to enter an area using military force to take control of it

liberation (n) the state of being or the process of becoming free from control by others, or from difficult conditions

louse (n, pl **lice**) a small insect that lives on the hair or skin of people or animals

nation (n) a country, especially considered in relation to its people and its society or economy

passion (n) a very strong feeling, belief or interest

rabbi (n) a Jewish priest

rations (n pl) a fixed amount of food given to each person in a group

sentence (n/v) a punishment that a judge gives to someone who is guilty of a crime

sociable (adj) friendly, enjoying the company of other people

swastika (n) a sign (a cross with the end of each line bent at 90°) used as the sign for the Nazi party in Germany

synagogue (n) a building where Jewish people meet for religious services

tattoo (n/v) a picture or writing that is permanently marked on your skin using a needle and ink

typhoid (n) a serious infectious disease that is caused by dirty food or water

L'OLIGARCHIE ÇA SUFFIT, VIVE LA DÉMOCRATIE

Du même auteur

L'Économie à l'épreuve de l'écologie
Hatier, 1991

La Baleine qui cache la forêt
Enquête sur les pièges de l'écologie
La Découverte, 1994

La Révolution biolithique
Humains artificiels et machines animées
Albin Michel, 1998

La Guerre secrète des OGM
Seuil, 2003
Édition mise à jour, « Points Sciences », n° 177, 2007

Gaza
La vie en cage
(photographies de Jérôme Equer)
Seuil, 2005

Comment les riches détruisent la planète
Seuil, 2007
« Points Essais », n° 611, 2009

Pour sauver la planète, sortez du capitalisme
Seuil, 2009

HERVÉ KEMPF

L'OLIGARCHIE ÇA SUFFIT, VIVE LA DÉMOCRATIE

ÉDITIONS DU SEUIL
25, bd Romain-Rolland, Paris XIVᵉ

ISBN : 978-2-02-102888-1

www.seuil.com

Exorde

La planète est semée de lieux magnétiques où les humains ont rencontré les dieux. Les contemplant sur le voile de leurs rêves, les hommes ont su que leur défi serait de s'arracher à la glaise pour reproduire sur terre l'harmonie entrevue. Ils ont deviné aussi que leur aventure toujours échouerait, et qu'ils retomberaient pour se dresser à nouveau.

L'Acropole d'Athènes est de ces lieux. C'est un plateau rocheux dominant la plaine. Les temples qui s'y dressent affrontent, impavides, les marées du temps. L'œil se lève, oublie le monde, se noie le long des colonnes dans le ciel des dieux et de l'azur.

Ici a jailli le miracle grec : sur le terreau de civilisations puissantes et énigmatiques, un peuple a imaginé que l'esprit humain pourrait penser par lui-même. Dégageant pour la première fois de la pierre des corps palpitants et beaux, il a créé la raison, la philosophie, et la politique. Déniant aux prêtres, aux rois et aux puissants l'autorité que ceux-ci prétendaient s'attribuer par nature, il a inventé la démocratie, et démontré pendant deux siècles qu'une communauté humaine se gouvernant elle-même dans la justice et l'égalité était source de beauté, de puissance, et d'équilibre.

Ô Périclès, Hérodote, Aristote, combien est vitale aujourd'hui votre aimable leçon ! Au pied de l'Acropole, les oligarques ont repris le pouvoir. Bouffis de morgue et de suffisance, ils pressurent le peuple, détruisent la nature, bafouent toute règle. Plus cyniques que le plus retors des sophistes, ils affirment qu'ils sont démocrates. Forçant l'Europe qui est née de votre génie, ils transforment cette maternelle maîtresse en une marâtre cupide.

Ô Solon et Clisthène, jamais il n'a été plus urgent qu'en ce jour de secouer le joug ! Jamais plus nécessaire de retrouver la source vive de la liberté et de la mesure !

Introduction

La crise écologique domine l'entrée dans le troisième millénaire. Il n'est pas d'autre défi.

L'humanité va-t-elle la maîtriser, ou se laisser rouler sur la pente du désastre ?

Certains écologistes doutent de la sagesse du peuple et, plutôt que la démocratie, recommandent un pouvoir autoritaire. Mais ils commettent une erreur fondamentale : ils croient que nous sommes en démocratie. En réalité, le capitalisme finissant glisse vers une forme oubliée de système politique. Ce n'est pas la démocratie – pouvoir du peuple par le peuple et pour le peuple –, ce n'est pas la dictature – pouvoir d'un seul aux fins qui lui sont propres –, c'est l'oligarchie : le pouvoir de quelques-uns, qui délibèrent entre eux des solutions qu'ils vont imposer à tous.

Il est de l'intérêt des puissants de faire croire au peuple qu'il est en démocratie. Mais on ne peut pas comprendre le moment présent si l'on n'explore pas la réalité soigneusement occultée : nous sommes en oligarchie, ou sur la voie de l'oligarchie.

Ce livre mène cette exploration. Animé par le souci de répondre au problème fondamental : comment prévenir l'aggravation de la crise écologique, afin que s'épanouisse, brassée dans la même culture, une humanité digne, juste, et écologique ?

Identifier le mal, c'est se donner les moyens de le guérir. L'histoire est fille de la liberté. L'oligarchie peut être renversée, la démocratie refleurir, le peuple prendre en main son destin, l'équilibre écologique se reformer.

1

La tentation autoritaire

Le sommet de Copenhague sur le climat, en décembre 2009, fera date : pour la première fois s'y est exprimé avec une dureté à la mesure de l'enjeu le choc entre les intérêts nationaux et la nécessité de la coopération planétaire. Sur cette scène échevelée, agitée à un degré jamais vu auparavant par l'éventail complet de la société politique – manifestants, activistes, lobbyistes, journalistes, télévisions, diplomates, ministres, chefs d'État –, s'est joué le premier tableau du défi qui va dominer la politique du XXIᵉ siècle : l'adaptation juste ou violente au changement climatique et à la crise écologique.

Ces quinze jours épiques se sont conclus par un final en forme de farce : une vingtaine de chefs d'État accouchant sur un coin de table d'un accord bancal à demi refusé dans la foulée par l'assemblée des délégués représentant les nations. Au petit matin, les dirigeants avaient disparu piteusement tandis que les diplomates épuisés renvoyaient à plus tard l'analyse d'un accord qui n'en était pas un. Chine, États-Unis, Europe, Afrique, Inde, Brésil avaient joué une sarabande effrénée où chacun, du plus haut dignitaire au plus humble balayeur, n'était qu'un acteur parmi l'immense troupe de figurants désaccordés. Rien de comique cependant dans ce moment de gravité. On ne s'était pas entendu. La raison aurait voulu qu'on le fasse ; mais les affaires du monde sont-elles guidées par la raison ?

Je retiens maintenant une phrase. Dans une interview, un écologiste connu en France, Nicolas Hulot, déprimé par cette conférence à l'issue inattendue, affirmait : « C'est la faillite de la démocratie. Il faut adapter nos institutions pour qu'enfin l'intérêt collectif domine. » Faillite de la démocratie. M. Hulot jugeait que les institutions des Nations unies avaient échoué à produire un accord.

La règle à l'Organisation des Nations unies (ONU) est que les décisions se prennent par consensus : pas exactement à l'unanimité, mais de façon telle que si une opposition déterminée, même minoritaire, s'affirme, l'assemblée rediscute la décision à prendre jusqu'à parvenir à un accord. C'est une expression certes imparfaite mais réelle de la démocratie planétaire, fondée sur le principe que chaque nation, quelle que soit sa puissance, dispose d'un droit égal à participer au choix commun. À Copenhague, plusieurs pays sud-américains, estimant que l'accord avait été élaboré dans le secret et sans concertation, refusèrent de l'approuver, entraînant l'assemblée à leur suite.

Comme souvent, il faut se méfier des jugements à l'emporte-pièce. En l'occurrence, l'échec de Copenhague découlait de la méthode adoptée par le gouvernement du Danemark qui, en tant que pays-hôte, présidait la conférence. Mme Connie Hedegaard, ministre danoise de l'Environnement, avait jugé indispensable une adhésion des États-Unis au texte qui résulterait de la réunion. Elle prit donc l'initiative de rédiger un texte très favorable à la position américaine, marginalisant le document « onusien » qui était issu du difficile processus de négociation précédant la rencontre. Ce document, pourtant, constituait une base effective de discussion. La manœuvre de Mme Hedegaard provoqua le raidissement de la majorité des pays dits du Sud, et toute la conférence s'empêtra dans ce conflit entre deux textes et deux approches. Nul ne peut dire si le document onusien aurait permis de déboucher sur un accord. Ce qui est certain, c'est que la tentative danoise de contourner la procédure démocratique de l'ONU échoua. À Copenhague, il n'y a pas eu échec de la démocratie, mais faillite de la prétention à faire mieux que la démocratie.

Il ne s'agit pas ici de discuter des péripéties du sommet. Mais de voir combien, en un moment si important, un inconscient s'est exprimé. M. Hulot est un homme intègre et animé des meilleures intentions. Son dépit à l'endroit de la démocratie n'en prend que plus de poids. Cependant, il n'est pas singulier : il fait écho à nombre de voix écologistes. Pour le philosophe Dominique Bourg, la démocratie « signifie aujourd'hui une forme représentative de gouvernement conçue durant les deux derniers siècles, et construite de telle sorte qu'elle obère grandement la capacité à faire face aux grands problèmes environnementaux ». James Lovelock, scientifique britannique concepteur de la théorie Gaïa, va plus loin : il juge que, face à la crise écologique, « il est nécessaire que quelques personnes ayant de l'autorité et en qui on ait confiance dirigent les affaires. On devrait vraiment pouvoir compter sur eux, bien sûr, mais cela ne peut pas arriver dans une démocratie moderne [...]. Il peut être nécessaire de mettre la démocratie de côté pour un moment ». Un chercheur australien, David Shearman, conclut pour sa part que « si la démocratie ne peut pas fournir leadership et action sur le changement climatique, sa survie doit être mise en question ». Et il coécrit un livre intitulé *Le Changement climatique et la Faillite de la démocratie*.

Le raisonnement de ces écologistes pour qui j'ai du respect

peut s'énoncer ainsi : la crise écologique est d'une gravité telle qu'il faut prendre des mesures radicales pour la prévenir. Ces mesures revêtiraient la forme d'une réduction drastique de la consommation matérielle et énergétique. Mais la crise écologique n'est pas immédiatement sensible : les processus de destruction à l'œuvre ne feront sentir leurs effets que progressivement. De ce fait, les citoyens refusent de changer leur mode de vie destructeur à terme mais satisfaisant aujourd'hui. Comme ils élisent leurs dirigeants – c'est la démocratie –, ceux-ci, voulant plaire à leurs électeurs, ne prennent pas les mesures nécessaires. La crise écologique va donc s'aggraver au-delà de tout contrôle. Conclusion : puisque la démocratie ne peut adopter la politique indispensable au salut, puisqu'elle ne permet pas de prendre en compte les intérêts du long terme, la démocratie nuit au bien-être durable de l'humanité. Et il faut confier à une élite vertueuse le soin de mener la société sur le bon chemin.

Mussolini est un bon Chinois

Je reviendrai sur la faille béante de ce raisonnement. Mais il importe auparavant de souligner une convergence dont ces écologistes ne semblent pas avoir conscience. C'est que nombre de zélateurs du capitalisme expriment toujours plus ouvertement un constat similaire : il faudrait trouver mieux que la démocratie pour résoudre les problèmes de l'époque. Ils ne pensent pas une seconde à l'écologie ; bien au contraire, ces braves gens visent à gommer la démocratie parce qu'elle gênerait la croissance de l'économie. Et la croissance, c'est le bien, comme chacun sait.

On apprend ainsi, en lisant *The Economist*, que « les électeurs européens sont le plus grand obstacle aux ambitions [de l'Europe] de devenir plus dynamique et performante » : le « problème réel » du continent étant « la volonté politique et les préférences démocratiques ». À propos du principe de précaution, qui conduit – horreur ! – à remettre en question les organismes génétiquement modifiés ou à considérer la question du climat comme urgente, le philosophe patronal François Ewald déplore « une sorte d'hyperdémocratie des individus qui est fort préoccupante ». D'ailleurs, l'électeur est irrationnel, comme l'indique l'ouvrage de Bryan Caplan, publié en 2007 sous le titre : *Le Mythe de l'électeur rationnel. Pourquoi les démocraties choisissent des mauvaises politiques*, qui explique que l'économie se porterait mieux si l'on se « reposait moins sur la démocratie et plus sur les choix privés et les marchés libres » – un livre salué par le *New York Times*, sous la plume de Nicholas Kristof, comme « le meilleur livre politique de l'année ». Quant à Christophe Barbier, rédacteur en chef de *L'Express*, il recommande un nouveau traité européen ; mais puisque « les peuples ne valideront jamais un tel traité […], un putsch légitime est nécessaire » de la part des chefs d'État et de gouvernement. De son côté, Alexandre Adler recommande sur l'antenne de France Culture une « dictature bienfaisante » pour la Grèce : « La Grèce pourrait être forcée, après des émeutes qui se préparent de façon évidente, à créer un gouvernement d'union nationale. On aurait ainsi la dictature, mais une dictature bienfaisante, de 90 % des électeurs grecs contre le peuple grec lui-même. Cette formule pourra choquer, mais en tout cas elle est nécessaire », assène l'éditorialiste.

Le terme de dictature peut d'ailleurs, dorénavant, être employé sans provoquer plus qu'un haussement de sourcil. Silvio Berlusconi affirme qu'« en tant que Premier ministre je n'ai jamais eu la sensation d'être au pouvoir ». Et pour s'expliquer, il précise : « J'ai lu les journaux intimes de Mussolini. J'ose vous citer les paroles de quelqu'un qui était considéré comme un grand dictateur » – et de reproduire une phrase du leader fasciste indiquant que son pouvoir se limitait à « seulement dire à [son] cheval d'aller à droite ou à gauche ». Un *think tank* capitaliste militant, the American Enterprise Institute, explique quant à lui, statistiques à l'appui, qu'en matière économique, « le manque de liberté peut être un avantage. Les dictatures ne sont pas gênées par les préférences des électeurs pour, disons, un État social [*welfare state*] ».

Le thème est repris par des analystes moins marqués, comme Thomas Friedman, éditorialiste centriste du *New York Times* : « Une autocratie gouvernée par un parti unique présente certainement ses défauts. Mais quand elle est dirigée par un groupe de gens raisonnablement éclairés, comme c'est le cas en Chine aujourd'hui, elle peut aussi avoir de grands avantages. C'est qu'un parti unique peut imposer des politiques difficiles à faire accepter mais essentielles [*critically important*] pour faire avancer une société dans le XXIᵉ siècle. » De même, l'éminent critique littéraire George Steiner fait son deuil sans broncher de l'idéal démocratique : « Il est concevable que la solution dans les grandes crises économiques soit une solution à la chinoise, technocratique. Que nous évoluions vers un despotisme libéral. Ce n'est pas un oxymore. Il reviendra peut-être à des despotismes technologiques d'affronter les grandes crises qui dépassent les systèmes libéraux traditionnels. »

Mais ce recours trop apparent à la dictature pourrait choquer les électeurs occidentaux. Et un universitaire, Jean-Louis Rocca, lâche incidemment le grand secret : analysant l'incapacité des dirigeants chinois à bien comprendre l'Occident, il explique qu'ils « ne comprennent rien à la technologie du pouvoir démocratique qui permet aux classes dirigeantes de contrôler le peuple au nom de la légitimité populaire ». Oui, pourquoi parler de dictature et de régime autoritaire, alors que l'on contrôle si bien le peuple sous le beau nom de démocratie ? L'important est que les formes soient respectées.

L'aveu de moins en moins gêné de la nécessité de contourner ou de se passer de la démocratie marque un tournant important. Le capitalisme s'était toujours, durant son essor, associé à la démocratie : le libéralisme économique était frère du libéralisme politique, prenant sa source à la même idée selon laquelle la somme des conduites d'individus rationnels conduit à l'harmonie générale. Aujourd'hui, la disjonction entre les deux phénomènes est de plus en plus nettement affirmée.

Des citoyens au « faible rendement mental »

La critique capitaliste de la démocratie a commencé à s'affirmer au mitan du XXe siècle. Jusqu'alors, la démocratie était violemment dénigrée par le fascisme et par le marxisme. À partir des années 1940, des idéologues capitalistes ont commencé eux aussi – alors que le fascisme était défait – à critiquer l'idéal démocratique.

Une analyse majeure est de ce point de vue celle de l'économiste Joseph Schumpeter, qui publia en 1942 aux États-Unis son maître-ouvrage *Capitalisme, socialisme et démocratie*. Persuadé que l'étalon de la rationalité était celui de l'entrepreneur cherchant à maximiser son profit, le professeur de Harvard s'attaquait à la théorie libérale de la démocratie, en commençant par démontrer l'inanité du concept de bien commun. De même, le « peuple » n'avait pas de substance : la

« volonté des citoyens » se réduisait à « un ramassis confus de vagues impulsions mollement rattachées à des slogans tout faits et à des impressions erronées ». Quant au citoyen, manipulé par les partis, conditionné par la publicité, occupé de ses affaires personnelles, il ne pouvait être rationnel : « Le citoyen typique, dès qu'il se mêle de politique, régresse à un niveau inférieur de rendement mental [...], il redevient un primitif. » Ainsi, pilotée par les politiciens, « la masse électorale est incapable d'agir autrement que les moutons de Panurge ». Ce diagnostic conduisait Schumpeter, qui ne prenait cependant pas explicitement position contre la démocratie, à réduire celle-ci à une procédure : « La méthode démocratique est le système institutionnel, aboutissant à des décisions politiques, dans lequel des individus acquièrent le pouvoir de statuer sur ces décisions à l'issue d'une lutte concurrentielle portant sur les votes du peuple. » C'est dire que la politique se réduit à une joute entre partis pour capter d'élection en élection les faveurs d'une masse à peu près stupide et conditionnée.

« Cette circonstance, poursuit Schumpeter, impose aux hommes placés au gouvernail ou près du gouvernail une vision à court terme et leur rend extrêmement difficile l'accomplissement des efforts persévérants orientés vers des fins à peine distinctes qu'impliquerait le service des intérêts à long terme du pays. » Ironie de l'histoire, Schumpeter reprenait la métaphore de Mussolini : « Le Premier ministre d'une démocratie pourrait être comparé à un cavalier si complètement absorbé par ses efforts pour rester en selle qu'il ne peut diriger sa course. » Au total, dans la vision de MM. Berlusconi et Schumpeter, on peut distinguer ainsi la dictature et la démocratie : dans le premier cas, le chef ne peut que commander à son cheval, dans le second, il ne peut qu'essayer de ne pas être désarçonné.

Quel était le pronostic final du professeur pour limiter les dégâts de ce système si médiocre ? Constituer une sorte de classe de dirigeants « de suffisamment bonne qualité », « une "strate" sociale, formée par un processus de sélection sévère, dont les éléments s'orientent tout naturellement vers la politique ».

Qu'à bien des égards la description de Schumpeter corresponde à la situation actuelle, on peut l'admettre. Qu'elle corresponde à la démocratie est une autre affaire. On y reviendra. Mais en chemin, il faut d'abord s'arrêter à une autre étape majeure de la critique capitaliste de la démocratie. Il s'agit de l'analyse de la Commission Trilatérale, publiée en 1975, et intitulée *Crisis of Democracy*. La Commission regroupe depuis son origine en 1973 des dignitaires politiques et économiques provenant des États-Unis, d'Europe et du Japon, afin de « renforcer la coopération entre ces trois régions ». Le chapitre le plus significatif du rapport de 1975 concernait les États-Unis et était rédigé par Samuel Huntington, le même Huntington qui s'illustrerait plus tard en théorisant le « choc des civilisations » censé opposer l'Occident à l'islam – une théorie qui ferait le miel des néo-conservateurs et d'une présidence aussi magnifiquement démocratique que celle de George W. Bush.

Que disait le rapport de la Trilatérale ? Il célébrait la démocratie, mais pour en déplorer les excès. « La décennie 1960 a témoigné de la vitalité de l'idée démocratique. Elle a été une décennie de poussée démocratique et de réaffirmation de l'égalitarisme démocratique. » L'auteur n'avait pas besoin de citer ce qui était alors évident pour tout le monde : la lutte contre la guerre au Vietnam, les mouvements de Mai 68, la révolution hippie, l'énergie populaire qui avait poussé partout à l'amélioration des revenus du travail. Inconvénient de cette effervescence : « La vitalité de la démocratie aux États-Unis dans les années 1960 a engendré une augmentation substantielle de l'activité gouvernementale et une diminution substantielle de l'autorité gouvernementale. » Au moment de la rédaction de l'ouvrage, le président Richard Nixon venait d'être contraint à la démission après qu'il eut été prouvé qu'il avait commandité la pose d'un système d'écoutes téléphoniques au siège du Parti démocrate, dans l'immeuble Watergate.

En fait, concluait Huntington, « plusieurs des problèmes de gouvernance aux États-Unis aujourd'hui découlent d'un excès de démocratie [...]. Ce qui est nécessaire est un degré plus grand de modération dans la démocratie ». L'habitude qui s'était prise d'exprimer son point de vue était décidément gênant : « Le bon fonctionnement d'un système politique démocratique requiert habituellement une certaine mesure d'apathie et de non-engagement d'une partie des individus et des groupes. »

M. Huntington concluait en ces termes : « Nous en sommes venus à reconnaître qu'il y a potentiellement des limites désirables à la croissance économique. Il y a aussi potentiellement des limites désirables à l'extension indéfinie de la démocratie politique. » Par le plus infortuné des hasards, la croissance ne serait pas remise en question par la suite par les affidés de la Trilatérale. Pour ce qui est de l'extension de la démocratie, en revanche...

Dans la belle théorie de M. Schumpeter, il y avait un point que le digne professeur avait bien vu, mais qu'il avait relégué dans une note de bas de page, sans chercher à exercer sa verve cynique. À propos des « intérêts capitalistes organisés », il remarquait : « On doit reconnaître que des ressources privées sont fréquemment employées aux fins d'interférer avec le fonctionnement du mécanisme de commandement concurrentiel. » Et ? Rien ! Le citoyen est un primitif, le peuple n'existe pas, mais l'interaction entre les intérêts capitalistes organisés et la démocratie ne vaut pas plus que deux lignes. De même, la Trilatérale, trente ans plus tard, entr'apercevrait l'ombre de l'esquisse d'un problème : dans des « remarques », un membre de la commission observait « un nouvel aspect » : « Les gouvernements démocratiques peuvent éprouver des difficultés à faire face au pouvoir d'institutions extraparlementaires [...]. Je pense à deux puissantes institutions économiques – les compagnies géantes et les syndicats grands et puissants. » On sait ce qu'il est advenu des « grands et puissants syndicats ». Mais des compagnies géantes ?

C'est David Rockefeller, membre de la Trilatérale et président de la Chase Manhattan Bank, qui allait donner la réponse en 1999 dans *Newsweek* : « Dans les dernières années, une large partie du monde a tendu vers la démocratie et les économies de marché. Cela a amoindri le rôle des gouvernements, ce qui est quelque chose à quoi les hommes d'affaires sont favorables. Mais l'autre aspect de ce phénomène est que quelqu'un doit prendre la place du gouvernement, et les entreprises [*business*] me semblent être l'entité logique pour le faire. »

La boucle pouvait alors se boucler : il ne restait qu'à bien exercer « la technologie du pouvoir démocratique qui permet aux classes dirigeantes de contrôler le peuple au nom de la légitimité populaire ». Et puisque cela marche si bien, on peut même lancer quelques ballons d'essai sur l'idée de dictature. Bienfaisante, bien sûr.

2

Le glissement vers l'oligarchie

Le sommet de Copenhague fut, du point de vue journalistique, un moment extraordinaire. Et pourtant, malgré l'intensité foisonnante de ces journées qui paraissaient dépasser vingt-quatre heures, il me fallait une pilule quotidienne d'évasion, une injection de lecture, le flash d'une page de livre : dans la nuit, quelques passages de *Mes voyages avec Hérodote* de Kapuscinski constituèrent cet ailleurs indispensable.

Ryszard Kapuscinski était un reporter polonais qui a écrit, jusque dans les années 1980, des reportages parmi les plus beaux que je connaisse. Dans *Le Shah*, décrivant l'Iran sous le règne de Reza Pahlavi entre 1941 et 1979, il dresse un tableau glaçant de ce qu'est une dictature : la somme incroyable de violence et de souffrance qu'entraîne le pouvoir d'un tyran convaincu de sa raison, la peur du policier et de la dénonciation qui paralyse la conduite de chacun, la méfiance de tous envers tous, jusqu'entre parents et enfants.

Mes voyages avec Hérodote entremêle reportages contemporains et récits de son antique collègue, dont l'œuvre était le fidèle compagnon de voyage de son lointain successeur. Passé et présent y résonnent, ils vibrent l'un par l'autre, faisant sentir que l'actualité de tout moment – car le présent n'est qu'un passé en devenir – trouve son sens par la part d'humanité dont elle est porteuse.

Dans cette pérégrination littéraire sans finalité apparente, Kapuscinski – dont les reportages sont eux-mêmes si proches de ses sujets, si loin du cynisme méprisant d'un Schumpeter – décrit la personnalité d'Hérodote : « Il n'y a en lui ni méchanceté ni haine. Il essaie de tout comprendre, cherche toujours à savoir pourquoi Untel agit de telle façon et pas autrement. Il n'accuse pas l'homme en tant qu'individu, il accuse le système. Ce n'est pas l'être humain qui, de nature, est mauvais, dépravé, mesquin, mais le système dans lequel il est amené à vivre. C'est pourquoi Hérodote est un défenseur acharné de la liberté, un adversaire du despotisme, de l'autocratie et de la tyrannie, car il considère que seule la démocratie permet à l'individu de se comporter avec dignité, d'être lui-même, d'être humain. "Regardez, semble nous dire Hérodote, un minuscule groupe d'États grecs a réussi à vaincre une immense puissance orientale ! Pourquoi ? Parce que les Grecs se sentaient libres et, pour cette liberté, ils étaient prêts à tout donner." »

Ce portrait pourrait être celui de l'esprit qui a présidé à l'invention de la démocratie.

« Je ne veux ni commander ni obéir »

Notre temps semble sans mémoire. Oublierions-nous que nous devons aux Grecs les formes de notre pensée politique ?

L'une des histoires d'Hérodote expose très bien les régimes possibles par lesquels les hommes cherchent à accorder leurs intérêts communs et leurs désirs divergents. La scène se passe en Perse, après que sept seigneurs ont renversé le pouvoir des mages. Ils tiennent conseil afin de déterminer comment, dorénavant, il faudra gouverner. L'un d'entre eux, Otanès, propose de mettre l'autorité en commun : « Comment, en effet, la monarchie pourrait-elle être un bon gouvernement ? Le monarque fait ce qu'il veut, sans rendre compte de sa conduite. L'homme le plus vertueux, élevé à cette haute dignité, perdrait bientôt toutes ses bonnes qualités. Car l'envie naît avec tous les hommes, et les avantages dont jouit un monarque le poussent à l'insolence. Or, quiconque a ces deux vices a tous les vices ensemble. » La solution ? « Il n'en est pas de même du gouvernement démocratique », poursuit Otanès. « Premièrement, on l'appelle isonomie – égalité des lois ; c'est le plus beau de tous les noms. Secondement, il ne s'y commet aucun de ces désordres qui sont inséparables de l'état monarchique. Le magistrat s'y élit au sort ; il est comptable de son administration, et toutes les délibérations y sont prises en commun. » Il conclut : « Tout se trouve dans le peuple. »

Mégabyse, quant à lui, propose d'instituer l'oligarchie : « Le peuple n'a ni intelligence ni raison. Eh ! Comment en aurait-il, lui qui n'a jamais reçu aucune instruction, et qui ne connaît ni le beau, ni l'honnête, ni le décent ? Il se jette dans une affaire tête baissée et sans jugement [...]. Faisons choix des hommes les plus vertueux ; mettons-leur la puissance entre les mains : nous serons nous-mêmes de ce nombre. »

C'est à Darius de parler. « Il n'y a rien de meilleur que le gouvernement d'un seul homme, quand il est homme de bien [...]. Les délibérations sont secrètes, les ennemis n'en ont aucune connaissance. Il n'en est pas ainsi de l'oligarchie : ce gouvernement étant composé de plusieurs personnes qui s'appliquent à la vertu dans la vue du bien public, il naît ordinairement entre elles des inimitiés particulières et violentes. Chacun veut primer, chacun veut que son opinion prévale. » Et pour la démocratie, elle ne vaut guère mieux : « Quand le peuple commande, il est impossible qu'il ne s'introduise beaucoup de désordre dans un État. La corruption, une fois établie dans la république, ne produit point des haines entre les méchants ; elle les unit, au contraire, par les liens d'une étroite amitié : car ceux qui perdent l'État agissent de concert et se soutiennent mutuellement. »

Darius est approuvé par le conseil. Otanès déclare alors « Perses, puisqu'il faut que l'un de nous devienne roi [...], vous ne m'aurez point pour concurrent. Je ne veux ni commander ni obéir. Je vous cède l'empire, et je m'en retire, à condition cependant que je ne serai sous la puissance d'aucun de vous. » Il partit. Et comment choisit-on le monarque ? « Il fut décidé que le lendemain matin, ils se rendraient à cheval devant la ville, et qu'on reconnaîtrait pour roi celui dont le cheval hennirait le premier au lever du soleil. » Encore un cheval ! Décidément...

On ne fait guère mieux qu'Hérodote pour expliquer les trois formes de régime qui régissent la pensée politique occidentale depuis plus de deux millénaires. Notons un point essentiel : Otanès ne fait pas référence à la vertu pour justifier la démocratie, mais insiste sur la loi et sur la délibération. En revanche, les autres plaideurs fondent la valeur de l'oligarchie et de la monarchie sur une condition : qu'elles soient aux mains d'« hommes de bien » ou d'un « homme vertueux ». Mais que valent ces régimes quand la vertu n'est pas à leur tête ?

Sommes-nous déjà en oligarchie ?

Revenons à nos écologistes. Croyez-vous que je vous emmène battre la campagne à cheval en les oubliant ? En oubliant la question qu'ils posent ? En oubliant le fait majeur qui définit notre époque : la crise écologique et la nécessité impérative d'en prévenir l'aggravation si nous voulons éviter le chaos d'une communauté humaine allant sur ses 9 milliards d'habitants ? Oh non ! C'est bien la question essentielle : comment allons-nous nous organiser ? Comment allons-nous décider ? Mais d'abord : que se passe-t-il ?

On se rappelle leur raisonnement : la crise écologique est d'une gravité telle qu'il faut prendre des mesures radicales pour la prévenir. Mais les citoyens d'aujourd'hui refusent de changer leur mode de vie destructeur. Dès lors, les dirigeants qu'ils élisent ne prennent pas les mesures qui s'imposent. La démocratie est défaillante.

Ce raisonnement renforce involontairement les tendances autoritaires du capitalisme, on l'a vu. Surtout, il repose sur un postulat erroné : il suppose que nous sommes en démocratie, et que celle-ci fonctionne bien. Mais sommes-nous en démocratie – un régime où le peuple gouverne, ses représentants mettant en œuvre la volonté populaire ? Ou vivons-nous dans une apparence de démocratie ? Dans une oligarchie travestie en démocratie ? Une oligarchie, c'est-à-dire un régime où un petit nombre, une étroite couche dirigeante, discute et adopte en son sein les décisions qu'il lui paraît nécessaire de prendre ?

Dans mes précédents ouvrages, j'ai employé systématiquement le terme d'« oligarchie » pour caractériser la situation actuelle. Mais en laissant subsister une ambiguïté qu'il faut éclaircir : car le terme désigne à la fois une réalité sociologique – l'oligarchie regroupe les oligarques, les membres de l'oligarchie – et un système politique – l'oligarchie par opposition à la démocratie ou à la monarchie. Ainsi, l'on vit à la fois en état d'oligarchie et sous la direction d'une oligarchie.

Aussi imparfaite qu'elle fût avant 1980, la démocratie était autrement vivante que le régime que nous connaissons. La question en cette deuxième décennie du XXIe siècle est dès lors celle-ci : sommes-nous d'ores et déjà en oligarchie ? Sinon, à quel degré exactement nous situons-nous dans le glissement de la démocratie vers l'oligarchie ?

Il est heureux que la perception du problème émerge enfin. Le concept s'est réintroduit dans le vocabulaire politique à la faveur du pillage des biens collectifs organisé en Russie, lors de la chute de l'URSS, par des membres de la nomenklatura soviétique et des malandrins qui avaient commencé à prospérer durant les années précédentes. Le terme d'« oligarques » est ainsi entré dans le langage courant. Mais tout se passait comme s'il s'agissait d'une sorte d'anomalie russe, ce peuple souvent considéré comme bizarre et jamais vraiment civilisé. Que de condescendance !

La réalité du pillage organisé par les capitalistes dans le « monde libre » a fini par percoler dans les cervelles les plus obtuses, et l'on voit le mot d'« oligarchie », si précis et exact, s'insinuer dans le langage. Il paraît approprié pour décrire la situation de pays du Sud : à propos des Philippines, du Gabon, ou de la Chine, « sur la voie d'un capitalisme oligarchique ». Et l'on découvre que le terme est utile pour comprendre les États-Unis, où, à l'occasion de la suppression du plafond de financement électoral par les entreprises, un internaute du *Washington Post* s'alarme de la « marche vers l'oligarchie », tandis qu'un éditorialiste incrimine dans un article sur le « crépuscule des élites » les « vieilles et grosses oligarchies ».

Chez quelques intellectuels audacieux, le mot s'installe : Éric Hazan, pour qui le mot « peuple » a du sens, désigne « les membres de l'oligarchie au pouvoir », *Le Monde diplomatique* titre un dossier « Triomphe de l'oligarchie », tandis qu'Emmanuel Todd constate la « proximité exhibée » de

M. Sarkozy avec l'«oligarchie». Les sociologues Michel Pinçon et Monique Pinçon-Charlot analysent en détail la politique du président français comme l'expression impudente de la classe oligarchique. Même le prudent Marcel Gauchet, théoricien conformiste de la démocratie libérale, tente d'analyser l'«oligarchisation».

Mais on tourne autour du pot : on aborde l'oligarchie comme un groupe social, comme une sorte de mise au goût du jour du concept marxiste de «bourgeoisie», sans oser la penser comme le régime dans lequel le capitalisme est en train de nous faire glisser, pour autant que nous n'y soyons pas déjà enfermés.

Pourtant, on sent bien que la démocratie va mal. Croire à sa robuste définition, celle donnée, par exemple, par la Constitution de la République française – «gouvernement du peuple, par le peuple et pour le peuple» –, semble extravagant. Cependant on ratiocine, on soupèse, on tergiverse, on entoure le malade de myriades de qualificatifs, supposés définir le symptôme ou le remède : la démocratie serait-elle «d'opinion», «d'influence», «participative», «médiatique», «d'action», «d'élection», doit-elle être «sociale», voire «adulte»? Les savants ne savent pas et pataugent. Parce qu'ils renâclent à formuler l'hypothèse qui s'impose : nous ne sommes plus en démocratie.

Être riche, c'est...

Nous allons examiner pas à pas cette hypothèse, qui pose que le peuple est dépossédé de sa souveraineté par une classe d'oligarques. En commençant par caractériser celle-ci.

Quelle est la valeur qui, en régime capitaliste, confère prestige et statut? La fortune. Le critère pour dessiner la classe des oligarques est donc simple : le revenu et le capital. Identifions le groupe des riches, et nous aurons une idée assez claire de l'oligarchie présente. Cela paraît évident dans notre culture saturée par les valeurs monétaires, mais je le précise parce que l'histoire a connu toutes sortes d'oligarchies fondées sur d'autres types de prestige et de pouvoir, tels que l'art militaire, le savoir technique, ou la communication avec un ou des dieux. Chez nous, c'est l'argent – et l'on pourrait aussi bien parler de ploutocratie (pouvoir de la richesse) à propos de notre variante d'oligarchie.

La fortune, donc. Qui est riche ? Assez peu de gens, par définition, sachant que beaucoup de riches sont persuadés de ne pas être riches. Les statisticiens rangent la population par ordre croissant de revenu, et la divisent en dix groupes de nombre égal. Ils observent ensuite les niveaux de revenu qui délimitent chaque groupe, ou « décile ». Le dixième supérieur constitue les riches ou, selon le vocabulaire de l'INSEE, l'Institut français de la statistique, les hauts revenus. En 2007 en France, une personne seule faisait ainsi partie du groupe des hauts revenus si elle gagnait un peu moins de 3 000 euros par mois, avant impôts et hors prestations sociales. Soit à peu près le double du revenu moyen de la population.

Ce niveau s'ajuste en fonction du nombre de personnes par foyer : chaque adulte supplémentaire et chaque enfant de plus de 14 ans compte pour une demi-part supplémentaire, chaque enfant de moins de 14 ans pour 0,3 part. En 2007, un couple avec deux enfants de plus de 14 ans était ainsi riche s'il gagnait plus de 7 500 euros par mois.

On peut raffiner l'analyse, en distinguant le dixième de ce décile supérieur regroupant les plus prospères, soit 1 % de la population totale : on appartenait en 2007 à cette catégorie – appelons-la les « très riches » – si l'on gagnait plus de

7 040 euros par mois, ou, pour un couple avec deux enfants, 17 600 euros mensuels.

Plus fort ? Les 0,1 %, les « hyper-riches ». Là, on entrait au club si l'on gagnait 57 000 euros par mois. Pour un couple avec deux enfants de 14 ans, le sésame s'établissait à 142 500 euros par mois. Rappelons-le : le revenu moyen d'un ménage français avec deux enfants est de l'ordre de 3 300 euros par mois, soit quarante fois moins qu'un couple hyper-riche.

Qui constitue l'oligarchie ? Les riches, les très riches, ou les hyper-riches ? Dans une société où l'argent est maître, l'ensemble des riches – un dixième de la population totale – dispose d'une capacité indiscutable d'influence et de puissance, et pourrait être considérée comme en faisant partie. Mais, à tort ou à raison, les personnes qui gagnent dans les 5 000 euros par mois, s'ils se sentent responsables, se perçoivent rarement comme exerçant le pouvoir politique ou économique. De surcroît, on trouve également des riches en régime démocratique – cela a par exemple été constamment le cas durant les deux siècles de floraison de la démocratie grecque, et c'était bien sûr le cas durant les années 1960.

Pour résoudre ce petit mystère, il ne faut pas seulement considérer la photo à un instant donné, comme nous venons de le faire, mais regarder le film, c'est-à-dire la dynamique d'évolution des revenus durant les cinquante dernières années. Comme je l'ai exposé dans un précédent ouvrage, le capitalisme a pris un virage en 1980 : à partir de cette date, l'inégalité a crû de manière constante dans tous les pays occidentaux, après plusieurs décennies au cours desquelles la distribution des revenus était restée stable. Au sein de ce mouvement général s'est produit un mouvement crucial : le groupe des très riches a fait croître sa part des revenus beaucoup plus rapidement que l'ensemble de la société, mais aussi bien plus rapidement que les 10 % de riches. L'inégalité ne s'est pas seulement accrue globalement, elle s'est aussi exprimée avec force au sein du groupe des riches. Le phénomène s'est manifesté à partir des années 1980 aux États-Unis, comme l'ont révélé les économistes Thomas Piketty et Emmanuel Saez : les 1 % très riches ont vu leur part du revenu national passer de 8 % au début des années 1980 à 16 % au début des années 2000, quand les 10 % de riches passaient de 25 % à seulement 27 %.

L'évolution est similaire en France, avec un temps de retard : Camille Landais a montré qu'entre 1998 et 2005, les 1 % de très riches ont vu leurs revenus croître de 19,4 %, deux fois plus que les 10 % de riches (8,7 %). Quant aux hyper-riches, ils se sont envolés à + 32 %. Entre le riche et l'hyper-riche, la distance s'est allongée beaucoup plus qu'entre le riche et l'employé. Au sommet de la société s'est détaché un groupe fortement cohérent qui suit une logique propre, en termes de pouvoir comme de mode de vie, si bien qu'il est possible de raconter, ainsi que le fait *Newsweek*, comment les « vraiment riches se mettent à l'écart des simples millionnaires, derrière des portes fermées ».

Le mouvement est le même dans les autres pays occidentaux, mais aussi dans les grands pays émergents, telles la Chine et l'Inde. Dans ces pays comme partout, l'inégalité globale a fortement augmenté, mais les hyper-riches y ont aussi tiré leur très grosse épingle du lot, si l'on en croit l'indicateur du nombre de milliardaires en dollars. Ils étaient 3 en Chine en 2003, et... 130 en 2009, selon le Hurun Report, un organisme chinois qui tient à jour la « liste des riches Chinois » (*China Rich List*). De même, en Inde, la part de la richesse nationale détenue par les 100 Indiens les plus riches est passée de 0,4 % en 1998 à 25 % en 2009, selon la revue *Forbes*.

Ainsi, à l'intérieur du creusement mondial de l'inégalité

s'est emboîté un mouvement d'extension de l'inégalité au sommet de la pyramide, au sein même du groupe des riches. Si bien que bon nombre de ceux-ci se sentent paradoxalement dénués d'influence, voire déclassés, tant la distance s'est accrue avec le sommet de la pyramide. Ce qui ne les empêche pas de partager les valeurs, et donc de conforter le pouvoir, de ceux qui incarnent le summum du prestige dans une société obsédée par l'argent.

« Nous avons gagné la guerre »

Les livres sur la démocratie se comptent par centaines et remplissent des rayonnages entiers de bibliothèques. Mais d'études politiques sur l'oligarchie, point. Le dernier livre qui ait vraiment réfléchi au fait oligarchique est l'ouvrage de Robert Michels paru en… 1911, il y a cent ans (*Les Partis politiques*. Sous-titré : *Les tendances oligarchiques des régimes démocratiques*). Depuis, la science politique ne s'est plus intéressée au concept. Au XXe siècle, pour des raisons historiques bien compréhensibles, elle s'est focalisée sur l'analyse de la dictature, puis elle a ratiociné sans fin et paresseusement sur la démocratie libérale. Et l'oligarchie ? Non, c'est quoi ?

Résultat : on ne sait pas penser le monde dans lequel nous vivons. Exemple : un magistrat, Serge Portelli, est légitimement inquiet de la dérive policière du régime de M. Sarkozy, en France. Comment formule-t-il son inquiétude ? En décrivant « cette situation intermédiaire, où nous ne sommes ni dans la démocratie ordinaire, ni dans la dictature, mais où l'on trouve tous les ferments d'un basculement possible ». Il ne possède pas le mot pour dire ce qui se trouve entre la démocratie et la dictature : l'oligarchie. Il n'y pense pas, parce que personne ne lui a fait savoir que cela pouvait exister.

Ce vide conceptuel est un piège redoutable. Car qui oserait prétendre que nous sommes en dictature ? Mais si l'on ne sait pas penser la politique autrement que comme une alternative entre dictature et démocratie, si par ailleurs l'on reconnaît que l'on n'est pas en dictature, la conclusion logique est d'admettre... que nous sommes en démocratie. Et pourtant, elle ne va pas bien, cette démocratie, il y a évidemment quelque chose qui cloche, et que l'on ne sait pas définir. C'est de ce piège que jouent les oligarques : « Nous ne sommes pas en dictature, voyons ! On vote, les médias sont libres, non ? » Bien, enfin, pas tout à fait, cependant, certes, bon, on est en démocratie... Mais on glisse, on glisse... Le mot manque. Rien de plus difficile que d'appréhender quelque chose qu'aucun terme ne désigne.

L'oligarchie a disparu de la conscience politique, comme si elle n'était pas un archétype majeur des façons dont les hommes peuvent se gouverner. C'est la ruse suprême de l'oligarchie. Quoi de plus efficace, de plus puissant, qu'un pouvoir invisible ?

Le sociologue anglais Colin Crouch, dans un essai remarquable, a décrit la situation politique sous le terme de « post-démocratie », qui correspond assez bien à la forme actuelle du régime oligarchique : « Même si les élections existent et peuvent changer les gouvernements, le débat électoral est un spectacle soigneusement contrôlé et géré par des équipes rivales de professionnels experts dans les techniques de persuasion. Le débat porte sur le petit nombre de dossiers sélectionnés par ces équipes. La masse des citoyens joue un rôle passif, voire apathique, en ne réagissant qu'aux signaux qui lui sont envoyés. Derrière le spectacle du jeu électoral, la politique réelle est définie en privé dans la négociation entre les gouvernements élus et les élites qui représentent de manière écrasante les intérêts des milieux d'affaires. »

Répétons-le : l'oligarchie, ce n'est pas la dictature, c'est le gouvernement par le petit nombre des puissants. Entre eux, ils discutent, réfléchissent, s'opposent, rivalisent. Ils font « démocratie », mais entre eux, sans le peuple. Et quand la décision est prise, elle s'impose, même si l'on y mettra les formes en habillant avec un art consommé la procédure électorale et la discussion publique.

La classe ouvrière a perdu sa conscience unitaire, le peuple ne se voit plus comme tel, la société se croit une collection indistincte d'individus segmentée en communautés ethniques, religieuses, régionales ou sexuelles. L'oligarchie, elle, a une conscience de classe aiguisée, une cohérence idéologique sans faille, un comportement sociologique parfaitement solidaire.

Elle a gagné, et il faut vraiment faire profession de politologue pour affecter de ne pas le savoir. L'un des trois hommes les plus riches du monde, Warren Buffet, le dit sans ambages. Il reçoit en 2006 un journaliste, qui raconte la scène : « Il s'avéra que M. Buffet, avec un revenu immense, payait une fraction beaucoup plus petite, mais vraiment beaucoup plus petite de son revenu en impôt que les secrétaires ou employés travaillant dans ses bureaux. Durant la discussion, il apparut que M. Buffet n'utilisait aucune ruse fiscale. Il payait juste ce que les services des impôts demandaient. "Comment est-ce possible, comment cela peut-il être juste ?", demanda-t-il. J'étais d'accord avec lui, mais je lui dis que quiconque essaierait de poser ce problème serait accusé de fomenter la lutte des classes. "Il y a une lutte des classes, tout à fait", répliqua M. Buffet, "Mais c'est ma classe, la classe des riches, qui mène la guerre, et nous la gagnons". »

Ceux du club

L'oligarchie ne se cache plus. Elle se réunit de moins en moins discrètement, sûre de l'indifférence du public. On a parlé de la Commission Trilatérale créée en 1973 par des « citoyens privés » du Japon, d'Europe et des États-Unis. « Le but immédiat était de réunir un groupe non officiel de responsables du plus haut niveau possible pour réfléchir ensemble aux problèmes communs posés à nos trois régions », indique sa présentation. Un club choisi, où l'on retrouve banquiers, PDG et hommes politiques prometteurs. En 1975, par exemple, Edmond de Rothschild voisinait avec Gerhard Schröder, futur chancelier allemand, et Mary Robinson, future présidente de la république d'Irlande. La Trilatérale se réunit régulièrement. Sa réunion annuelle a eu lieu en 2010 à Dublin. Elle compte 390 membres, « des leaders distingués du monde des affaires, des médias, des universités, de la politique, des syndicats et d'autres ONG ».

Divers rapports émanent des réflexions de personnes aussi désintéressées. Par exemple, en 2007, un document sur la sécurité énergétique et le changement climatique dont le plat principal est un texte d'Anne Lauvergeon, présidente du groupe nucléaire Areva, évidemment impartiale.

Mme Lauvergeon, tiens. Nous la retrouvons début juin 2010 à Barcelone, en Espagne. Que fait-elle là, en compagnie de Bill Gates – premier ou deuxième homme le plus riche du monde –, de Robert Rubin – membre pendant vingt-six ans de la firme Goldman Sachs, avant de parachever, comme secrétaire au Trésor de Bill Clinton, la dérégulation financière – et d'une vingtaine de financiers et de responsables politiques, écoutée par des « rapporteurs » – confidentiels – du journal

36

The Economist ? Elle participe à la réunion annuelle du groupe Bilderberg.

Le groupe Bilderberg ? Invisible sur l'écran radar des éminents spécialistes qui font profession de nous expliquer le monde. En témoigne cette émission d'une télévision française, « C dans l'air », animée par Yves Calvi, sur le thème « Qui gouverne le monde ? ». Le journaliste a réuni Jean-François Kahn, éditorialiste talentueux, Gérard Chaliand, géopolitologue, Nicole Bacharan, politologue, Jacques Rupnik, directeur de recherches en relations internationales. Un téléspectateur envoie une question, que l'animateur lit :

« Yves Calvi : Que savez-vous de l'organisation mondiale Bilder..., je vais y arriver..., Bilderberg – moi je n'en avais jamais entendu parler – qui réunit chaque année les personnages les plus influents du monde ? Vous connaissez ça vous ?

– Non.

– J'ignorais.

– Calvi : Ben voilà, c'est un bide en direct.

– Kahn : Je connais la Tricontinentale [*sic*], je connais Davos, mais je connais pas...

– Bacharan : Je ne connais pas du tout cette organisation donc je n'en dirai rien.

– Calvi : C'est peut-être une invention d'un téléspectateur qui nous teste ?

– Bacharan : Peut-être qu'il voulait vérifier...

– Chaliand : Je me méfie beaucoup de ces organisations mondiales qui dans l'ombre se réunissent et distribuent en quelque sorte les dividendes et les rôles. C'est une longue histoire. »

Avec des vigies aussi bien informées, on voit que la démocratie est bien défendue. Le groupe Bilderberg est né en 1952, afin de rapprocher les élites américano-européennes en temps de guerre froide. Ce club a dessiné la mise en œuvre pratique de l'idéologie capitaliste que ses membres, fort influents, ont contribué à implanter. Il se réunit chaque année. Par exemple, on y a vu Dominique Strauss-Kahn, alors ministre de l'Économie, en 2000, ou Alexandre Adler, adepte des bienfaisantes dictatures, en 2003. Lors de la réunion de juin 2010 à Sitges, près de Barcelone, la presse espagnole s'est émue de ce conclave de personnalités amenées par des limousines noires dans un hôtel de luxe sous garde policière.

Ni la Trilatérale, ni le Bilderberg, ni les divers cénacles de ce type existant dans le monde ne constituent un complot. Il s'agit simplement d'une délibération entre pairs visant à conforter une analyse commune et à définir des lignes d'action. Le réseau des clubs oligarchiques tient lieu tout à la fois d'épreuve de reconnaissance statutaire, de place d'échange d'informations et fournit l'occasion de discussions approfondies. Comme le résume le politologue suédois Ulf Bjereld, « des gens de pouvoir élaborent des consensus derrière des portes closes sur des enjeux politiques d'actualité ».

Le cercle le plus fameux de l'oligarchie mondiale est le Forum économique mondial, qui se tient chaque année à Davos, en Suisse. Créé en 1971 et conçu comme un symposium de management – avec le soutien de Raymond Barre, qui était alors commissaire européen et membre de la Trilatérale –, l'organisation a pris son nom actuel, et une vocation beaucoup plus politique, à partir de 1987. Près de 2 500 personnes s'y retrouvent chaque hiver, en janvier, « sur invitation seulement », la moitié étant des hommes d'affaires. Ils nouent des liens et conversent entre eux et avec des responsables politiques sous l'œil de journalistes choisis. Les débats sont ouverts – à condition de pouvoir payer pour y assister : depuis 2005, les quelque 1 000 entreprises membres versent des droits d'adhésion annuels de 42 500 francs suisses (environ 31 000 euros), ainsi que 18 000 francs (13 000 euros) qui couvrent le montant de la participation de leur PDG à la réunion de Davos. Par ailleurs, les «Industry Partners» et les «Strategic Partners» versent respectivement 250 000 francs (180 000 euros) et 500 000 francs (370 000 euros) pour acheter la possibilité de «jouer un rôle plus important dans les initiatives du forum».

Celui-ci a un contenu idéologique que résume bien l'hebdomadaire américain *Time* : «Les hommes et les femmes de Davos partagent au moins une conviction : la globalisation, la circulation libre de flots de capital, de travail et de technologie à travers les frontières est bienvenue et inévitable. Ils voient le monde comme un marché vaste et interconnecté dans lequel les firmes multinationales cherchent l'endroit le plus avantageux pour acheter, produire et vendre leurs biens et services.»

La classe dirigeante se retrouve aussi, à domicile, dans des cercles plus intimes, plus réguliers, où l'ajustement des intérêts et des opinions se fait au quotidien. Ces clubs existent dans toutes les capitales. À Paris, responsables politiques et figures médiatiques côtoient régulièrement leurs pairs du monde des affaires au Siècle, à l'Interallié, au Saint James, au Racing Club de France, etc. Par exemple, «Le Siècle est un lieu républicain destiné à faciliter les débats de société et les rencontres entre des personnalités d'origine différente et aux convictions parfois opposées», selon Jacques Rigaud, membre de ce club et ancien patron de RTL. Républicain ? D'une République des égaux, loin du peuple. Le Siècle, qui se réunit tous les mois (à l'hôtel Crillon, place de la Concorde), ne compte que 550 membres, recrutés par cooptation.

Et puis, il y a le club suprême, celui des conseils d'administration des grandes sociétés où les plus hauts dignitaires de la classe administrent en bonne entente les sociétés qui dominent le pays. « Le capitalisme français reste une affaire très oligarchique », écrit *Le Monde* dans un éclair de lucidité, en observant que 98 personnes détiennent 43 % des droits de vote dans les 40 premières entreprises du pays. Le journal relève que « les patrons des groupes sont encore majoritairement issus des grands corps d'État » : la transformation des hauts fonctionnaires en maîtres du capitalisme est un signe très sûr de la formation d'un régime oligarchique. Exactement comme en Russie, où les dignitaires du parti ont su profiter de la mutation de l'économie soviétique pour s'en approprier les plus beaux morceaux – ce qui a conduit la sagesse populaire à redonner vie au terme « oligarques ».

Des seigneurs qui volent des cigares

Sans s'afficher, l'oligarchie, donc, ne se dissimule plus, assurée de la mansuétude d'une presse dont la plupart des dirigeants participent à ses discrètes agapes. Mais elle ne parvient plus guère à contrôler son inconscient. En être, c'est appartenir à la « race des seigneurs », selon l'expression utilisée à propos de Rachida Dati par Cécilia Sarkozy, femme du président de la République française, avant de le quitter pour Richard Attias, président de Publicis EW, organisateur du forum de Davos.

Les « seigneurs » excrètent une morgue insolente. Pour Jacques Séguéla, « tout le monde a une Rolex ! Si à 50 ans, on n'a pas une Rolex, on a quand même raté sa vie ». La marque dont il fait si grand cas orne des montres dont le prix minimum est de 3 000 euros. Le plus significatif dans la parole du publicitaire est ce « tout le monde », qui désigne les pairs, ceux de son monde. Les autres, c'est-à-dire le peuple, les manants, la valetaille, n'existent pas. Le même mépris transpire des propos d'Henri Proglio. Le PDG de Veolia Environnement est nommé, fin 2009, à la tête d'Électricité de France – que l'oligarchie française veut privatiser, bien sûr –, et ce monsieur prétend conserver, en sus de sa rémunération de l'encore entreprise publique, son salaire de Veolia. Cela ferait 2 millions d'euros par an – soit le montant de cent vingt-quatre ans de ce que gagne quelqu'un payé au revenu minimal français, le smic. La réprobation publique contraint M. Proglio à renoncer à la double rémunération. Il fulmine en privé : « C'est dérisoire. On se fout de qui ? À Paris, 1,2 million d'euros [son salaire à EDF], c'est tout juste le prix d'un appartement. » Nicolas Baverez, habitué des réunions Bilderberg, apôtre du capitalisme à qui cette qualité ouvre les portes de tous les médias, a une vision différemment nuancée des conditions de vie populaires : « La réduction du temps de travail est appréciable pour aller dans le Lubéron [coin de Provence où de nombreux oligarques ont une villégiature], mais pour les couches les plus modestes, le temps libre, c'est l'alcoolisme, le développement de la violence, la délinquance. »

De la bonne conscience et du mépris, on passe logiquement à la prédation ouverte des biens publics. Tel ce secrétaire d'État, Christian Blanc, qui dépense 12 000 euros de cigares en dix mois aux frais de la République. Ou le roi des Belges, Albert II, qui se paye un deuxième yacht, mesurant 27 mètres de long et coûtant 4,6 millions d'euros, avant d'inviter ses sujets, le 21 juillet 2009, à s'interroger « sur le caractère de plus en plus matérialiste de nos sociétés ». Le rapprochement des deux faits suscite un compréhensible agacement outre-Quiévrain.

On pourrait allonger sans fin la liste de tels égarements,

dont la France ou la Belgique n'ont certes pas l'exclusive. Une autre historiette, cependant, est révélatrice d'un trait de caractère fondamental de l'oligarchie régnante : sa cupidité maladive. Le héros en est Guy Hands. Ce spéculateur a fait fortune, après avoir appris le métier chez Goldman Sachs, en jouant sur divers marchés avec un talent dont on ne doute pas. Il a constitué une fortune d'une centaine de millions d'euros. Mais voilà qu'en 2009, face à la crise financière, le gouvernement anglais décide, dans un mouvement d'une audace proprement stupéfiante, d'élever de 40 à 50 % le taux d'imposition sur les tranches de revenu dépassant 150 000 livres, et d'imposer pour un an une taxe de 50 % sur les bonus des fonds de placement. Que fait M. Hands ? Afin d'échapper à cette insupportable brimade, il quitte l'Angleterre et s'exile sur l'île de Guernesey, paradis fiscal. L'époque a les Victor Hugo qu'elle peut. Sa femme et ses enfants restent à Londres. « Je n'ai pas été les voir depuis avril, déclare-t-il en février 2010. Je ne vais pas non plus voir mes parents. » Seul, sur son île, avec son tas d'or.

L'affaissement du système financier qui a débuté en 2007 a illustré à grande échelle la médiocrité profonde de la classe dirigeante. En ayant encouragé et laissé se développer un endettement généralisé alimentant une spéculation effrénée, elle est évidemment responsable de la crise qui s'est produite. Mais dans la débâcle, alors que, pour éviter l'effondrement, la branche politique de l'oligarchie mobilisait la garantie monétaire publique fondée sur l'épargne et le travail de l'ensemble de la société, la réaction personnelle des patrons et financiers les plus fortunés a été de continuer à piller.

On peut identifier trois formes de rapines. L'une consiste à se faire attribuer des sommes conséquentes quand on quitte une entreprise qu'on a ruinée ou à peu près. Fred Goodwin, directeur général de la Royal Bank of Scotland, s'est fait allouer une pension annuelle de 777 000 euros – la nouvelle est connue le 26 février 2009, le jour même où la banque annonce la plus lourde perte jamais enregistrée par une entreprise britannique, 29 milliards d'euros. Pendant ce temps, en Suède ce sont les 250 cadres les plus haut placés de Volvo qui augmentent leur rémunération et leur nombre d'actions alors que la firme perd de l'argent et que le marché automobile est en chute. Le PDG de Valeo, Thierry Morin, quitte avec 3,2 millions d'euros l'entreprise qui a perdu 207 millions d'euros en 2008, licencié 1 600 travailleurs et dû sa survie à l'injection de fonds d'État. Herman Verwilst, directeur de la banque belge Fortis sauvée de la faillite par l'intervention de l'État, reçoit 2,1 millions d'euros de « coût de pension » lors de son départ.

On ne saurait oublier les champions du cynisme. AIG (American international group) est une grande compagnie d'assurances américaine que ses investissements inconsidérés ont conduite au bord de la faillite. La firme affiche une perte de 62 milliards de dollars au quatrième trimestre 2008, ce qui constitue le déficit le plus important qu'ait jamais connu une entreprise. L'État la sauve en apportant une caution de 170 milliards de dollars. Quelques mois plus tard, en mars 2009, on apprend que 165 millions de dollars de bonus sont distribués aux dirigeants…

La récession, c'est pour les autres

Deuxième forme de prélèvement : les grands patrons qui augmentent leur rémunération en pleine crise. Par exemple, les quatre principaux dirigeants de la Société générale s'octroient 320 000 stock-options, en mars 2009, alors que la banque a bénéficié d'un prêt public de 1,7 milliard d'euros qui lui a évité de couler. Plus globalement, en 2008, alors que le système économique a nettement commencé à plier, un échantillon de 42 patrons étudié par *L'Expansion* a vu son revenu moyen ne baisser que de 15 %, à 4,7 millions d'euros, quand les profits des entreprises qu'ils dirigent ont baissé de 22 % et les cours de bourse de 43 %. Les patrons anglais ont fait mieux : les dirigeants des 100 plus grosses valeurs de la bourse de Londres ont vu leur salaire de base gonfler de 10 % en 2008. La poursuite de la récession en 2009 n'empêche pas les arrangements de continuer, puisque les dirigeants d'une vingtaine des plus grandes entreprises françaises réalisent grâce à leurs stock-options une plus-value de près d'un million d'euros chacun. Même tendance au niveau européen, où une étude du cabinet Hewitt Associates sur les dirigeants des 100 plus grandes compagnies de l'Union montre que les « compagnies pourraient finir par payer des bonus maximums [en 2009] bien qu'ayant montré des performances très mauvaises en 2008 ». Tout cela, bien sûr, est légal, contractuel, nor-mal.

Troisième groupe d'oligarques fermement décidés à ne rien lâcher, dût le monde s'écrouler autour d'eux, les « traders », alias spéculateurs salariés : leur travail consiste à gonfler les profits des banques et établissements financiers qui les emploient en jouant sur les variations de cours des innombrables titres inventés par leur communauté. Ce jeu fou a conduit, on le sait, à la crise qui se développe depuis 2007. Cela n'a pas empêché la communauté financière de défendre bec et ongles les « bonus » démesurés récompensant ces bons « gagneurs ». Un rapport du ministère de la Justice de l'État de New York résume ce qui s'est passé : « Quand les banques allaient bien, leurs salariés étaient bien payés. Quand les banques allaient mal, leurs salariés étaient bien payés. Et quand les banques allaient très mal, elles étaient aidées par les contribuables, et leurs employés étaient toujours bien payés. »

Une guérilla s'est engagée entre les oligarques des autorités publiques, enfin conscients de la nécessité d'un contrôle minimal, et la communauté financière, fermement décidée à conserver ses privilèges : on a entendu un banquier français parler de « sentiment de souffrance morale » face aux projets de réglementation, tandis qu'un spéculateur suédois dénonçait une « injonction quasi stalinienne » ! Plus prosaïquement, la communauté financière, aussi solidement soudée qu'un pack de rugby un jour de finale de Coupe du monde, agitait les contrats de travail des traders, les lois, la menace de délocalisation, le poids de la concurrence, etc. Et face à des autorités d'autant plus faibles qu'elles n'étaient pas réellement décidées à remettre en cause le fonctionnement du système, les primes ont recommencé à croître en 2009 après une baisse en 2008 : l'année a été excellente, l'argent prêté par les États fin 2008 à taux faible pour éviter la faillite des banques ayant été prêté à nouveau par celles-ci à des taux supérieurs, ce qui a généré des profits records. On versait donc 20 milliards de dollars de bonus en 2009 à Wall Street, en hausse de 17 % par rapport à l'année précédente. Même tendance sur la plus petite place de Paris, où environ 1,8 milliard d'euros étaient distribués, en hausse de plus de 20 % sur 2008.

La morale est une question politique

Que montre cette avalanche de chiffres ? Que le comportement de l'oligarchie est fondamentalement vicié, que sa morale est pervertie, qu'elle place son profit au-dessus de l'intérêt général. Quelle conséquence cela a-t-il sur le point central de notre discussion, qui est de savoir si un gouvernement des meilleurs serait souhaitable face à l'impératif écologique ? Celle-ci : l'argument ne tient pas, parce que dans la réalité historique que nous vivons, les « meilleurs » sont les plus égoïstes, les plus indifférents au sort commun, les plus oublieux de la question écologique. Il ne sert à rien de se raccrocher au rêve platonicien d'un gouvernement idéal par les plus sages. Les puissants ne sont pas les meilleurs, et ils ne gouvernent pas en vue du bien de tous, mais de leur propre but qui est, dans le capitalisme finissant, une accumulation sans limite de richesses et de prestige ostentatoire.

Revenons à la définition d'Hérodote. L'oligarchie se justifie par le fait qu'elle place au pouvoir les plus vertueux – un autre nom en étant l'aristocratie, qui signifiait précisément, en grec, le pouvoir des meilleurs. Mais rien ne garantit, et c'est la faiblesse fondamentale du régime oligarchique, que les meilleurs détiendront le pouvoir. Le plus probable est que ce seront les puissants qui se l'approprieront. Dans la situation actuelle, c'est indiscutable. Et les puissants visent d'abord la conservation de leur puissance.

Je ne dis pas que tous les membres de l'oligarchie ont atteint le même délabrement de la conscience. Certains déplorent l'avidité maladive de leurs pairs. Et cette dispute explique la guérilla qui se déroule autour des règles financières et qui est un des combats politiques les plus vitaux qui soient aujourd'hui. Mais parmi les hommes qui combattent cette voracité destructrice, rares sont ceux qui en remettent en cause les principes : ils savent qu'elle est intrinsèque au système dont ils sont partie prenante et ils n'osent pas ou ne veulent pas le transformer résolument.

Cette déchéance morale découle de la philosophie même du capitalisme. Selon celle-ci, la morale de l'individu animé par la recherche exclusive de son intérêt est indifférente, parce que c'est la rencontre des myriades d'intérêts particuliers qui, sur le marché, est censée conduire à l'harmonie comme par magie. Il n'y a pas véritablement de bien social, ou d'intérêt général, hormis l'extension du marché et son bon fonctionnement. C'est lui qui assurera le bien-être général, dont l'agent économique n'a en vérité pas à se préoccuper.

Dès lors que l'on accepte intellectuellement ce mécanisme, on ne peut qu'observer sa conséquence logique. L'argent devient le principal signifiant de la réussite sociale. Il est alors le médiateur du lien social, ou plutôt son substitut. Il est le langage par lequel les individus échangent et communiquent, ses mots sont les biens qu'il permet d'acquérir, son discours est l'accumulation de biens qui atteste de la réussite du locuteur.

Un aspect complémentaire de la morale des actuels oligarques est l'abandon de leur culture d'origine au profit d'une culture globale unifiée par la constitution d'un marché mondial. Elle est au cœur, on l'a vu, du forum de Davos. Éminences d'Europe ou d'Asie, d'Amérique ou d'Arabie se reconnaissent pour pairs, membres de la même communauté séparée du commun, unis par la même morale et les mêmes fins. J'ai été frappé, par exemple, d'apprendre qu'en Égypte la classe dirigeante – qui pressure le peuple avec un cynisme éhonté, cette fois dans le cadre d'une dictature – fait éduquer, dès le plus jeune âge, ses enfants en anglais ou en français, et non en arabe, langue du pays. Souvent même, on parlera en famille dans la langue internationale. Cas extrême d'une attitude générale de l'oligarchie mondiale, qui n'a pas d'autre patrie que celle de l'argent.

L'oligarchie capitaliste est guidée par deux valeurs : l'argent et le marché. Elle n'est pas moralement prête à assumer les responsabilités que la situation impose.

3

La politique du capital

Ronald Reagan a ouvert la voie : en octobre 1989, un an après avoir achevé son mandat de président de la République, il délivrait deux conférences au Japon, à l'invitation du groupe Fujisankei Communications. Sa rémunération : 2 millions de dollars, soit davantage que ce que lui avait rapporté son salaire de président en huit ans. Ce commerce d'image politique suscita la réprobation, au point qu'un éditorialiste conservateur comme William Safire écrivit que l'épisode « frappait les narines avec la force d'un sushi vieux d'une semaine ».

Vingt ans plus tard, le fait que des chefs d'État à la retraite fassent commerce de leur célébrité et de leur influence ne choque plus personne. Tony Blair, ex-Premier ministre britannique, peut atteindre un cachet de 616 000 dollars pour deux conférences de trente minutes, Bill Clinton, ex-Président des États-Unis, est coté jusqu'à 450 000 dollars la conférence – entre 2001 et 2007, il a ainsi accumulé 40 millions de dollars –, Al Gore, ex-vice président, prend la parole pour 100 000 dollars. Pour José Maria Aznar, Premier ministre d'Espagne retraité, comptez 40 000 euros, pour John Major, ex-Premier ministre britannique, 60 000 dollars, pour Helmut Kohl, chancelier d'Allemagne... ah, le tarif n'est pas public, mais Gerhard Schröder, autre chancelier, animera votre soirée pour 75 000 dollars.

Beaucoup de ces hommes politiques complètent leurs honoraires de conférences par des conseils rémunérés aux entreprises, banques, fonds d'investissement et par la participation à des conseils d'administration. Notez que les figures cataloguées comme « de gauche », Tony Blair et Gerhard Schröder, comptent parmi les plus brillants affairistes du lot, sans trop s'embarrasser d'éventuels conflits d'intérêt : Schröder a ainsi été embauché comme conseiller, à 250 000 euros par an, par la firme russe Gazprom, alors que, en tant que chancelier, il avait signé deux mois auparavant, en septembre 2005, un accord gazier avec la Russie. Quant à Tony Blair, il a accumulé 17 millions d'euros en moins de trois ans, après son départ de Downing Street, en 2007 – et opérait un astucieux montage fiscal pour échapper au percepteur. Il suivait l'exemple de l'ancien Premier ministre du Canada, Jean Chrétien, devenu homme d'affaires après qu'il eut quitté le pouvoir en 2003, scellant de nombreux contrats aux quatre coins de la planète – dernier en date : un casino de plusieurs milliards de dollars à Hô Chi Minh-Ville, au Vietnam.

Les 938 nuits de la Maison-Blanche

Une bonne gestion de l'image politique permet même de faire plus fort : s'enrichir avant d'être au sommet. Sarah Palin a crevé l'écran en 2008, lors de la campagne présidentielle de John McCain, dont elle était la vice-présidente potentielle. McCain a perdu, mais Palin a su faire fructifier sa popularité nouvelle : elle a démissionné de son poste de gouverneur d'Alaska, aux embarrassantes règles éthiques, pour se consacrer à ses conférences payées chacune 100 000 dollars et à sa chronique sur la télévision d'extrême droite Fox News, à laquelle elle collabore pour un million de dollars par an. On estime qu'au cours de la seule année 2009, Mme Palin a engrangé 12 millions de dollars.

Une variante du rapport décomplexé – selon le mot en usage – entre la politique et l'argent est de placer des milliardaires ou des millionnaires directement au pouvoir, tel Silvio Berlusconi, en Italie, ou Sebastian Pinera, au Chili. Quant au gouvernement britannique dirigé en 2010 par M. Cameron, il compte 18 millionnaires parmi ses 23 membres.

Mais en régime oligarchique, les dirigeants des pays présentés comme démocratiques ne sont que la face la plus visible d'un mélange systématique entre les fonctions de direction publique et celles des entreprises privées. S'agit-il d'ailleurs d'un mélange ? En démocratie, le clivage fondamental sépare le domaine public, qui concerne l'intérêt général, et le domaine privé, relatif aux intérêts privés, au demeurant légitimes dès lors que leur poursuite ne nuit pas au bien commun. Mais cela n'a pas de sens en oligarchie : la coupure est ici horizontale, elle se situe entre les membres du sommet de la pyramide, qui occupent les fonctions de direction dans ses différentes spécificités, et le corps social, conditionné pour considérer cette coupure, sinon comme légitime, du moins comme inévitable.

Il est dès lors normal que les responsables politiques veuillent s'enrichir, puisqu'ils défendent ou avalisent un système qui considère que la richesse est le signe de la réussite et place donc la fortune au pinacle de ses valeurs. Il n'est pas immoral pour les oligarques de profiter des fonctions politiques pour s'enrichir, étant donné que leur système de normes valorise la richesse. Ainsi le président français Nicolas Sarkozy honore-t-il le financier Antoine Bernheim, l'un des principaux associés de la banque Lazard, en lui décernant le grade le plus élevé de la Légion d'honneur, celui de grand-croix : « Antoine Bernheim a fait des profits, et ainsi servi la France. Qui doit régler ses comptes vis-à-vis de l'argent pour régler, enfin, son problème vis-à-vis de la réussite. »

En oligarchie, la réussite signifie notamment la mise en coupe réglée de l'État. Le mot « réglé » est ici important : il ne s'agit pas de le ruiner, comme dans une dictature africaine où une extraction trop violente des richesses maintient le peuple dans la misère, mais de « régler » le prélèvement sans tuer la bête. Tout l'art consiste à ne pas déclencher au sein de populations chez qui subsistent des réflexes démocratiques une rébellion qui menacerait la pérennité de l'exploitation. L'adéquat niveau de prélèvement et les formes selon lesquelles il s'exerce attestent du savoir-faire de l'oligarchie. Ils varient selon les pays, les cultures nationales, les histoires. Partout, cependant, un mouvement général de privatisation du bien commun a été entrepris avec le rebond du capitalisme dans les années 1980. La hausse stupéfiante des inégalités manifeste le succès de cette entreprise.

Le dépeçage des biens collectifs exercé avec brio durant les années 1990 dans les pays d'Europe de l'Est mériterait une étude approfondie, ainsi que celui du système italien, si particulier, ou encore celui de l'Espagne, lui aussi différent. Notons qu'à des degrés divers, ces pays sortaient de dictatures (le soviétisme, le fascisme, le franquisme).

Dans des pays où l'enracinement de la démocratie est plus ancien, comme les États-Unis, le Royaume-Uni ou la France, le hold-up s'est opéré suivant des procédures adaptées au génie national. Aux États-Unis, la tradition d'un État fédéral puissant mais conçu comme ne devant pas nuire au libre fonctionnement du marché ainsi que le mode universitaire de formation des élites ont conduit à une circulation constante des décideurs entre sphères privées et publiques. L'ampleur de ce va-et-vient présente cependant une intensité variable, diminuant après les périodes où le poids des affairistes s'était par trop alourdi, comme avec les «barons voleurs» de la fin du XIXe siècle ou à la fin des années 1920, quand la Grande Dépression s'est déclenchée.

L'administration Roosevelt a marqué le début d'une longue période où les responsables politiques, plus soucieux de l'intérêt général, tenaient mieux à distance les milieux d'affaires. Eisenhower avertissait cependant en 1961 ses concitoyens de l'influence croissante du complexe militaro-industriel. Et, à partir de la présidence Reagan, les grandes entreprises ont recommencé à se sentir à la Maison-Blanche comme chez elles, une évolution que n'a guère infléchie Bill Clinton. Il a même systématisé les «nuits à la Maison-Blanche», dans la chambre d'Abraham Lincoln, pour ses amis – dont nombreux étaient d'importants contributeurs de ses campagnes électorales. Entre 1992 et 1996, 938 hôtes ont ainsi reposé sur le moelleux matelas de la puissance...

Les allers-retours entre postes de la haute administration et conseils d'administration des grandes entreprises se sont aussi multipliés. La présidence de George W. Bush (de 2001 à fin 2008) allait pousser cette osmose à un degré sans doute jamais atteint. Une enquête du *Denver Post* montrait par exemple en 2004 que plus de cent lobbyistes avaient été embauchés dans les services d'État chargés de contrôler les industries qui les employaient juste auparavant !

Le président Obama a desserré la longe avec les milieux d'affaires, mais pas au point de creuser un fossé infranchissable. M. Obama, qui avait collecté deux fois plus de fonds pour financer sa campagne présidentielle en 2008 que son rival McCain (745 millions de dollars contre 368), a intégré dans son équipe gouvernementale des personnalités venues du monde financier, comme Lawrence Summers, Timothy Geithner et Peter Orszag, tous trois très liés avec Robert Rubin, ex-président de Goldman Sachs et artisan, sous Bill Clinton dont il était le secrétaire au Trésor, d'une accélération de la dérégulation financière. Le ministre de la Justice, Eric Holden, a quant à lui travaillé chez Covington & Burting, un cabinet juridique défendant les intérêts des grandes entreprises, tandis que Dennis Blair, directeur jusqu'en mai 2010 des services d'espionnage, le National Intelligence, était auparavant membre du conseil d'administration d'une compagnie de matériel militaire, EDO Corp. James Jones, conseiller pour la Sécurité nationale, était pour sa part l'un des directeurs de Boeing et de Chevron. D'autres représentants des corporations ont été nommés par la nouvelle administration à des postes moins visibles, tels Isi Siddiqui, ancien vice-président de Croplife, association des entreprises de pesticides et de biotechnologies végétales, comme négociateur pour les questions agricoles, Michael Taylor, ancien vice-président de Monsanto, comme commissaire adjoint à l'Agence de l'alimentation et des médicaments (FDA), ou William Lynn, ancien lobbyiste pour la firme d'électronique militaire Raytheon, au poste de ministre adjoint à la Défense. Au total, le journaliste Timothy Carney a recensé 45 ex-lobbyistes à des positions importantes de l'administration Obama. Et moins de deux ans après l'entrée en fonction du Président, certains commençaient à quitter le gouvernement, pour rejoindre... des cabinets de lobbying. C'est le cas de Darnon Munchus, un adjoint de Timothy Geithner, reparti au printemps 2010 vers Cypress Group, qui défend les intérêts des hedge funds et autres gérants de produits dérivés.

«Quatre ans au service de l'État, et vous gagnez plein de fric»

La France a longtemps suivi, quant à elle, un modèle de séparation entre gestion publique et affaires économiques fondé sur la tradition monarchique d'un État centralisateur. La barrière n'était certes pas imperméable, et les grandes entreprises, considérées comme porteuses des intérêts nationaux, étaient fréquemment aidées ou protégées par l'État, qu'elles aient été nationalisées ou pas. Mais la ligne de partage était claire et admise par les élites. Elle a commencé à s'effacer dans les années 1980, dans le contexte de réhabilitation idéologique du capitalisme. Et comme dans la Russie post-soviétique, ce sont des hauts fonctionnaires, formés à l'École nationale d'administration (ENA), qui se sont trouvés les mieux placés pour profiter des privatisations qu'ils pilotaient depuis les cabinets ministériels. Une nouvelle carrière des honneurs s'est ainsi mise en place, que résume à merveille ce dialogue entre deux notabilités «socialistes»: «En juin 1984, Pierre Moscovici, sorti sixième de l'ENA, téléphone à celui qui fut son professeur [Dominique Strauss-Kahn] pour lui demander ce qu'il pense de l'Inspection des finances [un corps d'État prestigieux qui accueille les meilleurs élèves de l'ENA]: "C'est la meilleure business-school française. Vous y restez quatre ans et vous gagnez plein de fric." Et le Trésor? "C'est un peu moins bien, mais, là aussi, vous faites quatre ans et vous gagnez du fric."»

L'une des plus brillantes étoiles de ce firmament oligarchique est Jean-Marie Messier: polytechnicien et énarque, membre en 1986 du cabinet ministériel de M. Cabana puis de celui de M. Balladur, il y est chargé de préparer le dossier de

55

plusieurs privatisations de firmes nationalisées en 1981. Un bon tremplin pour partir chez la banque Lazard – spécialisée dans les fusions d'entreprises – d'où il rebondit vers la Générale des Eaux qu'il transforme en Vivendi avant de la mener à la quasi-faillite. Il doit démissionner en 2002, exigeant 20 millions d'euros d'indemnités – qu'il n'obtient pas. Le voilà banquier d'affaires. Cela vaut la peine de rappeler les goûts du monsieur, quand il dirigeait Vivendi : il « avait fait aménager un Airbus 319 pour son confort personnel, affrétait un hélicoptère pour rejoindre le cœur de Manhattan, avait débauché un chef pour ses déjeuners fins arrosés de crus exceptionnels à la table de Vivendi Universal, partait en vacances aux Bahamas, sans parler de l'appartement de Park Avenue, d'une valeur de 17,5 millions de dollars, décoré par Jean-Michel Wilmotte pour plus de 4 millions de dollars ». M. Messier publie en 2009 un livre dans lequel il invite à « redéfinir l'éthique que nous voulons voir prévaloir et l'enseigner à nos enfants ».

Un cas moins clinquant est celui de Stéphane Richard : HEC, énarque, il commence sa carrière au cabinet de Dominique Strauss-Kahn, ministre de l'Industrie en 1991. Il n'y reste guère, partant vers la Générale des Eaux où, sous la direction de Messier, il gère le pôle immobilier, dénommé Nexity. En 1999, avec quelques amis, il monte une opération de rachat partiel de celui-ci. C'est l'époque du boom immobilier, et Nexity est introduit en bourse. L'opération rapporte 35 millions d'euros à l'ancien haut fonctionnaire. Au passage, les services fiscaux constatent des irrégularités, et M. Richard finit par payer 660 000 euros d'amende – en octobre 2007, alors qu'il est directeur du cabinet de la ministre de l'Économie. Ses démêlés avec le fisc ne l'empêchent donc pas d'en devenir, en quelque sorte, le superviseur. Ni de se voir décerner la légion d'honneur par Nicolas Sarkozy en octobre 2006.

Ce brillant garçon est reparti en 2010 diriger France Télécom, privatisée en 2004.

Même type de parcours pour Jean-Charles Naouri, énarque qui coordonne sous le ministre Pierre Bérégovoy, en 1984-1986, la réforme des marchés financiers, avant de partir pour la banque Rothschild, où ses talents d'investisseur le conduiront à la tête du groupe Casino et d'une fortune de 452 millions d'euros en 2009. Quant à Matthieu Pigasse, il passe lui aussi par un cabinet de ministre « de gauche » avant d'accéder à la fortune : énarque en 1994, il œuvre au Trésor avant de travailler au côté du ministre de l'Économie Dominique Strauss-Kahn et de rester dans le cabinet de son successeur, Laurent Fabius. Depuis cette position, il orchestre la série de privatisations menée par le gouvernement Jospin. Et dès 2002, il file vers la banque Lazard, où il pourra exploiter les précieuses connaissances acquises au ministère : « À Bercy, ses anciens collègues le regardent exploiter systématiquement, méticuleusement, tous les dossiers, tous les réseaux qu'il a pu côtoyer lors de son passage », relève la journaliste Martine Orange. Le voilà millionnaire.

Autre cas intéressant, celui de François Pérol : sorti major de l'ENA en 1990, il a longtemps suivi les affaires industrielles, puis, à la direction du Trésor, les marchés financiers. Au cabinet de Nicolas Sarkozy, alors ministre de l'Économie, il organise en 2002 la cession d'Ixis par la Caisse des dépôts et consignations aux Caisses d'Épargne. Il part à la banque Rothschild en 2005, où il participe à la création de Natixis, qui fusionne Ixis et la filiale financière des Banques populaires – création à laquelle a aussi œuvré Matthieu Pigasse, au sein de la banque Lazard. Ce détournement de l'argent des petits épargnants pour créer un instrument de spéculation se traduit par une perte en 2008 de plus de 2 milliards d'euros et des actifs invendables (dits « pondérés ») atteignant 31 milliards d'euros. La situation est sauvée par la fusion des Banques populaires et des Caisses d'Épargne, qui épongent le passif. Pérol, en partie responsable de ce désastre, est entre-temps revenu au cabinet de M. Sarkozy, maintenant président de la République : il supervise la fusion des banques, puis est nommé à la tête de l'ensemble – au mépris de toutes les règles déontologiques, mais qui s'en préoccupe encore ? Tiens, M. Pérol assistait à la réunion de Bilderberg en 2008.

On pourrait allonger presque indéfiniment la liste de ces personnages qui, formés à l'école du « service public », ont transformé leur passage au sommet de l'État en capital d'influence à faire fructifier dans les grandes entreprises qu'ils ont supervisées depuis le ministère. Comme on l'a déjà vu, les patrons des plus grands groupes sont majoritairement issus des grands corps d'État.

Notons que ce type de transfert n'est pas une spécialité française. Par exemple, la Commission européenne, lieu de pouvoir, est aussi un bon tremplin pour les commissaires, le plus souvent issus de fonctions électives : début 2010, l'autrichienne Benita Ferrero-Waldner a quitté son poste de commissaire aux Relations extérieures, au terme de son mandat, pour rejoindre la grande compagnie de réassurance Munich Re ; peu après, Meglena Kuneva, commissaire à la Protection des consommateurs, intégrait le conseil d'administration de la banque BNP Paribas, tandis que Charlie McCreevy, commissaire au Marché intérieur, atterrissait chez la compagnie Ryanair, et que Günter Verheugen, commissaire à l'Industrie, apportait ses lumières à la Royal Bank of Scotland. Ces départs « soulèvent la question [...] de la possibilité que des considérations d'emploi futur puissent influencer les décisions que les commissaires prendraient durant leur mandat », observait l'association de vigie du lobbying européen, Alter-EU.

L'espion d'EDF qui se faisait passer pour un socialiste

Si des hauts fonctionnaires s'enrichissent dans les entreprises qu'ils ont surveillées depuis leur position dans l'appareil État, comment des responsables politiques élus pourraient-ils rester sur l'Aventin de l'intérêt public ? Un des pionniers modernes du trafic d'influence est Dominique Strauss-Kahn, directeur en 2010 du Fonds monétaire international. Il était en 1991-1992 ministre français de l'Industrie. Revenu à la vie civile, il est transformé en consultant offrant ses services, bien rémunérés, aux grandes entreprises dont il était précédemment le ministre de tutelle. Il mène ainsi, entre autres, une efficace action de lobbying contre le projet de taxe sur l'énergie discuté en 1993 à Bruxelles pour lutter contre le changement climatique. La confusion des genres atteint son summum avec son contrat pour Électricité de France (EDF). Celle-ci voulait développer un nouveau type de réacteur dit EPR avec l'Allemagne, mais s'inquiétait de la position du SPD, le Parti social-démocrate, dans un pays où les écologistes étaient influents. Strauss-Kahn mena donc plusieurs missions en Allemagne, afin de convaincre ses collègues du SPD des bienfaits du nucléaire. Mais il se présentait sous sa casquette de membre du Parti socialiste, sans indiquer qu'il travaillait en fait pour EDF.

L'éminent « socialiste » a fait école : en 2009, plusieurs députés de poids sont avocats d'affaires, tout en continuant à assumer le mandat « que le peuple leur a confié ». Jean-François Copé, par exemple, député de Seine-et-Marne, maire de Meaux, secrétaire général de l'UMP, ajoute à son emploi du temps une collaboration avec le cabinet d'avocats Gide-Loyrette-Nouel. Les honoraires atteindraient 20 000 euros par mois. Un chiffre que refuse de confirmer ou d'infirmer l'auteur de *Promis, j'arrête la langue de bois*. L'avocat Denis Hubert, qui a intégré dans son cabinet l'avocat-député Christophe Caresche, dévoile le pot aux roses, si tant est qu'il y en avait un : « Christophe Caresche a fait partie pendant dix ans de la commission des lois à l'Assemblée nationale, c'est une sacrée valeur ajoutée. Mais c'est le carnet d'adresses qui nous intéresse, notre profession interdit de démarcher des clients, donc l'entregent d'un député est essentiel. »

Au fait… quel est ce mot qui désigne l'abus d'une charge publique à des fins d'enrichissement personnel ? Voyons… Ah, oui : corruption ! Au Brésil, en Russie, au Cameroun, en Indonésie, au Mexique, en Italie, bien sûr, mais en France, en Angleterre ? C'est en buvant une tasse de thé dans la salle à manger de la Chambre des lords, à Londres, qu'un reporter du *Sunday Times* a trouvé la réponse. Se faisant passer pour un industriel taïwanais désireux de développer ses activités au Royaume-Uni, il a demandé à plusieurs lords d'user de leur influence pour modifier un règlement fiscal en discussion à cette époque. Les quatre parlementaires interrogés séparément ont répondu favorablement à la requête, en indiquant leur tarif : de 1 000 à 5 000 livres par jour de « travail ».

L'affaire, début 2009, fit quelque bruit au royaume de Sa Majesté. Le plus étonnant est qu'un an plus tard, quand le journal renouvela l'expérience avec des députés de la Chambre des communes, le résultat fut identique : un ancien ministre de la Défense, Stephen Byers, indiqua au micro caché qu'il « était comme un taxi à louer », pour 5 000 livres la journée. Quand le scandale éclata, l'une des députés piégés, Patricia Hewitt, ancienne ministre de la Santé, se défendit en indiquant qu'elle comptait offrir ses services au terme de son mandat de député : « Je veux toujours donner des avis aux entreprises qui ont quelque chose de positif à offrir au pays. » La logique sous-jacente est limpide : ces entreprises font du bien au pays ; donc, les aider aide le pays ; donc, être payé par ces entreprises, que l'on soit député ou pas, fait du bien au pays.

Les cas de ce type sont légion, et le dossier de la corruption s'épaissit de mois en mois. Elle ne concerne plus seulement les États du Sud, mais avec de plus en plus d'ampleur les pays occidentaux. L'association Transparency International a mené une étude montrant qu'en Europe l'« indice de perception de la corruption » s'était dégradé pour 14 États entre 2004 et 2009, notamment pour l'Espagne, le Royaume-Uni, la Finlande, l'Italie, la Grèce, la France et l'Allemagne. Pour le quotidien madrilène *ABC*, « la corruption étouffe l'Espagne et fait circuler plus d'argent que la drogue [...]. Soit cette saignée de ce qu'il reste du modèle [démocratique espagnol] s'arrête, soit nous mourrons en tant que démocratie, et nous disparaîtrons dans l'égout puant de la corruption ».

« Nous faisons le travail de Dieu »

Mais les cas avérés de corruption ne sont que l'écume de la marchandisation générale de la sphère publique. Il faut plonger sous la surface polluée pour découvrir deux des puissants courants qui ont orienté le capitalisme des trois dernières décennies : le poids devenu énorme des grandes entreprises – surtout financières – relativement aux États, et, en interaction avec ce phénomène, l'idéologie de la privatisation, qui facilite l'acceptation du transfert des bénéfices publics dans les coffres de l'oligarchie.

En 1975, un membre de la Trilatérale s'inquiétait, on l'a vu, de l'affaiblissement des gouvernants : « Les gouvernements démocratiques font difficilement face à la force d'institutions extra-parlementaires [...]. Elles ridiculisent le pouvoir des gouvernements. Je pense à deux puissantes institutions économiques : les compagnies géantes et les grands syndicats de travailleurs. » Voyez comme le monde est précisément ordonné : les gouvernements ont si bien agi depuis les années 1980 que le syndicalisme est en miettes. Et les grandes compagnies ? Elles vont bien, merci.

Bien que les études approfondies manquent – une lacune des études économiques très significative –, la mondialisation économique s'est traduite par un mouvement de concentration continue, développant au passage la prospérité de banques spécialisés dans les activités de fusion d'entreprises, comme Goldman Sachs, JP Morgan ou Lazard, ainsi que de nombreux cabinets d'avocats internationaux. Maints domaines industriels en sont ainsi venus à être le pré carré d'oligopoles, c'est-à-dire à être contrôlés par quelques grandes entreprises qui se concurrencent ou se partagent le marché.

Cependant, il ne faut pas exagérer la puissance globale des firmes, comme l'ont montré deux chercheurs belges, Paul De Grauwe et Filip Camerman : en comparant la valeur ajoutée des plus grandes entreprises au PIB (qui est la somme des valeurs ajoutées dans un pays) de diverses nations, ils ont constaté qu'en 2002, les cinquante plus grandes compagnies industrielles et de services représentaient seulement 4,5 % du PIB des cinquante plus grands pays, ou encore que la plus grande compagnie – le distributeur Wall Mart – n'était classée que quarante-quatrième derrière quarante-trois pays. En fait, si les grandes compagnies ont grossi, souvent par absorption de concurrentes, l'économie globale a crû dans le même temps, si bien que la taille relative des grandes entreprises industrielles et de service semble être restée stable. Elles étaient suffisamment puissantes pour inquiéter la Trilatérale – et beaucoup d'autres – dans les années 1970 ; elles le sont simplement restées.

Mais un facteur nouveau a modifié en profondeur la scène économique : les acteurs financiers ont démultiplié leur puissance. À côté des banques sont apparus des investisseurs tels que les fonds de pension, qui gèrent l'épargne-retraite, et des gestionnaires de portefeuilles financiers, à visée uniquement spéculative. Ces trois types d'opérateurs ont vu ensemble leur taille augmenter rapidement et dépasser largement celle des grandes entreprises : en 2002, les cent premières firmes du monde représentaient un chiffre d'affaires de 5 600 milliards de dollars ; des nains en comparaison avec les cent premières banques, qui géraient 29 600 milliards de dollars d'actifs. La puissance du secteur financier est devenue colossale : aux États-Unis, il s'appropriait 40 % des profits totaux en 2007, contre 10 % en 1980. Les dix plus grandes banques mondiales ont chacune en 2010 des actifs supérieurs à 2 000 milliards d'euros quand la production intérieure de la Grèce est de l'ordre de 200 milliards d'euros.

L'idéologie néo-libérale, qui s'est traduite par une politique économique axée sur la gestion de la monnaie beaucoup plus que sur le pilotage budgétaire, a fortement contribué à cette évolution. Comme le remarque l'économiste James Galbraith, avec le choix de taux d'intérêt élevés au début des années 1980, « le coût de l'argent est devenu une considération prédominante pour la survie de l'entreprise. Le monétarisme a donc rétabli la dépendance de la firme industrielle à sa source de financement. De ce fait, il a restauré la prééminence du pouvoir des institutions financières aux États-Unis ; Wall Street tenait de nouveau la barre ».

Tenir la barre n'est pas une métaphore : non seulement les intérêts de la communauté financière à Wall Street et ailleurs se sont imposés aux politiques économiques, mais des passages réguliers de responsables des banques aux postes de décision politique ont facilité la gestion adéquate. En régime oligarchique, cela ne conduit pas forcément à de mauvaises décisions, mais garantit que les décisions ne nuiront en aucune façon à la caste. La firme Goldman Sachs a de ce point de vue manifesté un talent particulier pour se couler dans les plus hauts rouages de l'État : l'un de ses associés, Robert Rubin, a été, on l'a vu, secrétaire au Trésor (ministre des Finances) de Bill Clinton entre 1995 et 1998 ; Joshua Bolten, autre associé, a été directeur de cabinet de la Maison-Blanche sous George W. Bush ; Henry Paulson, ex-président de Goldman, a été secrétaire au Trésor de Bush entre 2006 et 2009 avant de passer sous Obama la main à Timothy Geithner, proche de Robert Rubin et de la banque. Goldman Sachs a aussi su placer ses hommes à l'international – il y a beaucoup à gagner sur la dette des États. Le président de la Banque mondiale, Robert Zoellick, est ainsi un ancien de Goldman, comme Petros Christodoulou, responsable de l'organisme de gestion de la dette publique grecque, ou Mario Draghi, gouverneur de la Banque d'Italie, tandis que sont associés en titre chez Goldman Lord Griffith, ancien conseiller de Margaret Thatcher, ou Otmar Issing, ex-économiste en chef de la Banque centrale européenne. Et comme on n'est jamais assez prudent, les employés de Goldman ont collectivement versé 981 000 dollars pour soutenir en 2008 la campagne de Barack Obama.

La banque est un bon porte-parole de l'ensemble de la communauté. Elle travaille pour le bien public, selon la conception capitaliste du bien public : « Nous aidons les compagnies à croître en les aidant à trouver du capital, explique Lloyd Blankfein, directeur exécutif de Goldman Sachs. Les compagnies qui croissent créent de la richesse. Cela permet aux gens d'avoir des emplois, ce qui crée plus de croissance et plus de richesse. C'est un cercle vertueux. » Tellement vertueux, d'ailleurs, que Blankfein conclut en disant qu'il n'est qu'un banquier « qui fait le travail de Dieu ». Dieu ! Les financiers le pensent vraiment. Le *Financial Times* le confirme dans un contexte différent, titrant : « La vérité sur les spéculateurs : ils font le travail de Dieu. »

Mais leur dieu, c'est l'argent. Toutes les descriptions des milieux financiers décrivent une obsession : gagner, gagner toujours plus, pour dépasser les rivaux dans la course au prestige matériel. « Si vous n'avez pas une plus grande maison ou un plus gros bateau, vous restez derrière. C'est une drogue », lâche un associé de Goldman Sachs.

Les agents de Dieu ont fini par être pris la main dans le pot de confiture : début 2010, il était reproché à Goldman Sachs d'avoir aidé la Grèce à mener une opération discrète sur devises en 2001 afin de contourner la règle européenne sur le déficit, de s'être mise en position de bénéficier de la faillite puis du sauvetage de la firme AIG, fin 2008, et d'avoir sciemment vendu à des clients des placements dits « structurés », c'est-à-dire pourris, tout en vendant ceux qu'elle avait en portefeuille parce qu'elle savait que leur cours allait chuter.

Cependant Goldman Sachs tient bon, comme tiennent bon les banques. Massivement sauvées de l'effondrement fin 2008 par l'intervention publique, elles sont parvenues à se sortir de l'épisode en restant pour l'essentiel maîtresses de leur destin et de leur politique. Les États, il est vrai, n'avaient pas imaginé de s'insinuer dans leur gestion. Dans la conception oligarchique, l'État est là pour soutenir les entreprises, dans une cogestion de la politique économique qui ne doit remettre en cause ni les profits, ni les rémunérations des dirigeants.

Un ami qui veut votre bien public

Le deuxième volet de la marchandisation de la sphère publique a consisté à engager un mouvement général de privatisation des entreprises détenues par l'État. Lancé dans les années 1980, il avait un but autant pratique qu'idéologique : fournir des recettes aux États tout en faisant reculer la possibilité d'intervention de ceux-ci dans la vie économique. Mais la chrysalide idéologique s'est vite transformée en papillon cupide : comme on l'a vu à travers quelques exemples précis, la privatisation a enrichi ceux qui la mettaient en œuvre comme ceux qui s'appropriaient les biens publics, dans la mesure où les entreprises cédées l'ont souvent été à des prix amicaux. Un exemple intéressant est celui des sociétés d'autoroutes françaises privatisées en 2005 pour 11 milliards d'euros, alors que, largement amorties, elles dégageaient plus d'un milliard d'euros de bénéfices par an. Le vol du bien public était si flagrant que le gouvernement dut l'imposer à l'Assemblée nationale par un débat sans vote.

Un si délicieux exemple – lui-même inspiré des privatisations espagnoles – ne pouvait manquer de susciter la même idée au Royaume-Uni où Margaret Thatcher et Tony Blair n'ont pas réussi à tout nationaliser : la banque Rothschild a donc proposé en 2010 un plan massif de privatisation des autoroutes britanniques.

La France de M. Sarkozy, qui concourt pour la médaille d'or – très disputée – du régime oligarchique le plus cynique d'Occident, a renchéri en privatisant l'activité des jeux de hasard et des paris sur Internet par une loi d'urgence, votée toutes affaires cessantes en mai 2010, cassant le vieux monopole d'État sur les loteries et autres paris hippiques. C'est qu'il s'agissait d'assurer aux amis du président de la République, patrons de sites de jeux comme Stéphane Courbit et Dominique Desseigne, ou directeurs de chaînes de télévision comme Martin Bouygues et Vincent Bolloré, la part du gâteau en pleine expansion des paris sportifs sur Internet. Que la loi dépouille l'État de ses recettes, affaiblisse sa capacité de régulation, et développe les comportements addictifs des joueurs – autant de gens qui ne penseront pas à être citoyens – n'est pas seulement une négligence : c'est bel et bien le but recherché. La discussion parlementaire avait donné lieu à un échange intéressant entre le député socialiste Gaëtan Gorce et le ministre du Budget, Éric Woerth. « Certaines sociétés de télévision, expliquait M. Gorce, pourront faire des résultats à la fois sur leur activité de radiodiffusion, sur les paris qu'elles organisent, sur les retransmissions qu'elles présentent et sur la publicité qu'elles touchent. Telle est la conception que vous avez de la concurrence. Nous avions un monopole public, nous allons vers un oligopole privé. » Réponse d'Éric Woerth : « Nous faisons très attention aux conflits d'intérêts. Peut-être n'en avons-nous pas tout à fait la même notion. » M. Woerth parle d'or : les oligarques n'ont pas la même notion des conflits d'intérêts – le mélange entre une position publique et des intérêts privés – que les démocrates.

Après avoir d'abord rendu aux intérêts privés les entreprises industrielles, les gouvernements oligarchiques se sont attaqués aux activités de services (transports, électricité, télécommunications, jeux), encouragés par une Commission de Bruxelles poussant le principe de la concurrence jusqu'à l'absurde. Enfin, absurde du point de vue de l'intérêt général, mais pas de celui des bénéfices privés. Comme l'écrit James Galbraith, « les membres de cette nouvelle classe ont décidé de s'emparer de l'État et de le gérer, non pour mettre en œuvre un projet idéologique, mais de la façon qui leur rapporte le plus d'argent, qui perturbe le moins leur pouvoir et qui leur offre le plus de chances d'être renfloués au cas où quelque chose tournerait mal. Bref, ils ont décidé d'agir en prédateurs vis-à-vis des institutions existantes ».

Quand, faute de gibier, le plaisir de la privatisation des entreprises publiques tend à s'éteindre, on procède par d'autres voies au démantèlement de l'État : par exemple en stimulant la concurrence privée sur de grands services publics comme la santé ou l'éducation. La méthode est simple : d'une part assèchement en douceur mais régulier des budgets publics et d'autre part encouragement par diverses mesures discrètes du secteur privé. Ainsi, le secteur public se dégrade peu à peu, et ceux qui peuvent payer placent leurs enfants ou se font soigner dans le privé, ce qui justifie de nouveaux encouragements étatiques au secteur privé, en arguant de l'« inefficacité du public ».

Une autre méthode de prédation des biens publics se présente sous l'appellation de « partenariat public-privé ». L'ami qui vous serre la main droite en plongeant sa main gauche dans votre poche pour prendre votre portefeuille est un partenaire. Initiée en Grande-Bretagne, sous le nom de « *private finance initiative* », la démarche consiste à faire financer par le secteur privé un investissement d'intérêt public, tel que faculté, prison, palais de justice, gendarmerie, hôpital. Construction, entretien et fonctionnement du projet sont assurés par le « partenaire », dont la rémunération est assurée par un loyer que lui verse l'État pendant plusieurs dizaines d'années. L'État continue ainsi à lancer des projets jugés utiles, sans recourir directement à l'endettement. Discutable sur le fond – c'est une façon de creuser la dette publique sans que cela apparaisse dans les comptes comme tel –, le procédé assure un bénéfice appréciable à l'entrepreneur privé, sans garantie de meilleure efficacité : l'expérience du Royaume-Uni, où plusieurs centaines de projets ont ainsi été financés, montre que l'économie réalisée par rapport à un montage classique n'atteint que 5 à 10 % contre 20 à 25 % annoncés. Le coût pour l'autorité publique se révèle à terme plus lourd, notamment dans le secteur hospitalier. Pour sa part, la Cour des comptes française jugeait en 2008 que « cette formule apparaît inopportune s'agissant d'un service public non marchand, puisqu'en l'absence de recettes elle fait entièrement reposer sur les finances de l'État une charge disproportionnée au regard de l'allègement de la charge budgétaire immédiate qu'elle permet [...]. La Cour invite à une réflexion approfondie sur l'intérêt réel de ces formules innovantes qui n'offrent d'avantages qu'à court terme et s'avèrent finalement onéreuses à moyen et long termes ». Qu'importe...

Le partenariat public-privé présente deux autres intérêts pour les prédateurs : d'une part, le procédé accroît le pouvoir des grandes entreprises, les seules à mêmes d'emporter le marché global – alors que quand le projet est mené par une collectivité publique, ses divers lots sont accessibles à des PME (petites et moyennes entreprises). Et d'autre part, il légitime insidieusement le fait que le secteur privé assume, au moins partiellement, des charges relevant des fonctions dites régaliennes de l'État, comme la justice.

La loi des puissants

La justice, d'ailleurs, est elle aussi mise au service des intérêts de la classe dirigeante. Inflexible pour réprimer les petits délits, au point de remplir toujours davantage les prisons, tentant fréquemment de criminaliser les actions politiques de résistance, elle s'adoucit en ce qui concerne les délits financiers. Un moyen efficace et discret d'assurer la protection judiciaire des oligarques fraudeurs du fisc ou agents de corruption est d'affaiblir les moyens des magistrats luttant contre la délinquance financière : un document interne du ministère français de la Justice se plaint ainsi, en 2010, du « manque criant de services et unités d'enquête qualifiés pour diligenter les procédures pénales en matière économique et financière » tandis que le Service central de prévention de la corruption (SCPC) est réduit au tiers de ses effectifs. On peut aussi, comme le régime de M. Sarkozy, user et abuser du « secret défense » qui permet, au nom de la « défense nationale », d'interdire à la justice ou aux parlementaires l'accès aux documents gênants. Des députés – élus du peuple, rappelons-le – ne peuvent ainsi auditionner des hauts fonctionnaires dans leur mission d'enquête sur la corruption liée à la vente de navires militaires au Pakistan, le « secret défense » leur étant opposé.

La protection des puissants n'est bien sûr pas une spécialité française : le Royaume-Uni interdit l'enquête sur un réseau de corruption lié à la vente d'armements à l'Arabie saoudite, l'Italie supprime en 2009 le Haut-Commissariat de lutte contre la corruption ; en Serbie, 900 magistrats sont révoqués brutalement.

La loi peut aussi être arrangée afin d'éviter les enquêtes gênantes. M. Berlusconi, en Italie, est spécialiste des lois restreignant le pouvoir des juges qui enquêtent sur les affaires troubles auxquelles il est mêlé : il en était début 2010 à la dix-neuvième initiative législative de ce type... M. Sarkozy espère quant à lui supprimer le juge d'instruction et imposer un délai de prescription sur le délit de bien social.

Si les puissants travaillent à mettre la justice des États à leur service, ils ont aussi, dans un tout autre domaine, réussi à faire juger les États par... des entreprises privées. Depuis une dizaine d'années, en effet, le sort économique des pays dépend de notes attribuées par des agences spécialisées : selon le verdict de celles-ci, les « marchés » achèteront ou non les titres de dette émis par les États. La puissance de ces agences a été spectaculairement révélée lors de la crise financière grecque : le 27 avril 2010, Standard & Poor's abaissait la note d'Athènes de BBB+ à BB+, conduisant les spéculateurs à vendre massivement les titres d'emprunts grecs, ce qui précipitait la quasi-faillite de ce pays et forçait à une intervention massive des autres grands États européens et de la Banque centrale européenne.

Ces agences de notation ont été créées dans les années 1960, en tant qu'entreprises privées, afin de fournir aux investisseurs financiers une évaluation de la solvabilité des emprunteurs, qu'il s'agisse d'entreprises, d'autres organismes financiers ou de pays. Elles ont progressivement été reconnues comme référence officielle par les instances de régulation bancaire, comme la Banque centrale européenne et la Securities and Exchange Commission, aux États-Unis. Les principales agences (Standard & Poor's, Moody's Investors Service, Fitch Ratings) ont ainsi acquis un pouvoir considérable. Elles sont rémunérées par les entreprises mêmes dont elles évaluent la solvabilité. Cette particularité est pour le moins étrange : c'est comme si un restaurateur payait le guide touristique censé l'évaluer ou si un candidat au permis de conduire rémunérait l'inspecteur du permis. Mais le capitalisme suit d'autres règles que la morale commune.

Cette forme de rétribution a donc logiquement conduit à des erreurs d'évaluation majeures, largement responsables de la crise financière qui a ébranlé le système financier à partir de 2007 : les agences de notation ont imperturbablement accordé la meilleure note (AAA+) aux banques et fonds détenant les titres les plus « pourris » qu'aient inventés les spéculateurs, telle la compagnie américaine d'assurance AIG, très bien notée jusqu'au jour de sa faillite. Ils n'ont guère été plus perspicaces en ce qui concerne les États : en décembre 2009, Standard & Poor's accordait à la dette publique grecque la note A-, la même note que l'Estonie qui va intégrer la zone euro en 2011.

Il est tout à fait fascinant de constater que, malgré des erreurs d'évaluation aussi grossières, les agences continuent à tenir le haut du pavé. De même que les États n'ont pas su ou pas voulu reprendre la main sur les banques, ils restent soumis aux desiderata de ces agences, dont l'agenda idéologique est limpide : soumettre les politiques publiques aux souhaits des « marchés ». Ainsi voit-on l'agence Fitch, possédée par Marc Ladreit de Lacharrière, membre du groupe Bilderberg et du Siècle, réserver sa note AAA à la France – pour autant qu'elle maîtrise sa dette publique, fait-on savoir en plein débat sur les retraites. Ou Standard & Poor's placer la Caisse de dépôt et placement du Québec – un important instrument financier créé dans les années 1960 dans le but d'assurer l'indépendance économique de la Belle Province – « sous observation néga-tive » par crainte que les « débats politiques réduisent le niveau d'indépendance dans le choix des investissements ».

Les notes des agences sur les États sont fonction de la politique qu'ils mènent. A-t-on d'ailleurs jamais vu un examinateur ne pas être prescripteur ? Par définition, la note renvoie à une norme. Et ici, la norme, c'est l'adaptation aux canons de l'idéologie néo-libérale. Le plus extraordinaire est que la méthodologie d'élaboration des notes des agences reste cachée, donc inaccessible au débat public.

Le jeu des lobbies

Mais... il y a des députés, des élus, qui peuvent... – Qui a dit que le régime oligarchique se passait d'assemblées élues ? Oui, les assemblées subsistent, héritières d'un temps où le sentiment démocratique était plus vivant. Il ne saurait être question de les neutraliser trop ostensiblement durant le passage à l'oligarchie. On verra ultérieurement comment s'arranger avec l'exercice toujours délicat de l'élection. Au jour le jour, pour éviter que ces assemblées parfois rétives n'orientent dans la mauvaise direction l'usage des prérogatives qui leur restent, on a développé le « lobbying », c'est-à-dire des méthodes plus ou moins discrètes d'influence sur les élus et les décideurs. Les divers organismes ou industries unis par un intérêt particulier constituent un groupe de pression qui va, au moment de la discussion d'une loi ou d'un règlement, tenter de convaincre les décideurs de la nécessité de protéger cet intérêt, tout en menant, si nécessaire, diverses actions de communication auprès des médias ou du public.

Un exemple. En avril 2008, durant sa campagne présidentielle, Barack Obama diffuse une annonce publicitaire dans laquelle il explique qu'il est le candidat qui lutte contre le lobbying. Il vise très spécifiquement Billy Tauzin, député jusqu'en 2005 devenu ensuite un lobbyiste très actif pour l'industrie des médicaments, dont il dirige l'association, PhRMA

(Pharmaceutical Research and Manufacturers of America). « L'industrie pharmaceutique a écrit une loi à l'avantage des compagnies, proclame Obama. Et vous savez quoi ? Le président de la commission du Congrès qui a œuvré à cette loi a ensuite a été embauché par cette industrie pour 2 millions de dollars par an. Imaginez ça ! C'est un exemple du jeu habituel de Washington. Je ne veux pas apprendre à mieux jouer ce jeu. Je veux y mettre un terme. »

Ce qu'homme veut, il ne le peut pas toujours. Dix-huit mois plus tard, on apprend que Tauzin s'est rendu onze fois à la Maison-Blanche pour négocier les termes de la réforme de la santé. Obama a choisi de s'appuyer sur le lobby des médicaments afin de contrebalancer l'opposition forcenée du lobby des assureurs privés. L'opération ne réussit d'ailleurs pas : au final, il faut aussi céder aux assureurs. La réforme passe, elle marque un indéniable progrès, au sens où presque toute la population pourra avoir accès au système de soins – mais celui-ci reste géré par le secteur privé, alors que le coût en sera supporté par l'État. Quant à l'industrie pharmaceutique, elle a obtenu que des dispositions sur les médicaments génériques et les médicaments importés disparaissent de la loi. Au total, les entreprises de la santé ont dépensé 544 millions de dollars en lobbying pour peser sur la loi, note le Center for Responsive Politics.

Obama est-il un authentique démocrate obligé de se plier au système, ou le simple représentant d'une fraction de l'oligarchie en débat avec une autre ? Je ne saurais trancher. Toujours est-il qu'il connaît le jeu, et qu'il joue selon les règles. Lors de son arrivée au pouvoir, il a surpris en choisissant comme conseillers économiques non pas les économistes sociaux qui l'avaient conseillé durant sa campagne, mais des hommes proches de Wall Street, Timothy Geithner ou Lawrence

Summers. Et il se plie au lobby financier quand il s'agit de faire passer sa réforme de Wall Street : le 22 avril 2010, il se rend à New York afin de s'adresser aux représentants des grandes banques Goldman Sachs, JP Morgan Chase, Morgan Stanley, Barclays, tous présents pour l'écouter. Cependant il ne vient pas les combattre, il veut les amadouer : « Je suis sûr que pas mal de ces lobbyistes travaillent pour vous, dit-il, et font ce qu'ils sont payés pour faire. Mais je suis ici aujourd'hui spécifiquement – je parle aux titans de l'industrie – parce que je veux vous convaincre [*urge you*] de vous joindre à nous, plutôt que de combattre notre effort. » Le projet de loi « n'a pas d'approche idéologique », précise-t-il.

Des chercheurs du Fonds monétaire international ont réalisé en 2009 une étude intéressante : étudiant au sein de l'industrie financière américaine les dépenses de lobbying et la nature des risques financiers pris, ils ont mis en évidence que les entreprises qui avaient le plus dépensé en lobbying était aussi celles qui avaient pris les risques les plus inconsidérés, qui ont conduit à la crise du système financier ouverte en 2007. « Notre analyse suggère que l'influence politique de l'industrie financière peut être une source de risque systémique », concluent-ils. « La prévention de crises futures pourrait requérir d'affaiblir l'influence politique de l'industrie financière. »

On en est loin. Wall Street a lancé des « bataillons de lobbyistes » – selon l'expression d'Obama – à l'assaut du Congrès. Sur les neuf premiers mois de 2009, les institutions financières ont dépensé 126 millions en lobbying. Le Congrès finit par voter la réforme en 2010, mais elle n'entamera pas la puissance de Wall Street : « Même si le texte comporte quelques dispositions positives, juge Russ Feingold, sénateur démocrate, l'absence de fortes réformes confirme clairement que les lobbyistes de Wall Street et leurs alliés à Washington continuent de peser lourdement sur le processus législatif. »

Moins apparent en Europe, où l'information sur le lobbying est moins ouverte, celui-ci est tout aussi actif. Il a les mains d'autant plus libres que, note le député écologiste Pascal Canfin, « il n'existe pas de contre-pouvoir face au lobbying des banques et des institutions financières. Un lobbying très puissant, puisque très riche et donc sans limite. Ce qui fait qu'aujourd'hui le projet européen de régulation de la finance est un sujet en cogestion entre les banques et l'administration de la Commission ».

Il n'y pas que les spéculateurs qui pèsent sur l'écriture des lois. Tous les secteurs économiques emploient la même arme : pétrole, informatique, électricité, chimie, communications, transports, agro-industrie, déploient d'impressionnants efforts pour influencer les législateurs de Washington, de Bruxelles et d'ailleurs. Non moins remarquables sont les succès qu'ils obtiennent. L'invasion des organismes génétiquement modifiés aux États-Unis n'aurait pas été si fulgurante si elle n'avait été préparée de longue date par une relation intime entre industrie – en particulier Monsanto – et les gouvernements successifs. La directive REACH sur le contrôle des produits chimiques a été retardée pendant de longues années avant d'être adoptée, dans une version affaiblie par rapport à ce que l'intérêt public pourrait souhaiter, en 2008. Les projets européens de régulation financière sont confiés à des groupes d'experts composés pour l'essentiel de représentants… du secteur financier. Le document définissant la stratégie économique européenne d'ici à 2020 semble une copie du texte élaboré par le rassemblement des grandes entreprises, European Round Table of Industrialists.

Ces réussites parmi bien d'autres sont l'œuvre des 15 000 lobbyistes établis à Bruxelles, représentant 2 600 groupes d'intérêt, selon le chiffre avancé en 2005 par le commissaire européen aux Affaires administratives, Siim Kallas. « Les lobbyistes peuvent influencer considérablement la législation, particulièrement sur les propositions de nature technique, précisait le commissaire. Leur action vise directement la Commission et le Parlement. Mais la transparence sur leurs activités est largement déficiente en regard de leur impact. »

Cette reconnaissance officielle du problème du lobbying a conduit à une « Initiative européenne pour la transparence ». Mais elle s'est réduite, en ce qui concerne les lobbies, à la création d'un registre listant ceux-ci sur une base volontaire et sans grande exigence quant aux informations à fournir. Cinq ans plus tard, une analyse menée par les Amis de la Terre a montré que sur les cinquante plus grandes entreprises européennes, seules trente s'étaient inscrites sur le registre, et que des firmes comme Shell ou Peugeot affirmaient dépenser moins en lobbying qu'une association comme Friends of the Countryside (les Amis de la campagne).

De plus en plus, d'ailleurs, les lobbyistes n'influencent pas seulement les fonctionnaires et les élus préparant les lois, ils participent eux-mêmes à leur confection. À Bruxelles, les nombreux groupes d'experts impliqués dans cette élaboration incluent très majoritairement les représentants des groupes d'intérêt concernés, conséquence du nombre insuffisant de fonctionnaires. Les lobbyistes se présentent ainsi comme des assistants à la décision publique. C'est ce qu'indique un de leurs représentants, Jean-Christophe Alquier, président du cabinet Harrison and Wolf : « Dans les années 1970, les lobbys étaient des soutiens financiers des campagnes électorales. Dans les années 1980, ils sont devenus des fournisseurs d'expertise, palliant ainsi les capacités d'expertise limitées des services de l'État. » Les lobbies peuvent même entrer directement en politique, comme Frédéric Lefebvre, député français, porte-parole du parti majoritaire, l'UMP, et fondateur et actionnaire important de la société de lobbying Pic Conseil... Leur avenir est prometteur, si l'on en croit un lobbyiste européen, Daniel Guéguen : « On ira vers des approches de l'intelligence économique de plus en plus sophistiquées, comportant probablement le recours à des pratiques de manipulation, de déstabilisation, ou de désinformation. » On ne saurait être plus clair.

Les cadeaux n'étaient pas gratuits

Le budget de lobbying a atteint aux États-Unis en 2009 un record absolu, avec 3,5 milliards de dollars de dépenses. Cette somme astronomique renvoie à une spécificité du système politique américain : les batailles électorales se gagnent à coups de millions, les candidats ne pouvant dans la majorité des cas l'emporter que s'ils peuvent investir davantage que leurs rivaux en annonces télévisées et en publicités diverses. Comme le résume le Center for Responsive Politics, « l'argent gagne les élections ». Dans 93 % des cas, les représentants et les sénateurs élus aux élections de novembre 2008 étaient ceux qui avaient dépensé le plus d'argent pendant leur campagne. Le pourcentage était quasi identique en 2006 et en 2004. Coût moyen d'un siège à la Chambre des représentants, 1,1 million de dollars ; au Sénat, 6,5 millions. Les plus riches l'emportent : élections et oligarchie peuvent aller de pair.

Et comment les candidats amassent-ils le capital leur permettant de concourir en tête ? En acceptant celui qu'on leur donne. Et qui donne le plus ? Les riches. Il n'y pas de cadeau gratuit. À la Chambre et au Sénat, les élus défendront les intérêts de leurs donateurs plus que celui de leurs mandants.

Le système ne risque pas d'aller vers plus de démocratie. Jusqu'en 2010, seuls les individus pouvaient contribuer aux campagnes des candidats. En janvier, la Cour suprême a jugé que les entreprises pourraient aussi les financer, au nom du Premier amendement de la Constitution relatif à la libre expression.

En Europe, le financement de la vie politique est très différent de ce qu'il est aux États-Unis, en raison d'une place plus grande du financement public des partis, et parce que la moindre utilisation de publicités politiques à la télévision limite les dépenses politiques. Cependant, l'insuffisance des cotisations des adhérents des partis et l'augmentation tendancielle des dépenses électorales poussent à une influence croissante des « dons » privés sur la politique.

En Allemagne, la loi ne fixe pas de plafond aux contributions des particuliers aux partis, mais tout versement supérieur à 50 000 euros doit être déclaré et publié. Ce système prédispose aux arrangements entre amis, tel le don de la chaîne hôtelière Mövenpick gratifiant d'1,1 million d'euros le parti FDP qui, peu après, faisait voter une baisse de la TVA dans l'hôtellerie. En Espagne, les dons aux partis sont plafonnés à 100 000 euros par an et doivent être publiés. Cette législation accommodante n'empêche pas les débordements : une affaire de corruption, dite « Gürtel », secoue le pays depuis 2009, impliquant le Parti populaire dont plusieurs dignitaires, parfois proches de l'ancien Premier ministre José Maria Aznar, auraient bénéficié des largesses d'un réseau d'entrepreneurs en échange de marchés publics. Au Royaume-Uni, pas de limites aux dons, qui sont cependant publiés à partir de 5 000 livres, tandis que les dépenses des candidats aux élections législatives sont limitées. Le système a ainsi permis à Michael Ashcroft, richissime homme d'affaires, de verser des millions de livres au Parti conservateur, ce qui finit par susciter un scandale quand on apprit que les fonds provenaient d'une société immatriculée dans un paradis fiscal et que Lord Ashcroft n'était pas domicilié en Angleterre afin de ne pas payer d'impôts. En Suède, les partis n'ont pas à rendre compte de l'origine de leurs recettes. En Finlande, une loi sur le financement des partis existe bien, mais elle a été violée par plusieurs partis lors des élections de 2007. En Italie, la loi existante n'empêche pas nombre de responsables politiques de recevoir de l'argent des entreprises – on ne sait plus, d'ailleurs, comme dans les autres pays, s'il s'agit du financement des activités politiques ou de corruption pure et simple. Sans parler de distraction, comme celle du ministre Claudio Scajola, qui a prétendu qu'un entrepreneur avait payé « à son insu » son appartement donnant sur le Colisée.

Quant à la France, une loi rigoureuse sur le financement des partis politiques, adoptée en 1988, n'a pas empêché qu'éclate une affaire montrant, au-delà même de la question du financement de la politique, la nature incestueuse des liens entre l'élite politique et les plus grandes fortunes. Elle démarre comme un vaudeville.

Il était une fois une veuve possédant une fortune évaluée à 15 milliards d'euros. Elle était classée dix-septième personne la plus riche du monde par la revue *Forbes*. Mme Liliane Bettencourt habitait Neuilly, la ville dont M. Sarkozy, président de la République, avait été maire. Elle avait un ami, François-Marie Banier, qu'elle appréciait si vivement que, au fil des années, elle lui avait donné plusieurs centaines de millions d'euros. La fille de Mme Bettencourt, Françoise, regrettait amèrement cette dilapidation de la richesse familiale. Elle engagea un procès pour faire reconnaître l'état d'incapacité de sa mère, ce qui permettrait d'annuler ou au moins d'interrompre les dons à l'ami cher.

Cette querelle entre mère et fille empoisonnait l'atmosphère dans l'hôtel particulier de Neuilly. Les conseillers de la vieille dame, doutant de la fidélité de plusieurs domestiques, la convainquirent de les congédier. Outré par le sort réservé à ses camarades, un majordome resté en place se vengea en plaçant un petit magnétophone dans la pièce où la dame âgée de 87 ans recevait ses conseillers, et notamment celui qui gérait sa fortune, Patrick de Maistre. Entre mai 2009 et mai 2010, le majordome enregistra ainsi de nombreuses conversations, dont il remit les disques à Françoise Bettencourt. L'avocat les transmit à la brigade financière. Les disques parvinrent au site Mediapart, qui en diffusa en juin 2010 la teneur.

Qu'y apprenait-on ? Que Mme Bettencourt disposait de deux comptes bancaires en Suisse où elle cachait une partie de son argent de la curiosité du fisc ; que son conseiller, Patrick de Maistre, avait embauché Mme Woerth chez Clymène, la société gérant les fonds de Mme Bettencourt, à la demande de son époux, Éric Woerth, ministre du Budget ; que M. de Maistre trouvait M. Woerth bien sympathique ; qu'il rencontrait le conseiller juridique du président de la République, Patrick Ouart, lequel lui indiquait que « l'on connaissait très très bien » le procureur chargé d'instruire l'affaire Banier, Philippe Courroye ; que M. de Maistre organisait le transfert des comptes suisses vers Singapour ou Hong Kong.

La révélation de ces conversations allait provoquer un maelström dans la vie politique française, et ce d'autant plus que toutes les informations qui émergèrent ensuite confirmèrent leur teneur, à savoir la relation étrange entre le ministre du Budget, par ailleurs trésorier du parti du président, l'UMP, et l'une des premières fortunes de France, sa femme contribuant à gérer ses biens alors qu'elle se livrait à l'évasion fiscale, tout en distribuant des enveloppes d'argent destinées notamment à financer la campagne électorale de M. Sarkozy. M. Woerth et M. de Maistre s'étaient rencontrés au moins six fois entre 2006 et 2009, le ministre allant jusqu'à remettre, en janvier 2008, la Légion d'honneur à l'employeur de son épouse.

M. Woerth consentit à abandonner son poste de trésorier de l'UMP. À ce poste, il avait brillé : en 2007, l'UMP avait perçu au titre de dons de personnes physiques 9 125 000 euros, loin devant le Parti socialiste et ses 743 000 euros. Quant à démissionner de son poste de ministre, pas question : il n'y avait pas trace de conflit d'intérêts, selon lui.

D'ailleurs, la justice allait tout éclaircir : comment ne pas faire confiance à l'impartialité du magistrat chargé de l'enquête ? Il s'agissait de Philippe Courroye, nommé procureur de la République auprès du tribunal de Nanterre en mars 2007 contre l'avis du Conseil supérieur de la magistrature. Fin 2007, il avait classé « sans suite » l'enquête préliminaire de police sur les conditions d'achat par Nicolas Sarkozy d'un luxueux duplex à Neuilly. Un homme formidable, décoré de l'ordre national du Mérite par le président de la République, Nicolas Sarkozy, le 24 avril 2009. Un « ami », dirait M. Sarkozy. Dans l'oligarchie, on est entre amis : président, procureurs, milliardaires, ministres, tous amis.

4

L'art de la propagande

Le Ritz, place Vendôme à Paris, est un des hôtels les plus chics de la planète. Je m'y trouvais, en octobre 2006, pour interviewer Al Gore, l'homme qui aurait été président des États-Unis s'il ne s'était pas fait embrouiller par les manipulations de son adversaire sur le décompte des voix de Floride, en 2000. En tournée de promotion pour son film sur le changement climatique, *Une vérité qui dérange*, il arrivait de Berlin, Bruxelles, Zurich, Malaga, et serait le soir même à l'Assemblée nationale puis sur le plateau du journal télévisé de France 2 avant de repartir le lendemain vers d'autres trépidantes aventures. Il avait calé un moment pour *Le Monde*, et ce jour-là, *Le Monde*, c'était moi, assis sur une chaise pseudo Louis XVI dans le couloir conduisant à la suite Impériale du palace. Soudain surgit un essaim excité de personnes entourant la star qui marchait d'un pas rapide. La troupe déboula, s'arrêta devant la porte, que franchit le personnage. Je me fis connaître, et, tandis que l'aréopage s'évanouissait, pénétrai dans l'immense pièce semblable à un salon du château de Versailles. Gore, massif, souriant, après m'avoir serré la main, me demanda sans formalité de lui laisser un moment pour aller se soulager dans un cabinet attenant. Après avoir parcouru du regard les meubles, les tapis, le bureau, les tableaux, les moulures, j'observai par les fenêtres l'ordonnancement parfait de la place et les limousines noires devant l'hôtel.

Al Gore est le seul homme politique d'envergure, à ma connaissance, qui se soit non seulement intéressé tôt à l'écologie, mais en connaisse aussi réellement les détails. Le livre sur l'environnement qu'il a publié en 1992, *Earth in the Balance*, est remarquable. Quand il revint, nous nous assîmes, et je lui indiquai que j'avais écrit à l'époque de sa parution un article pour signaler ce livre, ce qui l'étonna. Ce qui m'étonna, moi, c'est l'entretien qui suivit : il portait autant sur la démocratie que sur le changement climatique. Là encore précurseur, Gore avait compris le lien entre les deux problèmes.

Je commençai : « Quel message voulez-vous transmettre avec votre film ?

– Que nous sommes confrontés à une crise climatique qui a le caractère d'une urgence planétaire, répondit-il, avec l'aisance du comédien qui paraît dire son texte pour la première fois. Ces mots semblent terrifiants, mais ils sont malheureusement pertinents pour décrire la relation radicalement nouvelle qui s'est établie entre l'espèce humaine et l'écologie terrestre. Rien, dans notre expérience, ne nous prépare au défi auquel nous sommes confrontés, mais c'est un défi que nous devons surmonter. La bonne nouvelle est que nous avons tout ce qui est nécessaire pour résoudre la crise. Ce qui manque, c'est la volonté politique. Mais, en démocratie, la volonté politique est une ressource renouvelable, et le moyen de la renouveler est de diffuser la connaissance de cette situation auprès du plus grand nombre possible de personnes. C'est ce que je fais avec mon film.

– J'ai lu que vous estimez qu'il y a une crise dans la démocratie. Quel est son lien avec la difficulté de trouver les solutions à la crise climatique ?

– La circulation de l'information qu'avait permise la révolution de l'imprimerie a créé les bases des Lumières, au XVIIIe siècle. Les individus ont pu participer à la discussion publique et, bientôt, une méritocratie des idées a émergé. Le succès des idées individuelles a commencé à dépendre de leur intérêt public. Cette écologie de l'information a formé la base de la démocratie représentative, en France comme aux États-Unis. Mais, il y a cinquante ans, la télévision est devenue la source dominante d'information. Dans mon pays, sa domination est maintenant écrasante. En dépit d'Internet, elle gagne en importance année après année. Chaque Américain la regarde en moyenne quatre heures et demie par jour.

– Donc, la crise de la démocratie provient de la domination de la télévision ?

– La télévision est un medium à sens unique. Elle est pilotée par les annonceurs, qui l'utilisent pour vendre des produits, et pour capter l'audience la plus large avec le dénominateur commun le plus bas. Aux États-Unis, le dialogue politique est maintenant conduit pour l'essentiel au moyen d'annonces télévisées de trente secondes. L'influence malsaine de l'argent en politique découle largement de la nécessité pour les hommes politiques de rassembler assez d'argent pour se payer ces annonces. Nous avons des élections dans une trentaine de jours. 80 % du budget des candidats est employé à acheter des spots télévisés. Et ces spots ne ressemblent pas aux textes de Voltaire ou de Thomas Paine ! » Il rit.

« Ils sont plutôt sur le mode "Achetez Coca-Cola" ?

– Oui, ou alors des images de Ben Laden, de Saddam Hussein, ce genre de choses. L'espace nécessaire en démocratie pour échanger des idées complexes et des informations abondantes s'est drastiquement réduit. La veille du jour où le Sénat a voté la guerre en Irak, un sondage a montré que 77 % des Américains croyaient que Saddam Hussein était à l'origine de l'attaque du 11 Septembre. Ce jour-là, le sénateur Robert Byrde a interpellé ses collègues, au Sénat : "Pourquoi cette salle est-elle vide ?, a-t-il demandé, pourquoi cette maison est-elle silencieuse ?" La Chambre était vide parce que les sénateurs tenaient des réunions destinées à lever des fonds pour se payer de la publicité télévisée. Et la maison était vide parce que ce qui se dit au Sénat est maintenant largement hors de propos : les élus pensent que ce qui compte est ce qui est dit dans les spots de trente secondes. Alors, sur des questions aussi complexes que la crise climatique, qu'il est si difficile d'appréhender… »

Al Gore allait connaître les mois suivants une célébrité mondiale qui culminerait avec l'attribution du Prix Nobel de la paix en 2007, en récompense de son travail pédagogique sur le changement climatique. Il allait aussi publier *The Assault on Reason*. C'était une charge contre le régime de M. Bush, mais il y développait son argumentation sur la place destructrice de la télévision dans les démocraties modernes. Le livre reçut un accueil médiatique, disons, réservé.

Comme tout ce qu'écrit Gore, l'ouvrage est convaincant et bien informé. Selon lui, la démocratie repose sur la délibération publique, et les médias y tiennent une place essentielle. Mais l'échange d'arguments rationnels qui forme la « conversation de la démocratie » a été transformé par l'avènement de la radio et des techniques de manipulation d'opinion.

« La communication fondée sur la psychologie, écrit-il, a été d'abord développée par Edward Bernays, le neveu de Sigmund Freud. Bernays a adapté les idées révolutionnaires de son oncle pour créer la science moderne de la persuasion de masse – assise non sur la raison, mais sur la manipulation des sentiments subsconscients et des impulsions. »

« Encornés par le troupeau de bêtes sauvages »

Bernays est né à Vienne, juste avant que sa famille n'émigre aux États-Unis. Il était le double neveu de Freud – son père était le frère de la femme de Sigmund et sa mère était la sœur du fondateur de la psychanalyse. La pensée de son oncle sur le rôle de l'inconscient allait durablement l'inspirer. Aux États-Unis, il commença sa carrière comme journaliste avant d'évoluer vers le métier qu'il allait créer, publicitaire et agent de relations publiques. Tout en menant avec succès des campagnes de communication pour le compte du gouvernement ou des grandes entreprises, il théorisa sa démarche en la présentant ouvertement comme une technique de manipulation de l'opinion.

Outre Freud, un de ses maîtres à penser était Walter Lippmann. Lippmann était un journaliste politique influent dès les années 1920 aux États-Unis. Dans plusieurs ouvrages, Lippmann développa la thèse selon laquelle les citoyens ne sont pas vraiment capables de comprendre les enjeux essentiels de la politique. « Le rôle du public ne consiste pas vraiment à exprimer ses opinions, mais à s'aligner ou non derrière une opinion. Cela posé, il faut cesser de dire qu'un gouvernement démocratique peut être l'expression directe de la volonté du peuple. » La masse devait donc s'en remettre à des « hommes responsables ». Et l'on pouvait envisager de gouverner le peuple par la « fabrication du consentement » (*the making of common will*) en utilisant les méthodes psychologiques de manipulation. « Le peuple doit être mis à sa place, afin que les hommes responsables puissent vivre sans crainte d'être piétinés ou encornés par le troupeau de bêtes sauvages. »

On retrouverait chez Schumpeter, exprimée avec le même

amour de l'humanité, cette idée que les citoyens sont incapables de saisir la complexité des problèmes dans une société moderne. C'est le motif fondamental par lequel les oligarques légitiment leur domination. Incidemment, Walter Lippmann serait en 1938 au centre d'un colloque organisé à Paris au cours duquel se forgea le terme de « néo-libéralisme ». Y participaient les économistes Friedrich Hayek et Ludwig von Mises, qui allaient développer le courant idéologique qui domine aujourd'hui la scène.

Revenons à Bernays. Son propos était dénué de tout faux-semblant : « La manipulation consciente et intelligente des opinions et des habitudes organisées des masses joue un rôle important dans une société démocratique. Ceux qui manipulent ce mécanisme social imperceptible forment un gouvernement invisible qui dirige véritablement le pays. » Telle est la première phrase de son maître ouvrage, *Propaganda*, publié en 1928, et dont le titre ne pourrait être plus explicite. « La minorité a découvert qu'elle pouvait influencer la majorité dans le sens de ses intérêts. Il est désormais possible de modeler l'opinion des masses pour les convaincre d'engager leur force nouvellement acquise dans la direction voulue. »

Le fondement de cette méthode est l'idée que l'individu n'est pas maître de ses choix : « Un homme décide d'acheter des actions, explique Bernays. Alors qu'il s'imagine que seul son jugement personnel intervient dans cette décision, en réalité ce jugement est un mélange d'impressions gravées en lui par des influences extérieures qui contrôlent ses pensées à son insu. » L'art du maître de la propagande est de combiner « clichés, slogans ou images symbolisant tout un ensemble d'idées et d'expériences » et résonnant « avec les ressorts classiques de l'émotion ».

Le raisonnement de Bernays et de Lippmann marque une

rupture capitale par rapport à la conception de la société politique élaborée par les libéraux au XIXe siècle : ceux-ci, dans la foulée du siècle des Lumières, considéraient que l'homme était un individu rationnel, capable de juger lucidement des inconvénients et des avantages d'une transaction ou d'une situation, et d'opérer un choix correspondant à son intérêt véritable. Sur le marché comme en démocratie, la rencontre de ces intérêts individuels divers mais rationnels devait produire la meilleure solution.

Le nouveau courant issu de l'analyse de la psychologie collective contredit cette approche, en niant la rationalité du citoyen comme celle du consommateur. Émotions et inconscient dominent la formation du choix des individus, et en jouant sur cette gamme, il est possible d'orienter leur décision vers la solution souhaitée par les manipulateurs. Il va de soi que les manipulateurs, eux, agissent rationnellement, c'est-à-dire en utilisant les moyens adéquats à leurs fins.

Ce tournant fondamental du libéralisme – ou plutôt du « néolibéralisme » –, passant du citoyen rationnel au consommateur manipulé, ne serait jamais mis au jour par ses idéologues ultérieurs. L'essentiel est en effet que, sous les apparences de la démocratie réduite à l'élection, les « hommes responsables » gouvernent la masse sans que celle-ci ne doute du bon fonctionnement de la démocratie.

Les techniques de manipulation allaient d'abord être mises en œuvre dans le domaine économique. Un partenaire de Bernays, Paul Mazur, expliqua : « Nous devons faire glisser les Américains d'une culture des besoins vers une culture du désir. Les gens doivent être habitués à désirer, à vouloir de nouvelles choses, avant même que les précédentes aient été entièrement consommées. Nous devons former une nouvelle mentalité. Les désirs de l'homme doivent l'emporter sur ses besoins. »

Il manquait à cette logique un instrument qui lui permette de s'épanouir pleinement. Ce serait la télévision. Avec son essor dans les années 1960, le triptyque manipulation-publicité-télévision allait transformer la société politique dans le sens conçu par Bernays, Lippmann et Schumpeter : une démocratie des apparences.

Comment se faire traiter de cinglé

Est-ce qu'on fait attention à l'air qu'on respire ? Non. Est-ce qu'on fait attention à la télévision ? Non. Elle est là, dans la vie quotidienne de la quasi-totalité des habitants des pays développés, de manière aussi évidente qu'il y a une table dans une cuisine.

Selon Eurodata TV, les téléspectateurs de 76 pays passent chaque jour 3 heures et 12 minutes devant leur téléviseur. Cette durée se serait allongée de cinq minutes entre 2003 et 2008. Le record serait atteint par les Serbes, avec 4 h 53, suivis des ressortissants des États-Unis avec 4 h 37, et les Japonais avec 4 h 32, les Français se contentant de 3 h 24.

Quand j'étais gamin, dans les années 1960, il n'y avait pas de télévision à la maison. Le luxe absolu, c'était quand nous allions chez ma tante. Elle possédait un écran sur pied que l'on déroulait. On sortait le projecteur, sur lequel elle installait des bobines de film et l'on regardait, dans le ronflement de la machine, rideaux fermés, les pitreries de Donald et du grand méchant loup. C'était l'extase. À la maison, mes parents prirent l'habitude de louer un téléviseur pendant quelques semaines, autour de Noël : la chaîne – je crois qu'il n'y en avait qu'une, à l'époque – diffusait durant la période des fêtes des téléfilms clinquants.

Ensuite, la télévision s'est insinuée, pas à pas, dans la société. Les intellectuels ont fini par arrêter de dénigrer cet instrument manifestement populaire. Il devint chic, par provocation, de regarder la télévision. Puis, elle n'a plus fait débat. Elle était là, indiscutable.

Aujourd'hui, en Europe, une ou deux générations ont vécu avec la télévision dès leur plus jeune âge ; aux États-Unis, trois. Qui oserait parler d'aliénation ? Le mot aliénation, très vivant dans les années 1960, a disparu du vocabulaire. Il signifie que ceux qui y sont sujets ne s'appartiennent pas, ne sont pas vraiment eux-mêmes. Allez dire à quelqu'un qui regarde la télé tous les jours – trois heures ! – qu'il est aliéné. Il ne vous comprendra pas, et s'il comprend ce que vous dites, il vous traitera de cinglé, dans le meilleur des cas.

Al Gore a une formule incontestable : « Un individu qui passe quatre heures et demie par jour devant la télévision aura probablement un mode d'activité cérébrale très différent de celui d'un individu qui passe quatre heures et demie à lire. » À lire, ou à jouer au tarot, discuter avec ses amis, flâner, s'ennuyer… Pour Gore, « les gens qui regardent la télévision ne participent pas à la démocratie s'ils la regardent quatre à cinq heures par jour ».

La consommation télévisuelle à haute dose renvoie fréquemment à un comportement de dépendance psychique et physique : comme pour le tabac ou l'alcool, le sujet ne peut se passer de regarder l'écran, l'absence de celui-ci entraînant une sensation de vif malaise. « L'intoxication télévisuelle n'est pas une simple métaphore », affirment deux spécialistes américains. Mais la culture télévisuelle définit aussi une façon particulière d'appréhender le monde, comme l'explique Neil Postman : « L'ensemble

91

de ces techniques électroniques nous entraîne dans un nouveau monde – un monde du "coucou, me voilà !", où chaque événement fait son entrée en scène à toute vitesse et disparaît aussitôt pour céder la place à un autre. C'est un monde sans beaucoup de cohérence ni de sens ; un monde qui ne nous demande pas d'agir et ne nous le permet pas non plus ; un monde qui est à l'image du jeu de "coucou, me voilà" des enfants, qui se suffit à lui-même et n'a aucun lien avec quoi que ce soit. Mais, comme le jeu de "coucou", il est aussi indéfiniment divertissant. » Destructuré, morcelé, le monde tel que le présente la télévision doit être plaisant : « Elle a fait du divertissement le mode de présentation naturelle de toute expérience, poursuit Postman. Notre poste de télévision nous met en communication permanente avec le monde, mais il le fait en affichant un sourire inaltérable. Le problème n'est pas que la télévision nous offre des divertissements, mais que tous les sujets soient traités sous forme de divertissement, ce qui est une autre affaire. Autrement dit, le divertissement est la supra-idéologie de tout discours à la télévision. »

Les maîtres de la télévision ne produisent pas un discours délibérément construit pour orienter précisément l'esprit des spectateurs. Il leur suffit de créer l'ambiance d'un monde informe et insaisissable. Le fonctionnement médiatique actuel « induit moins des idées et des comportements structurés et massivement uniformes, écrit le sociologue Jean-Pierre Le Goff, qu'il n'entretient la confusion et paralyse le jugement par la réception massive et continue d'informations, d'interviews, d'images et de commentaires mêlant indistinctement tous les genres […]. En rendant le monde insignifiant et vain, un tel mécanisme inhibe la pensée, l'initiative et l'action, plutôt qu'il ne modèle les hommes selon une norme prédéfinie ».

Biosphère 3

Voici vingt ans, huit jeunes hommes et jeunes femmes s'engagèrent dans une étonnante expérience, dénommée Biosphère 2. Pour la mener à bien, une vaste structure fermée avait été construite dans le désert d'Arizona. Elle était soigneusement conçue pour permettre aux biosphériens une autonomie complète et rendre inutile tout apport extérieur. Divers écosystèmes miniatures – campagne, forêt, océan – fourniraient aux huit habitants les moyens de se nourrir ainsi que l'air et l'eau nécessaires à leur survie.

Entrés dans Biosphère 2 en septembre 1991, les membres de l'aventure en sortirent en septembre 1993 amaigris et fatigués. La presse et la communauté scientifique, très laudatifs au départ, multiplièrent les critiques sur le manque de cohérence scientifique de l'affaire. Avec le recul, cependant, et malgré ses imperfections, Biosphère 2 apparaît comme une démarche audacieuse, portée par une idée folle, mais généreuse : mettre au point un système artificiel mais écologique, recyclant ses ressources, dans une métaphore de Biosphère 1 – la Terre elle-même, mise à mal par une humanité peu soucieuse de respecter son équilibre écologique. « Biosphère 2 produit du rêve pour le futur, le rêve de la technologie réconciliée avec la nature », expliquait l'un des acteurs de l'entreprise.

En 2001 est apparue sur les écrans de télévision français une émission dite de télé-réalité, appelée « Loft Story ». Comme toutes les émissions du même type qui se sont depuis succédé, elle partageait avec Biosphère 2 son caractère essentiel : l'enfermement volontaire d'individus déterminés à mener une expérience sous l'œil de la collectivité. Mais l'esprit de la situation était totalement différent : la contrainte écologique est remplacée par la contrainte sociale d'interactions obligées entre les membres du groupe et de soumission au voyeurisme d'autrui, tandis que la motivation des prisonniers télévisuels était strictement individuelle, visant une forme de promotion sociale ou d'enrichissement.

Cette exacerbation d'un individualisme exhibitionniste reflète la psychologie de l'époque, ce qui explique le succès de ces émissions ; mais celui-ci tient aussi au fait qu'elles représentent une métaphore des conditions d'existence dans les sociétés occidentales.

Physiquement, le modèle de l'enfermement volontaire se généralise : l'Occidental moyen passe de plus en plus de temps dans un lieu clos, allant de sa voiture au bureau, s'approvisionnant dans des hypermarchés sans fenêtre, déposant ses enfants à l'école en automobile, se distrayant chez lui dans le tête-à-tête avec la télévision ou l'ordinateur. Le refus d'interaction avec les conditions extérieures se prolonge par la généralisation de la climatisation, qui isole les individus des conditions atmosphériques, au bureau, en voiture et bientôt à domicile, tandis que les lotissements à l'accès contrôlé, les vacances en milieu fermé (croisières ou « villages » clos) se multiplient. Parallèlement, l'expansion de l'institution pénitentiaire répond à la montée des inégalités et aux troubles gênant le confort des classes riches et moyennes : les États-Unis montrent ainsi la voie au monde « développé » en ayant multiplié le nombre de personnes emprisonnées par huit en quarante ans, de 174 000 en 1972 à 1 403 000 en 2010 !

Ainsi la société capitaliste construit-elle peu à peu Biosphère 3, une planète artificielle où l'existence quotidienne est soigneusement séparée des conditions environnementales extérieures, tandis que l'approvisionnement en ressources alimentaires est délégué à une agriculture industrialisée. La civilisation technique se prépare aux effets que pourraient avoir l'approfondissement de la crise écologique et le changement climatique : elle prétend s'adapter par le clivage entre son milieu de vie étanche et les désagréments météorologiques, biologiques et sociaux qui pourraient advenir.

L'état d'esprit qui entoure les aventures des héros des émissions de télé-réalité se comprend ainsi dans le contexte de souveraineté idéologique du capitalisme. Indifférent à la montée des inégalités et à la dégradation écologique qu'il approfondit continûment, il n'a plus besoin d'avancer de légitimité particulière, depuis que le communisme relève d'un monde révolu. Son idéal est la maximisation du profit, sa prescription collective l'accroissement de la production matérielle, son mot d'ordre : « Consommez ! »

Il lui reste à trouver, dans cet univers dont la vacuité morale devient difficile à camoufler sous le masque coloré que dessinent la télévision et la publicité, quelque chose qui pourrait s'apparenter à une raison de vivre, sublimant le modèle de surconsommation proposé à l'Occidental de base. À cet égard, la télé-réalité nous donne une seconde clé pour comprendre le monde où nous vivons. Dans une société vide de sens, soigneusement encadrée, et où il s'agit de maintenir l'ordre inégalitaire, le sexe devient le meilleur opium du peuple. Il importe assez peu, à cet égard, que le nombre de copulations dans la télé-réalité semble limité.

Dans *La Pornographie*, le romancier polonais Witold Gombrowicz décrit la manière dont « deux messieurs », présents par les hasards de l'existence dans une maison où, parmi d'autres convives, séjournent deux adolescents, vont peu à peu concevoir le jeu, bientôt devenu une obsession, d'inciter ceux-ci à concrétiser le couple virtuel auquel ils ne songeaient pas originellement. Gombrowicz pour qui, « après la trentaine, les humains sombrent dans l'horreur », détaille cette manipulation anxieuse, voyeuriste – dans laquelle d'ailleurs aucun acte véritablement sexuel n'est achevé, tout restant dans l'attente et le potentiel –, comme la pornographie à l'œuvre.

Il ne fait guère de doute, à cette aune, qu'avec la télé-réalité nous ne participions à une entreprise de pornographie collective, où plusieurs millions d'individus interrogent le glissement organisé des acteurs vers ce que l'on ne saurait appeler de l'amour ni même un érotisme joyeux. Et voilà Biosphère 3 : un monde nauséeux, où l'omniprésence de l'artificiel ne sert que de décor à des huis-clos pervers.

Les ouvriers n'existent pas

Le 25 mai 2010, dans l'émission « Dilemme » de la chaîne W9, la jeune Ophélie, tenue en laisse par une comparse, se traînait à quatre pattes, mangeant des croquettes pour animaux dans une gamelle. Elle acceptait de faire le chien dans l'espoir d'aider son équipe à gagner 3 000 euros. De « Loft Story » à « Secret Story » en passant par « L'île de la tentation », la télé-réalité ne joue pas seulement sur les huis-clos dont la clé est la tension érotique, elle cultive aussi les facettes les plus médiocres de la nature humaine : on accepte de prendre un bain de purin, on se livre à des stimulations sexuelles sur un cheval, on s'injurie à longueur d'antenne – « pédophile », « connard », « sénile », « pouilleuse » –, on accepte d'être emprisonné et maltraité par de (faux) compagnons de cellule, on inflige des électrochocs à un candidat qui répond mal aux questions – c'est ici un faux jeu, destiné à montrer jusqu'où les gens sont prêts à aller.

Rien n'est plus utile à l'oligarchie que la vulgarité et la

veulerie que met si complaisamment en scène la télévision. L'individualisme qu'expriment ces spectacles correspond à l'idéologie qu'elle encourage efficacement depuis une trentaine d'années, et la distraction proposée détourne les foules de toute interrogation politique. La surreprésentation des rapports émotionnels entre individus – compétition, frustration, désir, cupidité – évacue tout rapport collectif du champ de la conscience des spectateurs.

On encourage de même un intérêt démesuré pour les activités sportives – d'ailleurs transformées en un marché où l'« idéal sportif » se mesure en millions d'euros ou de dollars –, et l'on peuple feuilletons et téléfilms de policiers, de délinquants, d'hôpitaux. « L'inflation de séries policières constitue un appel d'air pour les idées sécuritaires », relève *Politis*. Dans « Plus belle la vie », un feuilleton très populaire en France mettant en scène la vie quotidienne d'un quartier de Marseille, la question de la « sécurité » est largement exagérée : « On compte ainsi cinquante et un homicides en quatre ans, plusieurs tueurs en série ainsi qu'une kyrielle de gardes à vue et d'emprisonnements : pour une population d'une petite trentaine d'individus, la fréquence rocambolesque des drames paraît élevée », observe Mathias Roux, qui pointe aussi « la quasi-inexistence des thématiques proprement sociales (le chômage, la précarité, le harcèlement au travail, etc.) », tandis que « les ouvriers, qui constituent en France près de 23 % des actifs occupés, n'apparaissent tout simplement pas ». Les séries américaines telles que « 24 Heures chrono », « Lost », « Alias » ou « Law and Order » permettent d'accoutumer le public à l'usage de la torture : de 2002 à 2005, pas moins de 624 scènes de torture ont été diffusées aux États-Unis durant les heures de grande écoute contre seulement 102 de 1996 à 2001, selon le Parents Television Council.

La publicité qui parsème et nourrit les programmes est un autre outil essentiel de formatage idéologique. Elle ne cesse de projeter des images de réussite fondée sur un surcroît de consommation. Pour être beau, heureux, en bonne santé, avoir des amis, il faut détenir ce que l'on veut vous faire acheter. Le message est simple, puissant et totalement politique : consommer, c'est bien.

Si l'on peut estimer qu'une séquence publicitaire est diffusée en moyenne toutes les trente minutes de programme, regarder l'écran trois heures et demie par jour impose donc de subir sept séquences quotidiennes d'annonces. En une année, cela représente plus de 2 500 séquences, en dix ans, plus de 25 000. Cela influence évidemment la conscience collective.

Les journalistes décorés

Faut-il rappeler que les télévisions – et les principaux médias écrits et radio – appartiennent à de grands groupes ? Le dangereux gauchiste Al Gore souligne « la concentration accrue de la propriété [des chaînes] par un nombre toujours plus restreint de corporations », précisant : « Une des plus évidentes et dangereuses consolidations de puissance s'est formée dans les médias, où des conglomérats puissants ont utilisé leur richesse pour conquérir plus de puissance et donc plus de richesses. » Au Québec, presque tous les médias sont contrôlés par trois groupes, Power Corporation, Quebecor et Corus. En Italie, le président de la République, Silvio Berlusconi, est lui-même propriétaire des plus importantes chaînes privées. En Grèce, les médias privés sont détenus par une dizaine de personnes qui sont par ailleurs armateurs ou entrepreneurs dans la construction : « Les différences d'opinion entre les chaînes privées sont minimes », observe Alexandra Koronaiou, professeur d'université. Des chercheurs néerlandais ont étudié le degré de concentration des médias dans dix pays européens ; ils utilisent comme indice la part de marché détenue par les trois plus grands groupes : la télévision était le plus concentré en Allemagne (91 % par les trois premiers groupes), devant l'Italie (89 %), les Pays-Bas (85 %) et la France (81 %).

Les grands médias écrits et radiophoniques ne sont pas plus diversifiés, et appartiennent souvent à des industriels ou à des financiers (en France, par exemple, *Le Figaro* à Dassault, *Le Point* à Pinault, Europe 1 et nombre de magazines à Lagardère, *Le Monde* au représentant de la banque Lazard, Matthieu Pigasse, et aux milliardaires Pierre Bergé et Xavier Niel). L'agenda idéologique des médias est souvent affiché sans réserve comme aux États-Unis sur Fox News, propriété de Rupert Murdoch, un modèle de propagande, ou dans la presse québecoise appartenant au groupe Power du milliardaire Paul Desmarais – « Il ne l'a jamais caché. Il a acheté *La Presse* dans le but d'en faire un journal résolument opposé à la souveraineté du Québec » –, sur les chaînes de Silvio Berlusconi ou dans *Le Figaro* de M. Dassault, branche officieuse du service de communication de Nicolas Sarkozy. À vrai dire, dans presque tous les pays occidentaux, les médias réellement indépendants de quelque importance se comptent sur les doigts d'une seule main, de deux mains si l'on est optimiste. Et leur audience est le plus souvent marginale par rapport à la puissance des grands médias.

Quant aux journalistes eux-mêmes, il est bien rare qu'arrivés à un certain degré de responsabilité, ils ne trouvent plus agréable de manger dans la main des puissants que d'exercer une saine alacrité critique. Il est vrai que tous les dispositifs économiques et idéologiques sont faits pour qu'il soit très difficile de « parvenir » à un degré de responsabilité médiatique si l'on ne manifeste pas subtilement le talent de savoir plier l'échine sans que le public ne s'en aperçoive. Je parle ici de ce qui concerne la France, ne pouvant juger exactement des mœurs journalistiques de nos voisins. Le présentateur du principal journal de la chaîne de « service public » ou l'intervieweur le plus en vue d'Europe 1 y trouvent naturel de fréquenter Le Siècle, un des plus notoires clubs d'oligarques, tout comme à une époque le rédacteur en chef des *Échos* de participer régulièrement aux réunions du groupe Bilderberg ; et Christine Ockrent ne s'émeut pas de diriger l'audiovisuel public tourné vers l'international alors que son époux est ministre des Affaires étrangères, cependant que des journalistes par dizaines se réjouissent de recevoir la Légion d'honneur. On n'en finirait pas de faire l'inventaire des connivences assumées ou passives par lesquelles les journalistes abdiquent leur indépendance d'esprit – à moins, tout simplement, qu'ils assument sans état d'âme les valeurs de l'oligarchie qu'ils servent ou à laquelle ils appartiennent.

L'atmosphère générale est, disons-le, puante. Un exemple : j'avais écrit un portrait de Nathalie Kosciusko-Morizet, nouvelle secrétaire d'État à l'écologie et personnage intéressant. Un mois plus tard, j'entends ce message sur mon répondeur téléphonique : « Bonjour M. Kempf. Ici Jean-Pascal B…, responsable des distinctions honorifiques au cabinet de Nathalie Kosciusko-Morizet. Je me permets de vous contacter car notre ministre souhaiterait voir votre nom parmi les prochains promus de l'ordre national du Mérite. » Il me fallut signifier à la dame un refus rappelant l'évidence : « La promotion qui m'est proposée pourrait altérer mon indépendance d'esprit, qu'il s'agisse de louer ou de fustiger. »

La liberté ou le capital

Mais plus encore que ce dont les journalistes des télévisions parlent, l'important est ce qu'ils taisent. Comme l'observe le réalisateur Pierre Carles, « il y a des choses dont on ne parle pas, il n'y a pas d'enquête audiovisuelle critique sur les grands groupes français, les dirigeants politiques et médiatiques ».

Voici un exemple vécu des moyens par lesquels la loi de l'argent fait en sorte d'éviter les sujets dérangeants. Il n'y a pas en France d'émission de télévision consacrée à l'écologie, du moins en termes d'enquête et d'investigation. En réalité, un tel programme a existé. Il a été diffusé tous les mois durant la saison 1991-1992.

Les industriels sont les premiers défenseurs de l'environnement, semble-t-il. En 1991, ils étaient tellement passionnés par la cause qu'ils décidèrent de soutenir une émission sur la question. L'objet s'appelait « Sauve qui veut » et serait diffusé sur Antenne 2. Las, la chaîne publique se sentait trop pauvre pour financer totalement le projet. Elle assura quelque 60 % du budget mensuel d'environ 137 000 euros, à charge pour le producteur, l'agence Capa, de trouver le solde. Le journal *Que Choisir* vint à la rescousse pour 23 000 euros, et la Fondation européenne de l'environnement (FEE) boucla le tour de table. La caisse de la FEE était alimentée par les membres de son conseil d'administration, à savoir EDF, Total, Shell, BNP, etc.

Les journalistes de « Sauve qui veut » avaient la bizarre volonté de faire du journalisme. Tandis que la première émission soulevait une affaire de construction illégale sur la Côte d'Azur, la seconde démontait une filière illégale d'importation de déchets allemands et montrait comment un projet de ligne à haute tension s'apprêtait à défigurer une vallée pyrénéenne, le Val Louron. C'en était trop : au conseil d'administration de la fondation, une des compagnies déclara, me rapporta-t-on, que « ce n'était pas la façon dont elle concevait une émission d'environnement ». Les autres entreprises opinèrent du bonnet et la FEE se retira du programme.

Il fallait trouver, d'urgence, un nouveau mécène. Une firme de cosmétiques se défila. On conçut une émission sur l'eau, dont le contenu insipide ne sut pas séduire l'un des géants français de ce secteur d'activité. Enfin, la Fondation Elf vint à la rescousse. Nos petits Tintin allaient-ils reprendre leurs aventures ?

Pas exactement. Capa avait une filiale, Capa Entreprises, spécialisée dans les films… d'entreprises. La Cogema (Compagnie générale des matières nucléaires) lui confiait alors la réalisation télévisée de diverses opérations. Au même moment, j'étais chef d'enquêtes de « Sauve qui veut ». Je proposai un sujet d'émission sur les produits radioactifs baladeurs. On me répondit que – eh bien, on en parlerait plus tard, quand le contrat avec la Cogema serait exécuté. Je m'indignai, recourus à un avocat, consultai le syndicat des journalistes, écrivis au directeur de Capa. L'émission finit par se faire en mai 1992 – et récolta la meilleure audience de la série, avec 23,4 % de parts de marché.

La suite ? Je quittai l'émission à la fin de la saison, elle reprit à la rentrée, et, après deux ou trois épisodes « consensuels » qui récoltèrent un audimat anémique, elle se transforma en émission sur la santé qui disparut peu après dans l'indifférence.

Vieille affaire, n'est-ce pas ? Mais depuis, vous pouvez chercher attentivement, il n'y pas eu d'émission d'environnement qui enquête sur des sujets mettant en cause de réels intérêts économiques.

Au printemps 2009, la télévision diffusait le film *Home*, de

Yann Arthus-Bertrand : un film soulignant la gravité de la crise écologique, mais en évacuant tout rapport politique de son propos. Il était subventionné de manière visible par le groupe LVMH, les marques d'articles de luxe Gucci, Balenciaga, Boucheron apparaissant au générique du film. J'écrivis un article critique sur celui-ci. Cela suscita une petite discussion par courriels avec une collaboratrice de cette réalisation, personne fort estimable au demeurant. Une phrase émergea de son propos : « On ne peut pas faire un film de prise de position, quand bien même on s'appelle Yann Arthus-Bertrand, si on veut pouvoir être distribué gratuitement et partout. »

Les uns jacassent, les autres se tracassent

Il y a enfin deux autres moyens par lesquels les maîtres des médias orientent la formation de l'opinion publique. Le premier réside dans le choix des intervenants autorisés à participer à la « conversation démocratique ». La méthode est ici très simple : les voix autorisées sont celles qui expriment les différentes variations de la doxa fondamentale, et qui forment une sorte de club auquel ne participent qu'exceptionnellement des voix réellement dissonantes. Le test de vérification de cette assertion est aisé : en France, par exemple, on observera combien de fois les intellectuels et experts qui s'expriment par exemple dans *Politis* et *Le Monde diplomatique* participent aux quelques émissions qui affichent une ambition en matière de débat. Aux États-Unis, le même test pourra être fait avec les voix qui s'expriment dans les médias marginaux, quoique roboratifs, tels que *The Nation* ou *Democracy Now*.

Plusieurs thèmes semblent interdits d'expression argumentée sur les grands médias : parmi d'autres, la dénonciation du capitalisme, l'ampleur des inégalités, la contestation de la croissance, la mise en cause du régime policier.

Un caractère intriguant de la conversation oligarchique est que les interlocuteurs autorisés peuvent raconter à peu près n'importe quoi sans que le système médiatique en tire la moindre conséquence. Par exemple, Jacques Attali préconise en 2008, alors que la crise financière commence à se développer, d'aligner le statut de la place de Paris sur celui – ultra spéculatif – de la City de Londres, et de donner une position éminente dans les commissions de régulation « aux champions de la finance », ceux-là mêmes qui conduisirent à la fin de l'année le système financier au désastre. Ce personnage confirme sa sagacité en prédisant, dans son ouvrage *Une brève histoire de l'avenir*, publié en 2006, que la firme d'assurance AIG serait l'une des « entités les mieux capables de réunir les moyens d'un projet mondial durable » au XXIe siècle. Fin 2008, l'assureur annonce la pire perte jamais subie par une entreprise américaine. Il est sauvé de la faillite par l'intervention de l'État. Ces brillantes prédictions n'empêchent pas M. Attali de rester un habitué des médias, tout à fait oublieux de ses propos précédents pourvu qu'il prêche la bonne parole néo-libérale et croissanciste.

Le cas de Claude Allègre n'est pas moins significatif. Début 2010, il publie un pamphlet dénonçant l'« imposture » du changement climatique. Il apparaît rapidement que le livre est truffé d'erreurs, de fausses citations, de graphes arrangés, et s'appuie sur des scientifiques qui soit n'existent pas, soit n'ont pas dit ce que prétend leur faire affirmer M. Allègre. Cela n'empêche pas télévisions, radios et journaux de dérouler le tapis rouge devant le pseudo-iconoclaste, qui a pour principal mérite de pourfendre les écologistes tout en prônant la poursuite de la croissance et la vertu des technologies.

Il ne suffit pas à l'oligarchie de contrôler la majorité des médias et la bonne parole qu'ils délivrent. Il faut aussi effrayer les journalistes qui font encore leur travail. On use ici de ce que les Québecois appellent les «poursuites bâillons»: poursuivre en justice, afin de les «bâillonner», les producteurs d'informations dérangeantes. L'entreprise financière Clearstream, basée dans ce paradis fiscal qu'est le Luxembourg, harcèle le journaliste Denis Robert – 200 visites d'huissiers, 30 procédures judiciaires engagées – après son enquête sur cette chambre de compensation. Le milliardaire Vincent Bolloré conduit au tribunal le journaliste Benoît Collombat pour un reportage sur la gestion par l'homme d'affaires du port de Douala, au Cameroun, et de ses plantations de palmiers à huile. Les compagnies minières canadiennes réclament 11 millions de dollars pour diffamation aux auteurs de *Noir Canada*, enquête sur les agissements de ces entreprises dans les pays africains ou d'Amérique latine. Le PDG de Casino, Jean-Charles Naouri, attaque le petit journal *Fakir*, qui a le mauvais goût de faire une enquête sur ce groupe de la grande distribution. Claude Allègre attaque *Politis* pour une tribune dans laquelle des intellectuels ont rappelé ses manquements à l'éthique scientifique.

Le but de ces manœuvres est clair comme de l'eau de roche: faire peur aux journalistes libres et aux journaux, par l'embarras des procédures, toujours coûteuses. Le procès, dans lequel les moyens déployés par les puissants dépassent de loin ceux de leurs cibles, est parfois gagné, souvent perdu. Mais l'avertissement à tous est clair: «Nous avons les moyens de vous faire taire. »

5

Pourquoi ne se rebelle-t-on pas ?

La facilité avec laquelle le régime oligarchique a digéré la crise financière ouverte en 2007 est déconcertante. Pourtant, le sauvetage du système financier a rendu plus visible que jamais, d'une part l'importance vitale de l'intervention publique, démontrant l'inanité du dogme du marché, d'autre part le cynisme et l'impéritie des « champions financiers » et autres « experts » incapables de prévoir la catastrophe. Les peuples d'Occident n'en ont pas moins continué à accepter sans grands remous la montée du chômage, la multiplication des pauvres, une inégalité stratosphérique, la poursuite implacable de la destruction écologique. Rien dans le système de pouvoir n'a réellement changé. L'inévitable réforme financière en cours prend la forme d'un arrangement interne entre oligarques, une recomposition des forces dans la classe dirigeante, sans qu'une refondation véritable soit discutée ni envisagée.

La question centrale de notre situation politique reste celle-ci : sommes-nous en phase de démocratie dégénérée ou déjà en régime oligarchique ? La passivité du corps social semble justifier la réponse pessimiste. Les oligarques auraient ainsi durablement gagné, gouvernant une masse informe de sujets distraits de leur sort par une télévision insipide, hypnotisés par des événements sportifs ininterrompus, soulagés des trop grandes détresses par des allocations de survie reçues comme un geste de charité.

« Je ne veux pas retourner chez Mickey »

Comment l'apathie populaire s'explique-t-elle ? L'une des causes en est, comme nous l'avons vu au chapitre précédent, le conditionnement mental et politique permis par le contrôle des médias et notamment de la télévision. La jeunesse est la première victime : sa culture vient prioritairement du petit écran, qui a favorisé tout à la fois sa niaiserie et son individualisme, puisque le rapport spectaculaire isole le plus souvent le sujet passif. Avoir ingurgité 100 000 messages publicitaires depuis sa naissance ne facilite guère l'élaboration d'une vision politique du monde. La majorité des jeunes acceptent avec une placidité naïve la domination de leurs aînés, qui eux ont su, à une époque où la politique était vivante, imposer leur force nouvelle. Aujourd'hui, indique le sociologue Louis Chauvel, « les hommes des classes dominantes âgés de 55 à 65 ans concentrent à leur profit l'ensemble des pouvoirs, sans partage ». La génération du baby-boom, poursuit-il, a bénéficié de l'État providence légué par ses parents, l'a consommé allègrement, et n'en laisse que des miettes à ses successeurs. Mais ceux-ci regardent « Secret Story » sans penser à mal, les braves petits.

Le prolongement du conditionnement médiatique est le fatalisme, qui est devenu un trait commun de l'époque. Le TINA – « *there is no alternative* », il n'y a pas d'alternative – de Margaret Thatcher s'est durablement incrusté dans les esprits et se décline sous de multiples modes : il n'y a pas d'autre solution que le capitalisme, puisque le communisme a été vaincu ; nous sommes en démocratie, puisque nous ne sommes pas en dictature ; la croissance est indispensable, sinon le chômage augmentera encore ; critiquer les inégalités est populiste ; on ne peut pas taxer les hyper-riches, puisqu'ils s'enfuiraient ailleurs ; tout ce que nous pourrons faire pour l'environnement sera annulé par le poids de la Chine, etc. Les griots des oligarques babillent en permanence ce discours d'impuissance. Et chacun de croire que, non, décidément, on ne peut rien faire, puisque tout semble toujours trop complexe et déterminé ailleurs.

Le fatalisme est d'autant plus intense qu'il sourd d'une culture devenue massivement individualiste, comme je l'ai exposé dans *Pour sauver la planète, sortez du capitalisme* : le succès massif, brillant et incontestable du capitalisme depuis 1980 a été de généraliser à un point jamais vu le repli sur soi, le déni du collectif, le mépris de la coopération, la concurrence ostentatoire. Incapables de s'unir dans la protestation, les plus faibles se réfugient dès lors dans toutes les formes de fuite : l'errance des sans domicile fixe, l'abus d'anxiolytiques, le dérivatif de la drogue, les compulsions diverses. Presque tout cela est excellent, d'ailleurs, du point de vue capitaliste, puisque cela développe autant de marchés prospères. Mais, de plus en plus fréquemment, l'incapacité à exprimer avec d'autres sa frustration conduit au suicide, la vengeance du désespoir. Tel, parmi des milliers, ce cuisinier d'Euro Disney qui met fin à ses jours en gravant ce message sur le mur de sa maison : « Je ne veux pas retourner chez Mickey. »

La rébellion, même, est devenue individuelle. Et sans doute s'agit-il alors d'une impasse. C'est le propos du très beau film de Sean Penn, *Into the Wild*, sorti en 2008. Il raconte l'histoire vraie de Christopher McCandless, un jeune homme qui achève brillamment ses études. Ses parents s'attendent à le voir se diriger vers une brillante carrière, à l'image du père, ingénieur prospère. Mais Christopher refuse la voiture neuve qu'ils veulent lui offrir, et va courir l'aventure dans son vieux tacot d'étudiant. La veille de son départ, il envoie à une association caritative un chèque de 24 000 dollars, don de ses riches parents, roule, brûle son argent, abandonne sa voiture, et continue en stop, sac au dos, au hasard des rencontres que son goût de la liberté et sa joie de vivre rendent le plus souvent joyeuses. Il danse avec les chevaux, campe sur les montagnes, croise des hippies d'une autre époque, descend une rivière sauvage en canoë, se retrouve à Los Angeles dans un hospice pour sans-abris, qu'il fuit aussitôt, ainsi que la ville. Il se dirige vers l'Alaska, où il veut vivre *into the wild*, dans la nature sauvage. Il s'y installe dans un vieux bus abandonné, et il vit des produits de la chasse et de la cueillette.

Alors que son chemin semblait avoir conduit le jeune homme à la maîtrise de l'autonomie et de la liberté, l'aventure va se conclure par un échec tragique. Satisfait des huit ou dix semaines vécues dans son refuge, Christopher s'apprête à revenir vers la société. Mais une mauvaise surprise l'attend : la rivière qu'il avait traversée à l'aller s'est transformée, grossie par la fonte des neiges, en un torrent puissant et infranchissable. Il doit rester. Cependant, l'envie s'est dissipée, il n'a plus de munition et ne peut plus chasser. Il est bientôt saisi par la faim. Il cueille des baies, se trompe de plante et mange des fruits empoisonnés. Agonisant, il note dans son journal « le bonheur ne vaut que s'il est partagé », et se couche pour mourir. Des chasseurs retrouveront son corps.

Un homme cherche la liberté. Il découvre, dans l'âpre solitude, que la conquête du Graal est amère : il n'y a pas de rédemption individuelle.

L'obscure solidarité avec les maîtres

Le conditionnement médiatique et l'incrustation de l'individualisme dans la psychologie collective ne suffisent toutefois pas à répondre à la question de l'apathie collective. Les sociétés oligarchiques ne sont pas des dictatures régnant sur des ombres craintives. Si les gens ne se rebellent pas, c'est aussi parce qu'ils ne le veulent pas.

À une époque autrement plus contestatrice qu'aujourd'hui, Cornelius Castoriadis et Herbert Marcuse avaient déjà observé le phénomène qui contredisait le misérabilisme marxiste. Pour Castoriadis, il y a « une vérité élémentaire qui paraîtra très désagréable à certains : le système tient parce qu'il réussit à créer l'adhésion des gens à ce qui est ». Cette adhésion relève des processus de « fabrication sociale de l'individu », notamment par « l'instillation aux gens, dès la tendre enfance, d'un rapport à l'autorité », ainsi que d'« un ensemble de "besoins" à la "satisfaction" desquels ils seront par la suite attelés toute leur vie durant ». D'abord, la culture capitaliste a mis « au centre de tout les "besoins" économiques », et ensuite, « ces besoins qu'il crée, le capitalisme, tant-bien-que-mal-et-la-plupart-du-temps, il les satisfait ».

De même, Herbert Marcuse avait souligné, dès les années 1960, la disparition de l'opposition entre prolétariat et bourgeoisie à partir du moment où « une classe moyenne relativement satisfaite a remplacé les classes laborieuses pauvres ».

Dans les années 1920, la firme automobile Ford a dessiné

un nouveau modèle industriel : des ouvriers bien payés fabriqueraient des voitures simples et toutes identiques, en grand nombre, ce qui en abaissait le coût. Le capitalisme a alors compris qu'il pourrait prospérer, grâce à des productions en très grande série, en généralisant l'abondance matérielle à tous les étages de la société, et notamment celui de la classe ouvrière. Ce mécanisme a parfaitement fonctionné après la Seconde Guerre mondiale, et les Trente Glorieuses peuvent se lire comme l'extinction progressive de la conscience de classe par l'opulence généralisée, même si celle-ci restait inégalement distribuée. Les luttes ouvrières ont certes contribué largement à ce résultat : le paradoxe est que leur succès a épuisé leur énergie. Les ouvriers n'ont plus rêvé de prendre le pouvoir en corps, mais d'améliorer leur sort individuellement. Ils ont paru se fondre dans les informes classes moyennes. La course à la supériorité symbolique a pris le pas sur la lutte de classes, l'aliénation par les objets a remplacé l'aliénation par l'exploitation, le théoricien de la rivalité ostentatoire, Thorstein Veblen, est devenu plus pertinent que Karl Marx.

Le mécanisme a commencé à se gripper dans les années 1970, lorsque la première crise pétrolière, coïncidant avec l'alerte des écologistes sur la finitude des ressources, a ébranlé le capitalisme. Mais elle lui a aussi donné de nouveaux moyens de rebondir. L'abondance avait dissipé l'essentiel de l'énergie contestataire, et voici que la crise, par le retour du spectre du chômage, réduisait de surcroît au silence les discours critiques. Cette évolution du rapport de forces a permis aux capitalistes néo-libéraux d'imposer leur idéologie, remettant en cause l'« excès de démocratie » dénoncé par la Trilatérale, développant une activité financière intense et mondialisée, changeant l'équilibre de la richesse collective en faveur des riches.

Cette poussée des inégalités s'est opérée différemment selon les pays. Elle a été la plus sauvage aux États-Unis. Mais le capitalisme américain a maintenu le niveau de vie apparent de la majorité de la population – indispensable pour soutenir la croissance – en la poussant à s'endetter toujours plus. Cet endettement démesuré, puisque sans contrepartie véritable dans les revenus des emprunteurs, a conduit à la crise ouverte en 2007.

En Europe, l'endettement des ménages a été moins exagéré, sauf en Grande-Bretagne et en Espagne. Mais l'évolution a été semblable : forte augmentation des hauts revenus, médiocre progression du revenu des classes moyennes et pauvres, poussée de la pauvreté durant les années 2000. La précarisation croissante et le prix de plus en plus élevé des logements conduisent à un sentiment d'insécurité et de déclassement statutaire : la difficulté vécue quotidiennement par les classes pauvres – quasiment exclues du jeu – remonte lentement mais sûrement vers le haut de l'échelle sociale.

Pourtant, cette évolution n'a pas encore nourri de sentiment de révolte ou de solidarité avec les plus démunis. La vie reste assez confortable. C'est la peur qui domine : « La grande masse des gens se disent que cela peut être encore pire, dit Susan George : ils ont peur de perdre leur emploi, ils ont peur de l'avenir, ils ont peur pour leurs enfants – c'est la première génération qui dit que ses enfants connaîtront une situation moins bonne que la sienne. » La perte du statut guette, alors que le système de valeurs de la société, orienté par la rivalité ostentatoire, stigmatise tout ce qui s'apparente à une déchéance. Les stratégies de repli individuel dominent donc le comportement des classes moyennes.

Enfin, celles-ci s'imprègnent de la découverte que, malgré leurs difficultés, elles font partie des riches de la planète. L'évidence de l'inégalité planétaire finit par s'imposer au regard de tous, et les habitants des sociétés occidentales, même grugés par l'oligarchie, se savent des privilégiés, ce qui crée une solidarité paradoxale avec la classe dirigeante qui profite cyniquement de la fragilité générale. Jean-Claude Michéa explique bien ce phénomène : « L'Américain "moyen" possède un niveau de vie privilégié, puisque l'universalisation de ce niveau de vie supposerait déjà que les ressources écologiques de la planète soient au moins multipliées par dix. On peut donc appeler classes dominantes l'ensemble hétérogène des individus dont le niveau de vie matériel ne peut pas, sur un territoire déterminé, être universalisé [...]. Cela signifie simplement que ces classes sont, par définition, objectivement intéressées au maintien du système de domination politique, économique et culturel qui assure en leur faveur le partage des richesses existantes. »

Le peuple est souverain, sauf quand l'oligarchie en décide autrement

Une autre raison explique que nos concitoyens ne bousculent pas les possesseurs de yachts et les acheteurs de cigares qui les méprisent si ostensiblement : ils croient qu'ils sont en démocratie. Imparfaite, malade, fatiguée, mais en démocratie. Or, la démocratie, c'est le pouvoir du peuple, n'est-ce pas ? Comment donc le peuple pourrait-il se révolter contre lui-même ?

Dans la plupart des pays occidentaux, le sentiment démocratique est durablement enraciné dans l'esprit populaire. Tous veillent à entretenir soigneusement le décor des procédures qui en constituent le rite et dont l'élection est le solennel dénouement. Le théâtre politique est indubitablement coloré : on vote fréquemment, les institutions fonctionnent, les politiciens s'agitent sans repos, le bruissement incessant des informations et des commentaires semble témoigner de la vitalité de la libre expression. Comment ne pas penser que nous sommes en démocratie ? Et si les intellectuels et les politologues, oublieux de la leçon grecque, ignorent le concept d'oligarchie, comment des citoyens nourris au lait de l'insipide petit écran pourraient-ils eux-mêmes s'y référer ?

Certes, les compromissions, les accords secrets, la collusion entre les milieux d'affaires et les décideurs politiques, la prédation organisée du bien public par les capitalistes, toute cette occupation de la coquille démocratique par l'oligarchie est de moins en moins recouverte du voile de la morale républicaine. Nous participons à un jeu dans lequel un des joueurs gagne toujours. Quelle chance, quel hasard ! Mais tant que la tricherie n'est pas ouvertement mise au jour, les partenaires ne peuvent que continuer à perdre en espérant que le sort tournera, ou quitter la table.

De plus en plus nombreux, à vrai dire, sont ceux qui quittent la table : ils s'abstiennent aux élections. La tendance est continue, observable par exemple dans le taux d'abstention des électeurs européens à l'élection du Parlement de Strasbourg : de 38 % en 1979, il est passé à 41 % en 1984, 41,5 % en 1989, 43,3 % en 1994, 50,5 % en 1999, 54,6 % en 2004 et 56,8 % en 2009. L'abstention devient structurelle, comme aux États-Unis, malgré une tradition politique différente, comme l'ont montré Françoise Subileau et Marie-France Toinet. Même si l'abstention n'exprime pas tant le rejet du politique que le refus d'un jeu biaisé, le paradoxe est qu'elle renforce le caractère oligarchique du régime : les plus pauvres, les ouvriers et les jeunes s'abstiennent davantage que les autres, si bien que les couches supérieures et les électeurs âgés pèsent davantage dans le choix des représentants, qui accordent donc encore plus d'attention à leurs desiderata.

Il devient cependant de plus en plus évident que les tricheurs mènent la partie. Les référendums sur l'Europe ont été à cet égard un extraordinaire révélateur : alors que le Traité constitutionnel a été rejeté par un vote sans ambiguïté dans deux pays fondateurs de l'Union européenne, la France et les Pays-Bas, en 2005, il fut imposé aux peuples sous le nom de traité de Lisbonne ; et quand le peuple irlandais le refusa en 2008, on le fit revoter pour lui arracher son accord. Tout le monde comprit dès lors quelle était la nouvelle règle : le peuple est souverain, sauf dans les cas où la classe dirigeante en décide autrement.

Comment pourrait-on décrire la situation politique ? Les classes populaires, dépourvues de porte-voix politique et sans conscience collective, semblent marginalisées, et vouées à exprimer leur frustration dans des révoltes qui justifieront un accroissement de la répression policière. Quant aux classes moyennes, elles se rendent compte qu'elles ont été bernées : après que, depuis quelques années, on a pris conscience de l'inégalité profonde qui caractérise les pays occidentaux, on découvre peu à peu que la démocratie n'est plus que le manteau jeté sur la volonté inflexible de l'oligarchie. Mais si le doute voire la colère mûrissent, c'est sans construction politique sur laquelle s'appuyer, sans vision de l'avenir. On ronchonne, mais dans le souci de conserver une situation jugée confortable. On murmure, mais sans pouvoir se défaire de la fragmentation individualiste qu'entretiennent en permanence la télévision et les médias. On a intériorisé l'idée qu'il n'y a pas d'alternative au système dominant et l'on qualifie d'utopie tout ce qui est différent.

On ne se rebelle pas, parce qu'on ne sait pas quelle cause défendre. Les Occidentaux ne savent pas encore à quel point le monde a changé.

6

Le défi de la démocratie planétaire

C'était dans le métro parisien, au terminus de la place d'Italie, le 17 janvier 2008. Le train attendait l'ordre de s'ébranler, et durant la pause, des passagers faisaient ce qui est devenu si rare, converser entre inconnus. Je notai un échange frappant.

Une dame, bien mise : « Les riches vont devenir plus riches, les pauvres plus pauvres. – Un homme noir : Moi, je suis pauvre. – La dame : Mais avant, on pouvait s'en sortir. Maintenant, on va tous devenir plus pauvres. »

La politique de la catastrophe

Deux illusions caractérisent la vie politique des pays occidentaux au début du XXIe siècle : la première, que nous avons explorée, consiste à se croire en démocratie quand on glisse vers le régime oligarchique ; la seconde est de considérer l'économie comme l'objet presque exclusif de la politique. Ces deux quiproquos découlent du même aveuglement, ou de la même manipulation, selon le point de vue où l'on se place : ne pas voir ou ne pas montrer que le système social est aujourd'hui organisé pour attribuer la plus grande part possible du produit de l'activité collective à un petit nombre de membres dirigeant la société. Ceux-ci proclament que la prospérité économique est la clé de tout, et que la croissance, assortie de la technologie, résoudra les problèmes, que l'on ne peut pas nier. « Le premier boulot d'un responsable politique est de s'assurer qu'il y aura de la croissance », affirme Jean-François Copé, éminence politique de l'oligarchie française.

Ce double malentendu aurait une importance historique secondaire s'il n'évacuait le phénomène dominant l'époque : une crise écologique qui correspond à un moment décisif de l'histoire de l'humanité, celui où elle rencontre les limites de la biosphère. Jusqu'alors, quels que fussent les actes humains, la nature demeurait, disponible, illimitée, impavide. Avec la puissance technologique acquise par l'homme, constate le philosophe Hans Jonas, « un objet d'un type entièrement nouveau, rien de moins que la biosphère entière de la planète, s'est ajouté à ce pour quoi nous devons être responsables parce que nous avons pouvoir sur lui. Et un objet de taille bouleversante, en comparaison duquel tous les objets antérieurs de l'agir humain ressemblent à des nains ! »

Dès lors, la politique n'est plus le jeu éternel du pouvoir et de la liberté, du désir et de la justice, de la vanité et de l'entraide, elle devient la bataille entre l'impératif de ménager ce qui permet à la cité de fleurir et la folie d'une compulsion indifférente à tout ce qui n'est pas elle.

La poursuite de l'expansion de la consommation matérielle dérègle les équilibres si étonnamment agencés qui singularisent notre planète dans l'univers connu, et qui ont permis l'essor de l'aventure humaine. Qu'il s'agisse du changement climatique, de l'érosion rapide de la biodiversité, de l'intoxication de nombreux écosystèmes, tous les aspects du drame qui se joue sont suffisamment documentés pour qu'on ne puisse plus douter de sa conclusion si l'écriture n'en était pas modifiée. « Effondrement total et inéluctable de notre civilisation au cours du prochain siècle », s'alarmait en 1973 René Dumont. « Pour la première fois dans l'histoire, nous courons le risque d'un déclin mondial », s'insurge en 2005 Jared Diamond.

En trente ans, le rythme de la destruction s'est accéléré, et ce qui paraissait relever d'un catastrophisme de marginaux forme le fond d'une conscience collective pessimiste. À l'anxiété économique de voir ses enfants destitués fait écho le souci de l'état de la biosphère laissée aux générations futures. Ce mouvement des idées traduit un renversement radical de la perspective historique : alors que l'émancipation des Lumières trouvait son énergie dans la promesse d'un avenir meilleur – « Le bonheur est une idée neuve en Europe », résume Saint-Just en 1794 –, l'aube du troisième millénaire ne projette qu'une clarté incertaine sur un monde où l'objectif devient de ne pas le détruire.

Lentement, nous redécouvrons que l'histoire est grave.

La croissance impossible

Si l'on écoute les innombrables trompettes des porte-parole de l'oligarchie, la priorité est à la relance, à la reprise, à la croissance de la production. Oubliée l'écologie dont on ne pouvait plus taire l'importance, ignorée l'inégalité, évacué le fossé Nord-Sud ; ce qu'il faut, c'est la croissance. Et quand tout sera redevenu comme avant, et que l'on consentira à s'intéresser à « l'environnement », la technologie sera là pour résoudre les problèmes. D'ailleurs, elle soutiendra la croissance et l'éternel développement sera durable. N'est-ce pas merveilleux ?

L'autre discours est celui que n'ont tenacement cessé de

tenir et d'approfondir les écologistes depuis quarante ans : un monde peuplé de 9 milliards d'habitants qui seraient tous au niveau de richesse occidental est écologiquement insupportable.

Pour démontrer à nouveau cette assertion, il est indispensable de recourir à quelques calculs. Le revenu moyen de chaque Européen était en 2007 de 27 000 dollars. Si la croissance annuelle à venir atteignait 2 %, leur revenu serait en 2050 de 63 000 dollars.

Ne serait-il pas normal que tous les habitants de la planète connaissent la même prospérité ? Un argument moral s'y oppose-t-il ? Non. Alors, pour que les 9 milliards d'habitants que comptera vraisemblablement la planète en 2050 jouissent du sort européen, il faudrait que l'économie mondiale, qui pesait 39 000 milliards (ou 39 billions) de dollars en 2007 atteigne 567 billions de dollars, soit quinze fois plus. Quinze fois ! C'est énorme, démesuré, écologiquement impossible.

Si impossible que nous allons raisonner selon une autre hypothèse. Prêts à nous faire vouer aux gémonies par les médias oligarchiques et par la gauche productiviste, posons que le pouvoir d'achat des Européens ne va plus augmenter. Ni en 2011, ni en 2012, ni en 2013 – *nada* jusqu'en 2050. Le revenu moyen reste au niveau de 2007, soit de l'ordre de 27 000 dollars. Que faudrait-il alors pour que tous nos frères et sœurs humains rejoignent en 2050 ce qui paraissait normal aux Européens en 2007 ? Que l'économie mondiale atteigne 243 billions de dollars, c'est-à-dire qu'elle pèse six fois plus qu'aujourd'hui. Six fois ! Les océans, l'atmosphère, les forêts, les ressources pétrolières et minérales supporteraient-ils une pression matérielle six fois supérieure à celle d'aujourd'hui ?

Attardons-nous sur l'idée de multiplier par six en quarante ans le poids de l'économie mondiale, ce qui représente un taux annuel de croissance de 4,5 %. Cet objectif repose, on l'a vu, sur deux choix politiques peu communs : celui de ne plus augmenter le revenu des Européens, et celui de viser l'égalité mondiale du revenu moyen. Comment multiplier par six l'économie mondiale sans altérer davantage la biosphère ? La réponse du discours dominant – si par aventure on parvient à le conduire dans cette discussion – est de s'en remettre au progrès technologique.

Cette assertion est-elle réaliste ? Pour l'analyser, utilisons un indicateur limité mais pratique de l'impact écologique, les émissions de gaz carbonique : un impact écologique stable signifiera alors que les émissions de gaz carbonique n'augmentent pas. Si le PIB augmente de 4,5 % par an, cela implique que les émissions générées par chaque unité de PIB doivent diminuer de 4,5 % par an. La technologie peut-elle réaliser cette performance ?

Observons ce qui s'est passé entre 1971 et 2007, une période qui a connu un très vif progrès technique, et dont la durée équivaut à celle qui nous sépare de 2050. Durant cette période, les émissions par unité de PIB ont baissé dans les pays de l'OCDE d'environ 2,5 % par an, soit près de deux fois moins vite que les 4,5 % qui seraient nécessaires si l'on ne comptait que sur la technologie pour éviter une crise écologique insupportable. Le progrès a été près de deux fois plus rapide dans les pays de l'OCDE qu'au niveau mondial. Généraliser au niveau mondial cette baisse de 2,5 % par an des émissions par unité de PIB serait donc déjà une belle réussite.

4,5 moins 2,5 égale 2. Où trouver ces 2 % supplémentaires de baisse des émissions ? Dans la baisse de la population ? La croissance démographique mondiale se ralentit, et même si des pays encore très prolifiques sont susceptibles de décélérer rapidement, il paraît peu probable que le nombre d'humains soit très inférieur à 9 milliards en 2050, sauf épidémie ou catastrophe, qu'il s'agit justement d'éviter. Quel autre levier de contrôle ? Le revenu. On peut refuser l'hypothèse que la population mondiale rejoigne le niveau de vie européen. Mais il faut le dire – et le justifier. À ma connaissance, aucun économiste ou responsable politique ne s'y aventure. Au contraire, dans l'harmonie universelle promise par le capitalisme, tout le monde est censé se retrouver avec l'attirail complet de l'Occidental moyen.

Résultat : viser une croissance mondiale de 4,5 % par an implique une augmentation annuelle de 2 % des émissions de gaz à effet de serre. Même en acceptant la stagnation du revenu des Occidentaux, même en tablant sur un progrès technique soutenu, la poursuite de l'enrichissement mondial se traduit par un impact écologique massivement aggravé et vraisemblablement insupportable.

Alors ?

Pour avancer dans la résolution de l'énigme, nous allons recourir à une équation simple. Elle est née d'une controverse au début des années 1970 entre Paul Erlich et Barry Commoner. Suivons l'économiste Tim Jackson dans sa présentation moderne de l'épatante équation IPAT. Dans ce raisonnement, l'impact écologique de l'activité humaine (noté I) est égal au produit de trois facteurs : la taille de la population (P), l'abondance matérielle, représentée par le revenu par personne (A), et la technologie (T).

Soit : IPAT : $I = P \times A \times T$

Pour simplifier, on va de nouveau représenter l'impact écologique par les émissions de gaz carbonique, tandis que le facteur technologique sera représenté par l'intensité en carbone, c'est-à-dire la quantité d'émissions nécessaires pour produire une valeur de 1 dollar.

En 2007, 30 milliards de tonnes de CO_2 étaient émises par une population mondiale de 6,6 milliards d'humains, dont le revenu annuel moyen était de 5 900 dollars, tandis que l'intensité en carbone était de 760 g de gaz carbonique par dollar.

Soit : 30 (milliards de tonnes de CO_2) = 6,6 x 5,9 x 0,77.

Qu'en sera-t-il en 2050 ? Si la technologie continue à progresser au rythme qu'elle a connu dans les pays de l'OCDE depuis 1971, T sera égal à 0,26. En ce qui concerne la démographie, les projections de la Division de la population de l'ONU estiment que la population mondiale atteindra 9 milliards d'habitants en 2050. Si l'on conserve le même niveau global d'émissions, l'équation se pose donc ainsi pour 2050 : 30 = 9 x 12 x 0,26.

On constate que le revenu moyen augmente : il passe de 5 900 dollars en 2007 à 12 000 dollars en 2050. Cela reste encore plus de moitié en dessous du niveau européen de 2007. On raisonne bien sûr en monnaie constante, c'est-à-dire corrigée de l'inflation.

Problème : ce volume d'émissions de 30 milliards de tonnes de gaz carbonique est beaucoup trop élevé. Si l'on veut limiter le réchauffement de la température moyenne du globe à 2°C par rapport à l'époque pré-industrielle, les scénarios du GIEC (Groupe d'experts intergouvernemental sur l'évolution du climat) indiquent qu'il faudrait réduire les émissions de gaz à effet de serre à la moitié du niveau de 2000, soit, en ce qui concerne le gaz carbonique, à moins de 15 milliards de tonnes.

Posons l'équation IPAT correspondant à la situation souhaitable en 2050 :

15 = 9 x A x 0,26.

Quelle est alors la valeur du revenu moyen ? A est égal à… 6,4.

Cela signifie que le revenu moyen des 9 milliards

d'habitants de 2050 dans une économie mondiale ayant réduit ses émissions au niveau nécessaire pour limiter le réchauffement climatique tout en ayant mis en œuvre d'importants progrès techniques est de 6 400 dollars. C'est à peine plus qu'aujourd'hui.

Stupéfiant, n'est-ce pas ?

Reprenons. On ne peut guère influencer le niveau de la population. On intègre un progrès technique continu. Sur quoi peut-on jouer pour parvenir au but souhaité, à savoir une diminution de l'impact écologique global ? Sur une baisse du revenu des plus riches pour s'ajuster au revenu mondial moyen.

Si l'on n'accepte pas cette conclusion, il y a deux solutions. La première est de refuser la réduction de l'inégalité mondiale. Il reste à la faire accepter aux Chinois, aux Indiens, aux Brésiliens, et autres peuples qui ont le même droit que les Occidentaux aux ressources de la biosphère.

L'autre solution est d'ignorer la question écologique, en refusant de réduire fortement le niveau d'émissions, et en fait, en rejetant la logique même de l'exercice. C'est l'objet du climato-scepticisme, animé par divers lobbies pétroliers aux États-Unis, qui ont nourri depuis de longues années une campagne soutenue de déni des résultats de la climatologie. Cette campagne a atteint son paroxysme durant l'hiver 2009-2010. Les techniques de manipulation et de confusion utilisées ont été bien documentées par James Hoggan, Naomi Oreskes et Erik Conway, ou Greenpeace. Elles ont connu un succès incontestable, relayées par des médias trop heureux de pouvoir croire qu'au fond, toute cette affaire d'écologie n'est qu'une calembredaine.

Cette détestable péripétie ne change rien, hélas, au fond du problème. La crise écologique, dont le changement climatique n'est que le volet le plus massif et le plus visible, se dresse comme une incontournable forteresse sur le chemin de l'humanité. La justice est la clé qui permettra de l'ouvrir pour la franchir.

La fin de l'exception occidentale

« Un des conflits les plus terribles de l'histoire humaine a été l'ultime guerre de religion, qu'on a appelée la guerre de Trente Ans, et qui a ensanglanté tout le centre de l'Europe. Quand elle s'acheva, un principe fut inventé pour en finir de ces carnages », me raconte Pierre Radanne, un expert en politique énergétique. « Inscrit dans le traité de Westphalie en 1648, ce principe était celui de la souveraineté nationale. Un peuple avait la même religion que son roi, et un roi ne pouvait pas faire la guerre à son voisin au motif de sa religion. Cette tentative de pacification des relations humaines a reconnu les États-nations et a posé des limites aux ingérences d'un pays dans un autre. Le principe de la souveraineté nationale a été au fondement de l'Organisation des Nations unies en 1945. »

« Mais aujourd'hui, poursuit Radanne, le changement climatique pose un problème spécifique : le climat est indivisible. Il n'y a pas un climat séparé pour chaque pays. Le climat ignore les frontières, c'est un objet unique, global, planétaire, insécable. Et donc, la souveraineté nationale ne peut pas résoudre la question du changement climatique. Le climat d'un pays va dépendre de ce que vont faire tous les autres pays. » Ou nous répondons ensemble à la crise écologique, ou nous en pâtissons tous.

Depuis une trentaine d'années, un grand nombre de pays du Sud ont émergé économiquement. Avec la Chine et l'Inde au premier rang, ils ont connu une croissance très rapide. Cela donne à l'ensemble de ces pays émergents un poids bientôt dominant dans l'économie mondiale : près de 50 % en 2010, selon l'OCDE. Cet essor a fait reculer d'un quart en vingt ans le nombre de personnes vivant avec moins d'un dollar par jour. Mais un milliard et demi d'humains sont encore dans ce dénuement, tandis que le revenu moyen des pays du Sud de la planète reste très en deçà de celui des pays riches. Par exemple, en 2009, le PIB par habitant en Chine est de l'ordre de 6 500 dollars contre 32 000 au Japon, en Inde de 3 000 contre 38 000 au Canada, en Algérie de 7 000 contre 32 000 en France, en Bolivie de 4 500 contre 46 000 aux États-Unis. Or, la crise écologique, qui s'aggrave d'autant plus vite que la croissance de ces pays est intense, constitue un mur dressé sur leur route. Leur essor va se poursuivre mais l'éventualité qu'ils rejoignent le niveau actuel de prospérité des habitants du Nord est très improbable. Cette inégalité ne paraît pas justifiable sur le plan moral. Elle est d'autant plus mal acceptée qu'à travers la généralisation de la télévision, les pauvres aperçoivent l'opulence du Nord et rêvent d'y goûter.

Ce qui est en jeu, en réalité, c'est la fin progressive de l'exception occidentale. La révolution industrielle démarrée en Europe, puis élargie aux États-Unis et au Japon, a ouvert une parenthèse durant laquelle les pays occidentaux se sont écartés sensiblement, en termes de richesse et de puissance, du reste du monde. Cet écart a atteint son apogée au début du XXIe siècle lorsque, par exemple, le revenu moyen d'un habitant des États-Unis a atteint 42 fois celui d'un Éthiopien.

Mais la banalité de cette situation depuis quelques générations nous fait oublier qu'elle est très anormale au regard du temps long de l'histoire. Si l'on ne s'intéresse qu'aux conditions matérielles d'existence, on peut assurer que jusqu'au xviiie siècle, les paysans de France ou de Chine, ceux d'Italie ou d'Inde, vivaient dans une misère tout à fait comparable, et leurs aristocrates respectifs dans un luxe semblable. L'étude en a été faite précisément par l'historien Kenneth Pomeranz : comparant l'Angleterre et la région chinoise du bas Yangzi (en amont de Shanghai), il a constaté des ressemblances très fortes en ce qui concerne la densité de population, l'espérance de vie ou le niveau de vie. S'il avait alors existé un service statistique mondial, nul doute qu'il n'aurait pas recensé de différence notable dans le niveau de vie moyen des différentes populations de la planète.

Nous commençons à vivre le resserrement de l'écart extraordinaire des richesses qu'a creusé le monde depuis deux siècles.

Ce resserrement ne pourra pas se faire seulement par un relèvement du bas. En raison des limites écologiques, tous les habitants de la planète ne pourront pas vivre comme un États-Unien, ni comme un Européen ou un Japonais, d'ailleurs. La réduction de l'écart des richesses devra s'opérer par un abaissement important du haut. La politique de la biosphère indique une direction à contre-courant de tout le discours dominant : les Occidentaux doivent réduire leur consommation matérielle et leur consommation d'énergie, afin de laisser une marge d'augmentation à leurs autres compagnons de planète. L'appauvrissement matériel est le nouvel horizon de la politique occidentale. L'appauvrissement matériel des Occidentaux est le nouvel horizon de la politique mondiale.

Les trois scénarios

Ainsi se dessine le cadre des choix politiques qui se présentent aux sociétés occidentales. On pourrait le décrire sous forme de trois scénarios : oligarchique, de gauche productiviste, écologiste. Les deux premiers scénarios sont croissancistes, c'est-à-dire adhèrent à l'idéologie selon laquelle la croissance économique améliore la situation générale.

– Dans le scénario oligarchique, la classe dirigeante refuse la logique de la situation, et continue de proclamer la nécessité d'augmenter l'abondance matérielle par la croissance du PIB. Malgré un effort d'amélioration de l'efficacité énergétique – qui sera nécessaire dans tous les scénarios –, cette politique entraîne l'aggravation de la crise écologique et l'augmentation des prix de l'énergie, d'où un blocage de la croissance entraînant des frustrations d'autant plus grandes qu'une très forte inégalité perdure. Ces frustrations suscitent une montée des tensions sociales que l'oligarchie tente de détourner en stigmatisant les immigrants et les délinquants. Elle renforce l'appareil policier, ce qui lui permet au passage de réprimer les mouvements sociaux. De surcroît, la compétition mondiale pour les ressources et la dispute quant à la responsabilité de la crise planétaire enveniment les relations internationales, ce qui alimente le moulin sécuritaire et nationaliste. Le régime oligarchique, au départ encore respectueux des formes extérieures de la démocratie, les abolit progressivement.

– Dans le scénario de gauche croissanciste, les dirigeants s'obstinent à chercher la croissance du revenu moyen, en corrigeant cependant l'inégalité sociale, à la marge pour ne pas heurter les « élites économiques ». Les tensions intérieures aux pays occidentaux sont certes moins fortes que dans le scénario oligarchique, mais le poids de la crise écologique et les tensions internationales restent tout aussi accablantes, générant rapidement les mêmes effets de frustration et de conflit. L'oligarchie, ou sa fraction la plus réactionnaire, harcèle les dirigeants en s'appuyant sur l'extrême-droite. Il faut alors choisir, si cela est encore possible, de rompre franchement avec le croissancisme, ou être entraîné dans la débâcle.

– Dans le scénario écologiste, les dirigeants convainquent les citoyens que la crise écologique détermine l'avenir proche. Remettant explicitement en cause la démesure de la consommation matérielle, la politique économique réoriente une part de l'activité collective vers les occupations à moindre impact écologique et à plus grande utilité sociale – l'agriculture, l'éducation, la maîtrise de l'énergie, la santé, la culture... La création d'emplois ainsi permise rend populaire cette politique, permettant d'engager ouvertement la lutte contre les privilèges de l'oligarchie : le système financier est socialisé et les inégalités sont drastiquement réduites. Cela rend possible la transformation du modèle culturel de prestige que définissent les plus aisés. De plus, la réduction des inégalités atteste que le mouvement vers la moindre consommation matérielle est partagé par tous, ce qui le rend supportable. Enfin, elle signifie que la société reprend la part de la richesse collective que s'est appropriée l'oligarchie depuis les années 1980 – près de 10 % du PIB. Ces ressources servent à améliorer le niveau de vie des plus pauvres et à investir dans les nouvelles activités écologiques et sociales. Sur le plan international, les relations sont pacifiées, parce qu'il est aisé de plaider pour une orientation écologique des politiques. La confiance mutuelle l'emporte, les dépenses militaires reculent, la crise écologique est évitée, les jeunes générations peuvent prendre en main le monde nouveau.

Ce tableau appelle plusieurs remarques. Sur le fond, il signifie qu'il nous faut reconquérir la démocratie dans un contexte mental radicalement différent de celui dans lequel elle s'est développée. Durant les XIXe et XXe siècles, elle a grandi et convaincu parce qu'elle était une promesse d'amélioration du sort du plus grand nombre, promesse qu'elle a accomplie, en association avec le capitalisme. Aujourd'hui, le capitalisme délaisse la démocratie, et il nous faut la revigorer en annonçant un bien-être, un « bien vivre » fondamentalement autre que celui qu'il fait briller. Qui, d'abord, évitera la dégradation chaotique de la société. Qui, ensuite, ne sera plus fondé sur les séductions de l'objet, mais sur la modération illuminée par un lien social renouvelé. Il nous faut inventer une démocratie sans croissance.

« Non pas l'obéissance, mais l'adhésion »

Une objection va naturellement m'être ici opposée : par le vote, la majorité du peuple pourrait choisir de tenter de poursuivre la croissance matérielle, en espérant que le danger écologique est exagéré, que l'inégalité Nord-Sud restera longtemps supportable, et que le progrès technologique répondra à tout. Ce livre a répondu par avance à cette objection : nous ne sommes pas en démocratie, nous sommes précisément dans un régime qui n'en préserve les apparences que pour mieux la trahir.

Aux contradicteurs de démontrer que la démocratie est aujourd'hui vigoureuse, que les médias sont libres des intérêts financiers, que les politiques portent les intérêts du peuple et non ceux du capital, que les lobbies n'influencent pas en coulisse les décisions, que la publicité ne conditionne pas la culture collective…

Gageons en revanche que les citoyens libres parviennent à changer les termes du débat, qu'aidés de la réalité des faits qui plaide si vigoureusement dès qu'elle est dévoilée, ils réveillent leurs concitoyens du conditionnement, qu'un débat équitable et informé soit mené hors du joug de l'oligarchie. Alors, le choix populaire pourrait surprendre les présupposés de ceux qui le méprisent habituellement.

Imaginons cependant que, librement, le peuple choisisse une autre voie que celle proposée par les écologistes. Eh bien ! En démocrates, on s'inclinerait, bien sûr ! Et l'on continuerait à réfléchir, à plaider, à convaincre, car la démocratie ne se résume pas au temps de l'élection. On s'en remettrait au déroulement des événements pour justifier la proposition en espérant que la sagesse collective finira par éviter le pire, si cela est alors possible.

Mais revenons à une perspective plus optimiste. « La granulométrie des actions de lutte contre le changement climatique est extraordinairement fine, explique Pierre Radanne. La moitié des émissions de gaz à effet de serre des pays sont dues aux individus dans leur vie privée, par leurs choix de chauffage, d'alimentation, de transport, de consommation. Donc, la question climatique n'est soluble que par un bond démocratique. Elle est la première question politique totale de l'histoire humaine. Elle exige, non pas la soumission, non pas l'obéissance, mais l'adhésion de chacun d'entre nous pour faire évoluer ses comportements. Les changements sont d'une telle ampleur qu'ils ne peuvent pas être réalisés sans une nouvelle culture. Et à l'autre bout, il va falloir gérer la planète tous ensemble, donc construire cette gouvernance mondiale. L'affaire climatique, dans le monde divisé d'aujourd'hui, est pacifiante. Elle nous oblige à une gestion commune de la planète, elle nous oblige à converger. »

7

La vertu de la démocratie

C'était à New Delhi, lors du congrès de la Fédération internationale des journalistes d'environnement, fin 2009. Entre des débats sur le climat, l'énergie, la biodiversité, nous conversions. Samom Sobhapati, un confrère de Manipur, petit État au nord-est de la Fédération indienne, à la frontière de la Birmanie, me parla de son pays. « Ça me fait du bien d'être à Delhi, tu sais, ça me repose. Manipur est un très beau pays, le ciel est toujours bleu, et... on est très bons en football, beaucoup de joueurs des meilleures équipes indiennes viennent de Manipur. Mais nous subissons la loi militaire depuis tant d'années... Il y a 50 000 soldats pour 2,5 millions d'habitants. C'est dû à ce que depuis longtemps, un mouvement insurrectionnel demande l'indépendance ; auparavant, Manipur était une principauté autonome. La situation politique est très dure. »

Dix ans sans manger

Quelques jours plus tard, j'allais m'entretenir avec Arundhati Roy, auteur du best-seller mondial *Le Dieu des petits riens*. Roy appartient à une espèce qui semble avoir disparu en Occident : celle de l'écrivain engagé. Après deux heures de discussion, elle me proposa de l'accompagner à un meeting de soutien aux victimes de la répression militaire au Manipur. Le rassemblement avait lieu à l'université de New Delhi, en plein air, devant la Faculté des arts. Une centaine de personnes se trouvaient réunies sous quelques banderoles, dont l'une portait un message d'une portée universelle : « Un monde différent ne peut pas être construit par des personnes indifférentes. »

La réunion avait pour but de protester contre la violente répression qui se poursuit depuis des années au Manipur. Une grande pancarte montrait la photo d'une jeune femme, Irom Sharmila. Peu de personnes sont aussi courageuses qu'Irom Sharmila. Le 2 novembre 2000, au Manipur, l'armée avait tué dix civils innocents en les mitraillant à un arrêt d'autobus, en réponse à une attaque des insurgés qui s'était produite la veille. Le 4 novembre, pour protester contre cet acte, Sharmila, qui avait alors 28 ans, commença une grève de la faim illimitée. Elle déclara qu'elle ne l'arrêterait que quand la loi sur l'état d'urgence (AFSPA, *Armed forces special powers act*), imposée à Manipur depuis 1958, serait levée. Aussi incroyable que cela paraisse, Irom Sharmila n'a pas mangé un grain de riz ou bu un verre d'eau depuis 2000. Mise en état d'arrestation pour tentative de suicide – une infraction punie par le code pénal indien –, elle est alimentée de force depuis dix ans au moyen d'un tuyau installé dans sa narine. Chaque fois qu'elle a été relâchée de l'hôpital où les autorités la retiennent, Irom Sharmila a arraché le tube et recommencé sa grève ; aussitôt, la police l'a replacée en alimentation forcée.

L'armée poursuit la répression à coups d'arrestations illégales, d'assassinats « extra-judiciaires », de tortures, de viols sans pour autant éradiquer l'insurrection. Près de 20 000 personnes pourraient avoir été victimes de ces violences depuis cinquante ans, selon l'organisation Human Rights Watch. En 2009, les associations de droits de l'homme ont encore recensé 444 nouvelles victimes des militaires.

En Inde, ce drame n'est pas isolé. Dans le nord-ouest du pays, au Cachemire, l'État maintient depuis des décennies une présence militaire violente, laissant de côté le respect des droits de l'homme. Et dans les États de l'Est, en Orissa, au Bengale-Occidental, au Chhattisgarh, une rébellion maoïste, appelée « naxalite », née dans les années 1970, est implantée et ne cesse de gagner du terrain, déstabilisant un tiers du territoire de l'Union indienne. En 2006, le Premier ministre Manmohan Singh déclarait que « le naxalisme était le plus important défi de sécurité interne jamais rencontré par notre pays », une inquiétude qu'il a de nouveau formulée lors de la fête de l'indépendance en août 2010. Derrière l'Inde à la forte croissance et aux brillants informaticiens que célèbre la presse occidentale, il y a un pays déchiré, où une rébellion populaire qui semble dater d'un autre âge tient l'État en échec.

Selon Arundhati Roy, le virus de la violence militaire n'infecte pas seulement les régions troublées : c'est l'ensemble du pays qui serait en proie à un fascisme rampant. « Après la chute du mur de Berlin, l'Inde s'est alignée sur les États-Unis, me dit-elle. Au même moment, ceux-ci sont passés presque instantanément du soutien à l'islam – pour contrer l'Union soviétique – à la démonisation des mouvements musulmans, présentés comme terroristes. Cela a permis au parti nationaliste hindou, le BJP, de prendre son essor sur le thème de la fierté hindoue. » L'ouverture de l'économie avec la libéralisation des échanges n'a pas contrarié cette tendance, au contraire : « Comme dans l'Allemagne nazie, le fascisme est associé à la régénération économique. Les grandes compagnies soutiennent les leaders du BJP parce qu'ils privatisent le secteur public et leur donnent les terres prises aux paysans. »

De fait, les conflits entre communautés paysannes et grandes entreprises sont incessants, surtout dans l'est du pays, là où les naxalites soutiennent les paysans contre les industries qui veulent édifier, avec l'appui de l'État, d'immenses complexes industriels sur la terre agricole, ou contre les entreprises minières qui veulent exploiter les minerais au milieu des forêts. Comme l'a reconnu le Premier ministre le 18 juin 2009 devant le Parlement, « l'extrémisme de gauche prospère dans les régions qui ont des ressources naturelles ». En Orissa, la tribu des Dongria Kondh se bat ainsi contre un projet d'exploitation de la bauxite qui défigurerait les collines où elle vit depuis des générations. Dans le district de Jagatsinghpur, les communautés paysannes refusent d'abandonner 1 600 hectares à un complexe sidérurgique de la compagnie coréenne Posco – des affrontements entre police et opposants ont fait une centaine de blessés en mai 2010. En Orissa et au Jharkhand, ArcelorMittal tente d'implanter des aciéries, suscitant l'opposition des aborigènes et des paysans. Dans le Maharashtra, NPCIL, société indienne d'électricité nucléaire, ne parvient pas à acquérir un millier d'hectares pour construire des réacteurs d'Areva.

Derrière ces conflits se joue la lutte entre le modèle productiviste, qui veut reproduire la révolution industrielle occidentale sans prendre en compte la contrainte écologique, et un autre mode de développement, qui intégrerait pleinement la paysannerie, non comme une survivance du passé, mais comme un agent essentiel de production et de respect de l'environnement.

Un milliard qui pèse

C'est au cœur même des institutions politiques que la dégénérescence de la démocratie serait engagée, selon Arundhati Roy : « La majorité des députés sont millionnaires. Vous ne pouvez gagner que si vous êtes appuyé par les grandes compagnies. Savez-vous que la campagne électorale en Inde a coûté plus cher que la présidentielle aux États-Unis ? » Quant aux contre-pouvoirs, tels que la Cour suprême ou les médias, ils seraient pour l'essentiel passés aux mains des élites américanisées. « Toutes les institutions de la démocratie ont été vidées de leur sens et travaillent ensemble au bénéfice des élites », affirme-t-elle. « Il y a une infiltration de tous les instruments de l'État, une érosion des libertés publiques, des injustices quotidiennes mais peu spectaculaires. » Quand on lui fait valoir qu'elle est libre de s'exprimer, d'écrire et de parler, elle répond : « Ce n'est pas ça, la démocratie. La démocratie, c'est le gouvernement du peuple et pour le peuple. »

Dans ces conditions, y a-t-il un espoir ? « Il y a une chose très positive en Inde : les gens sont exceptionnellement conscients de ce qui se passe. Les élites et les médias, non. Mais, sur le terrain, les gens savent. »

Le tableau que trace Arundhati Roy de l'Inde semble valoir pour nombre de pays du Sud. En Chine, notamment, la liberté d'expression et la possibilité de manifester en moins, la classe dirigeante pousse au maximum les feux de la croissance, au prix d'une inégalité massive, d'une crise écologique géante, et d'une répression violente des rébellions. « La couche bureaucratique qui dirige le pays depuis plus de cinquante ans s'est muée partiellement en une couche affairiste et ploutocratique », écrit le sinologue Jean-Luc Domenach.

En fait, les pays du Sud sont beaucoup moins homogènes que l'image qu'en donnent des médias fascinés par les performances économiques : ils vivent des conflits majeurs, portant sur la répartition de la richesse produite, dont profite bien plus que proportionnellement une oligarchie avide, et sur un mode de développement qui néglige la question agricole et de l'environnement. On y retrouve fréquemment l'opposition entre une classe dirigeante, qui s'appuie sur les classes urbaines dont le niveau de vie augmente, et les paysans, les prolétaires et les habitants des bidonvilles. De plus, les oligarchies de presque tous les pays du monde se conduisent solidairement : elles forment une classe transfrontières partageant une idéologie et des intérêts communs.

Quelle ligne de fracture caractérise le monde actuel ? Celle qui oppose le « Nord » et le « Sud », ou bien le fossé qui sépare l'oligarchie mondiale des peuples sujets ? Pour répondre à cette question, il est utile de s'intéresser à l'impact écologique des individus selon leur niveau de revenu, en étudiant un indicateur de cet impact, les émissions de gaz à effet de serre. Ainsi, en France, l'INSEE constate que les 20 % des ménages les plus aisés émettent 9,7 tonnes de CO_2 par personne et par an, contre 3,6 tonnes pour les 20 % les plus pauvres – la moyenne nationale étant de 6,4 tonnes par habitant. De son côté, Greenpeace India a réalisé en 2008 une étude de ce type dans son pays : alors que les émissions moyennes y sont de 1,67 tonne par Indien, le niveau est de 5 tonnes pour les 10 millions de personnes constituant le 1 % de la population le plus riche. Quant aux 38 % des Indiens les plus pauvres, ils sont la source d'1,1 tonne par habitant.

Ces chiffres – qui mériteraient des études plus larges et plus approfondies – confirment qu'il ne faut pas considérer les pays du Sud comme un bloc. Dans les pays dits émergents, les

140

classes moyennes et riches jouissent d'un niveau de vie qui induit un impact écologique aussi conséquent que le mode de vie occidental. L'inégalité mondiale reste bien sûr un phénomène essentiel au regard du rééquilibrage entre les parties du monde qu'impose la contrainte écologique. Mais elle recouvre une inégalité majeure au sein de toutes les sociétés. Le rééquilibrage ne pourra se réaliser que si l'inégalité est corrigée dans chaque pays. Pour résumer l'enjeu de façon lapidaire, l'employé européen n'acceptera pas une réduction de son niveau de vie si cela profite aux millionnaires chinois.

Des chercheurs américains ont esquissé les conséquences d'un tel raisonnement. Pour prévenir la crise climatique, rappellent Shoibal Chakravarty et ses collègues, les émissions de CO_2 ne doivent pas dépasser 30 milliards de tonnes en 2030 (ce qui est un niveau déjà trop élevé). Sachant que nous devrions être 8,1 milliards d'humains en 2030, et en admettant un certain degré d'inégalité, les calculs fixent à 10,8 tonnes par individu le plafond maximal (et non pas moyen) qui permettrait à l'humanité de rester dans l'enveloppe de 30 milliards de tonnes. Les chercheurs ont alors rangé les volumes d'émissions non point par pays, mais sur une échelle individuelle, afin de savoir combien de personnes émettaient une quantité donnée de gaz carbonique. Il en ressort qu'un milliard d'humains sont au-dessus du plafond acceptable de 10 tonnes. Pour ne pas dépasser l'enveloppe globale, il faut éliminer toutes les émissions qui dépassent ce plafond.

La majorité d'entre eux vivent aux États-Unis, au Japon ou en Europe, mais une partie qui n'est plus négligeable se trouve aussi en Chine, en Inde et dans d'autres États du Sud. Ce ne sont pas seulement le Nord et le Sud qui sont en cause mais bien, partout, les couches riches et les masses populaires.

Pour résoudre le défi écologique et éviter le repli nationaliste auquel conduirait une approche pays par pays ou bloc contre bloc, il est vital de susciter les solidarités internationales entre peuples pour imposer, partout, la réduction des inégalités. Cela signifie que l'enjeu démocratique est planétaire : les droits de l'homme, la liberté du débat public, la participation de tous aux décisions ne sont pas des valeurs occidentales, mais les moyens par lesquels les peuples s'émancipent de leurs oppresseurs.

Si tu veux l'obéissance, prépare la guerre

C'est une scène de la vie parisienne : dans les gares, des soldats en treillis de combat déambulent, une mitraillette au poing. La France serait-elle en guerre ? Officiellement, ces patrouilles font partie du « plan Vigipirate », supposé protéger le pays du terrorisme, et en vigueur depuis de longues années. La fonction dissuasive d'une telle démonstration, qui est strictement nulle en ce qui concerne les terroristes, dissimule son but véritable : habituer les citadins à la banalité d'une présence militaire normalement réservée aux dictatures. Le plus surprenant est que, chez les vaniteux Gaulois qui s'enorgueillissent encore parfois d'être la « patrie des droits de l'homme », l'affront que constitue cette exhibition ne suscite qu'indifférence. On mesure à cette passivité le degré atteint par la dégénérescence de l'esprit démocratique.

« En France, observe l'éditeur Éric Hazan, l'oligarchie régnante a fait voter par des parlements librement élus une série de lois qui s'empilent depuis plus de vingt ans pour former un millefeuille répressif comme on n'en avait pas vu depuis le Second Empire. » « L'objectif véritable en France n'est pas la sécurité, mais d'habituer le citoyen à être surveillé », constate le président de la Ligue des droits de l'homme, Jean-Pierre Dubois. Depuis 2002, date à laquelle le leader d'extrême-droite Jean-Marie Le Pen surgit au deuxième tour de l'élection présidentielle, la droite au pouvoir n'a cessé de renforcer l'arsenal « sécuritaire ». « Une bonne moitié du programme présidentiel de Jean-Marie Le Pen en 2002 est depuis passée au *Journal officiel* », estime Jean-Pierre Dubois : généralisation de la vidéosurveillance, multiplication des fichiers informatiques, criminalisation des migrants, fichage ADN, extension des pouvoirs de la police, chasse aux étrangers sans-papiers et aux Roms, asservissement de la justice, privatisation des prisons.

Cependant, si la France de M. Sarkozy est en pointe dans cette entreprise, elle ne mène que d'une courte tête sur ses voisins occidentaux, qui rivalisent pour faire reculer par les mêmes moyens les libertés publiques. Il est déconcertant de voir avec quelle facilité les démocraties apparemment les plus sereines adoptent des lois d'exception. Ainsi le Parlement danois a-t-il voté en novembre 2009 une loi étendant le pouvoir de la police lors de la Conférence sur le climat de Copenhague en décembre suivant. Les forces de l'ordre pouvaient arrêter quiconque au motif de « menace à l'ordre public », la durée de la garde à vue étant étendue, tandis que le traité de Schengen était suspendu pour interdire l'accès du pays aux personnes suspectes. Plus de 1 000 manifestants ont ainsi été arrêtés en diverses occasions, et enfermés dans un camp spécial établi pour la durée de la conférence. De nombreux témoignages attestent que les arrestations ont été menées de manière arbitraire.

Par exemple, un membre du Mouvement pour une alternative non violente, Nicolas Haeringer, est saisi par des hommes en civil, le 16 décembre, en marge d'une manifestation autorisée dont il est l'un des organisateurs. Il est ensuite conduit, en voiture banalisée, puis en fourgon, vers le centre de rétention où des centaines d'autres jeunes sont retenus dans des cages. Il sera relâché après quelques heures. La procédure de son interpellation, telle qu'il l'a racontée, est frappante : elle est semblable à une arrestation se déroulant sous la dictature argentine et décrite dans le film *Buenos Aires 1977*, d'Adrian Caetano. Ici aussi, des hommes en civil interpellent un jeune et le font monter dans une voiture qui disparaît.

Dans un autre pays réputé pour le calme de ses mœurs politiques, le Canada, le glissement vers ces méthodes s'opère aussi aisément, ainsi qu'on l'a vu lors du G20 qui s'est tenu à Toronto en juin 2010. Là encore, les libertés civiles avaient été suspendues aux alentours de la conférence des chefs d'État. La police interpella plus de 900 manifestants. Un habitant de la métropole canadienne raconte : « Plusieurs des scènes qui se sont déroulées évoquaient des images associées aux dictatures. Des policiers en civil attrapaient des gens dans des manifestations pacifiques et les fourraient dans des camionnettes avant de disparaître. Des passants étaient arrêtés pour la seule raison qu'ils étaient au mauvais endroit au mauvais moment. Des policiers ont même surgi dans des maisons, pointant leurs fusils sur les gens. Des charges de police se sont produites sans avertissement sur des foules. » Des images diffusées sur Internet ont aussi montré des policiers en civil déguisés en manifestants pour jouer les agents provocateurs.

Les États ne radicalisent pas seulement leurs techniques policières, ils les militarisent, comme le montre l'introduction des drones (avions sans pilote) dans la surveillance civile, ou l'entraînement des militaires dans des environnements urbains, comme en France au CENZUB (Centre d'entraînement aux actions en zones urbaines, à Sissone, dans l'Aisne). Certains représentants de l'oligarchie ne se cachent presque plus de cette assimilation de la « sécurité » à une logique belliciste. En témoigne l'emploi répété du mot « guerre » par le président de la République française, Nicolas Sarkozy, comme l'a relevé *Le Canard enchaîné* : « guerre contre l'insécurité » le 27 juin 2002, « guerre » aux délinquants le 24 octobre 2002, « guerre aux trafiquants » le 14 avril 2003, « guerre » aux « trafics et trafiquants » le 8 février 2008, « guerre aux bandes violentes » le 18 mars 2009, « guerre contre le décrochage scolaire » (!) le 29 septembre 2009, « guerre sans merci contre la criminalité » le 26 mai 2010, « guerre aux trafiquants et aux délinquants » le 21 juillet 2010. Qui peut croire que l'esprit n'est pas dans les mots ?

« Nous ne sommes plus en présence d'un simple recul des libertés individuelles et collectives comme l'histoire en connut tant, écrit Michel Tubiana, de la Ligue des droits de l'homme. Nous vivons un renversement des valeurs. Ce qui est ici en cause, c'est un changement de définition de la sûreté républicaine : alors que les hommes de 1789 la définissaient par la capacité et les droits des citoyens à résister au pouvoir de l'État, la conception actuelle qui s'y substitue peu à peu est totalement inverse, puisque c'est la sécurité de l'État qui devient l'étalon de nos libertés. » L'État – présenté à des foules conditionnées comme le garant d'un mode de vie intrinsèquement légitime, et assurant leur protection contre les étrangers, les délinquants, les miséreux... Ne nous y trompons pas : l'oligarchie, ou du moins une large fraction d'entre elle, prépare un régime d'exception, face aux troubles sociaux et écologiques, intérieurs et extérieurs, que sa politique ne peut manquer d'entraîner.

« Nous apprenons les uns des autres »

Pourquoi serions-nous pessimistes ? La seule raison pour laquelle les citoyens perdent les batailles, c'est qu'ils ne mesurent pas la détermination et le cynisme de ceux à qui ils confient le pouvoir en les croyant soucieux du bien public. La tâche paraît immense face à la puissance qu'ont accumulée les oligarques. Mais elle commence par la lucidité : prendre la mesure des défis qui s'annoncent, et reconnaître l'impéritie des puissants qui nous rendent collectivement impuissants. On connaît la formule de La Boétie, l'ami de Montaigne, sur la « servitude volontaire » : nous sommes serfs parce que nous l'acceptons. Rien ne fait plus peur aux puissants que la liberté des peuples. Rappelez-vous la formule de Lippmann, qui avait peur d'être « encorné par le troupeau des bêtes sauvages ».

Qu'attendons-nous pour être libres ? D'être libres ? C'est idiot. C'est l'inverse qui fait loi : commençons par nous libérer pour être libres. Ce qu'il reste de démocratie est suffisamment vivace pour nous permettre de refuser la servitude. Appelons un voleur, un voleur ; un corrompu, un corrompu ; un menteur, un menteur.

Je ne doute pas qu'arrivés presque au terme de ce livre certains lecteurs attendent des… solutions. Eh bien non ! La solution, c'est vous, c'est nous. Souvent, lors des conférences-débats que j'anime, on me demande : que faire ? Mais je ne sais pas ! Les faits, les idées, les analyses, ce qui peut éclairer les choix, oui, je le propose – voyez le scénario écologiste page 131. Mais ce qui détermine la décision de chacun d'être libre, de ne pas attendre de l'orateur qui lui parle et peut-être le convainc qu'il lui dise quoi faire, je l'ignore. Qu'est-ce qui fait que l'on décide d'être libre ou sujet ? Malgré toutes les circons-

146

tances extérieures, les contraintes, le conditionnement, c'est une étincelle que chacun reconnaît en soi ou laisse éteindre. Au « Que faire ? », je réponds : « Je m'en remets à la créativité de la société, à son inventivité, à son énergie. » S'il y a un esprit démocratique dans nos pays, qu'il se réveille. Que les savants, ceux qui ont eu la chance de pouvoir réfléchir sereinement, disent : il faut plus de ceci, moins de cela, faire telle chose, empêcher telle autre – très bien, leurs conseils sont utiles. Mais personne ne délivrera la recette du « retour de la démocratie en dix leçons », sinon le corps des citoyens, animé par la volonté commune de refuser la peur.

Un souvenir me revient souvent. Au hasard d'un reportage, je me retrouve serré au fond d'un taxi-brousse entre Ouagadougou et Niamey. Nous sommes empilés à dix dans la Peugeot break, la piste cahote, il fait chaud, c'est pénible – mais les passagers, les mamas et les marchands en boubous, discutent sans discontinuer. Et moi, petit Français qui m'imaginais que, dans les pays les plus pauvres du monde, les pauvres ne s'intéressaient pas aux idées, j'entends la discussion rouler des heures sur la politique, le chef de l'État, les élections, ce qu'il faudrait faire. Eh oui, la politique les passionnait, ils en parlaient avec sagacité, parce qu'ils savaient que de la bonne politique dépendait le sort de leur pays.

Vous rappelez-vous ce terme juste d'Al Gore, sur la « conversation de la démocratie » ? La démocratie, c'est d'abord ça : une conversation, une discussion, un débat au plein et vrai sens du mot ; où l'on s'écoute, parce que tout le monde est compétent. La racine du pouvoir des oligarques est leur prétention à être plus compétents que le peuple. J'en ai donné quelques illustrations. Encore celle-ci, d'Alain Mınc, oligarque expert en manipulations : « Prétendre qu'il n'y a pas de légitimité intellectuelle, que tous les citoyens sont des experts et que tout le monde est égal face aux enjeux majeurs, quelle absurdité ! » Eh bien justement, la démocratie repose sur le fait que nous sommes égaux en capacité de jugement face aux enjeux majeurs : l'essentiel de la théorie de la démocratie dans la Grèce antique, résume l'historien Moses Finley, c'est que « tous les hommes possèdent la *politiké techné*, l'art du jugement politique, sans lequel il ne peut y avoir de société civilisée ». Non pas à la façon des sondages où l'on interroge au hasard des gens qui n'ont pas réfléchi à la question qu'on leur soumet ; mais comme le résultat d'une délibération où les citoyens ont entendu les arguments des experts et des autres citoyens, et se sont à l'occasion exprimés.

L'écologie politique, d'ailleurs, est née de cette contestation du pouvoir des experts, en affirmant que la démesure de la puissance technologique fragilisait le modèle démocratique : le combat des années 1970 contre l'énergie nucléaire visait autant son danger intrinsèque que la prétention des « experts » à tenir leur savoir indiscuté. La même critique se poursuit quant aux autres dispositifs techniques, tels que les organismes génétiquement modifiés (OGM), les nanotechnologies et les systèmes élaborés de contrôle social, dispositifs toujours imposés en s'affranchissant des règles du débat public et de la transparence de l'information.

Amartya Sen observe que « la politique de la démocratie donne aux citoyens une chance d'apprendre les uns des autres ». Oui, nous pouvons apprendre les uns des autres, par la conversation sur les grands enjeux, ceux que les oligarques ne veulent pas discuter, parce que ce qui les intéresse n'est pas d'abord le bien public, mais la préservation de leur bien acquis sur le dos des autres. Dans tous les exemples de démocratie vivante que nous connaissons, le cœur de la vie politique n'est pas l'élection, mais la délibération, par laquelle « nous apprenons les uns des autres ».

Un levier indispensable du retour à la démocratie, cependant, est dans la réduction des inégalités. Le principe démocratique est que, quelle que soit sa place dans la société, tout citoyen a part égale à la décision. Mais ce principe est brutalement violé quand le pouvoir économique de quelques-uns leur donne une capacité d'intervention et d'influence immensément supérieure au commun.

Soyons courageux, unissons-nous

Alors, que faire ? D'abord, « résister », puisqu'ils nous occupent : ils occupent nos esprits par la télévision, ils occupent nos réflexions par leurs médias contrôlés, ils occupent nos terres par leurs usines, ils occupent les conquêtes de nos parents par leurs privatisations, ils occupent l'espace écologique commun par leurs pollutions. Résister, puisqu'ils veulent détruire la résistance : « Il s'agit aujourd'hui de défaire méthodiquement le programme du Conseil national de la résistance », proclame un dirigeant du patronat, Denis Kessler. Que proposait ce programme élaboré au sortir du cauchemar nazi ?

« La pleine liberté de pensée, de conscience et d'expression ; la liberté de la presse, son honneur et son indépendance à l'égard de l'État, des puissances d'argent et des influences étrangères [...] ;

– l'instauration d'une véritable démocratie économique et sociale, impliquant l'éviction des grandes féodalités économiques et financières de la direction de l'économie [...] ;

– le retour à la nation des grands moyens de production monopolisée, fruits du travail commun, des sources d'énergie, des richesses du sous-sol, des compagnies d'assurances et des grandes banques [...] ;

– un plan complet de sécurité sociale, visant à assurer à tous les citoyens des moyens d'existence, dans tous les cas où ils sont incapables de se le procurer par le travail, avec gestion appartenant aux représentants des intéressés et de l'État.» Pas un mot à changer. Animons ce cadre de pensée par l'ambition de façonner une société en accord avec la biosphère, et adieu les oligarques !

Pourquoi être pessimiste ? Il y a des victoires, aussi. Les médias parlent peu ou mal des victoires : elles n'en existent pas moins. La bataille des OGM menée par les paysans et les écologistes n'est pas gagnée, mais en Europe, les puissants n'ont toujours pas réussi à imposer les cultures transgéniques. En Guadeloupe, en 2009, un mouvement constitué avec ténacité a pu bousculer un ordre injuste et imposer un nouveau respect. Toute l'Amérique latine s'est libérée des dictateurs. En Inde, paysans et tribus ont obtenu que la firme Vedanta ne puisse détruire leurs terres par l'exploitation minière. En France, des ouvriers ont arraché des indemnités moins misérables que celles que voulaient leur octroyer les patrons ; des travailleurs sans-papiers ont gagné leur reconnaissance légale ; un site Internet a fait éclater le scandale Woerth-Bettencourt, révélant l'imbrication des grandes fortunes et des responsables politiques ; des journalistes mettent au jour dans des films les manœuvres de Monsanto ou l'exportation de déchets nucléaires en Russie ; le mouvement basque voit reconnaître son droit à une chambre d'agriculture autonome, Laborantza Ganbara ; des paysans ont imposé qu'un vaccin que les autorités voulaient généraliser à tous les élevages ne soit plus obligatoire. Et le mouvement de rejet de la réforme des retraites, en France, à l'automne 2010, a montré que le peuple pouvait se réveiller.

Toujours on retrouve dans ces batailles la détermination, c'est-à-dire le courage, et l'unité. Le courage : on ne gagne pas si l'on n'engage pas la bataille, au péril de perdre. Mais le courage est... un sport de combat. « Les individus ne sont pas devenus fondamentalement peureux, observe Cynthia Fleury, ils ont simplement perdu l'entraînement au courage. » C'est un sport collectif : s'il est bien d'être courageux seul, on est plus fort si l'on est courageux ensemble – entreprise plus difficile dans une culture individualiste qui sépare les êtres les uns des autres.

Quant à la nécessité de l'unité, elle est très bien comprise par les capitalistes. *The Economist* s'intéresse un jour aux syndicats aux États-Unis : l'hebdomadaire habitué des réunions Bilderberg observe que le taux de syndicalisation reste très élevé dans la fonction publique, proche de 40 %, alors qu'il a chuté à moins de 10 % dans le privé. « Le résultat, c'est que les travailleurs du public sont gâtés à l'excès. » Le journaliste – combien gagne-t-il, cet homme ? – écrit bien « gâtés à l'excès » (*spoiled rotten*) ! C'est-à-dire que « les employés du gouvernement gagnent 21 % de plus que ceux du privé et ont 24 % plus de chance d'accéder à de bons soins médicaux ».

Divisés, on est faibles, c'est aussi simple que ça.

Dans le cercle de parole

C'était lors de la marche pour la décroissance, dans le nord de la France, en juillet 2006. J'y participai quelques jours pour un article. Une agréable randonnée, derrière trois ânes, à côté de vélos colorés, parfois au son de la guitare et du pipeau, au milieu de jeunes gens doux et souriants. Le soir, les marcheurs se réunissaient en un « cercle de parole », qui délibérait des soucis de la journée et des projets du lendemain. Pour la première fois, j'y observai une pratique nouvelle de démocratie, marquée par une écoute attentive de tous, le refus des leaders, la recherche du consensus. On pouvait s'exprimer sans parler : agiter les mains en l'air pour manifester son accord avec l'orateur du moment, les faire tourner en rond pour lui signifier qu'il était trop long, mettre le pouce en bas pour marquer son désaccord. Tout cela se vivait naturellement et créait une atmosphère agréablement pacifique.

Je retrouvai cette mise en scène de la démocratie en 2009, lors du premier Camp action climat qui se tenait en France, près de Nantes, pour appuyer le refus du projet d'aéroport à Notre-Dame-des-Landes. Lancés en Angleterre en 2006, les Camps action climat visent, tout en s'inscrivant dans une lutte concrète, à articuler vie écologique et vie démocratique. Des Camps action climat se déroulent d'année en année au Québec, en Angleterre, au Danemark, en Allemagne, en Belgique, etc. Le désir de mettre en pratique ce que l'on recommande les anime : « Tout le monde en a marre du bla-bla, il faut bouger, montrer l'exemple », me dit l'une des participantes. On ne peut pas changer la société si on ne change pas individuellement.

Il s'agit aussi d'expérimenter l'autogestion. Le site Internet du Camp de Notre-Dame-des-Landes expliquait : « Les gen-te-s peuvent s'organiser de façon non hiérarchique, sans qu'il y ait un-e dirigeant-e pour les y forcer ou leur montrer comment faire [...]. La coopération basée sur des accords volontaires entre les gen-te-s eux-mêmes est plus inventive, plus efficace et surtout plus juste pour affronter les enjeux écologiques et sociaux actuels. » Les décisions sont prises au consensus. Il n'y a pas de porte-parole, pas d'élu, pas de vote, mais des discussions qui doivent se poursuivre jusqu'à ce que l'on atteigne un accord sur les sujets débattus. « Le consensus, m'expliquait un participant, cela signifie que les gens qui ne sont pas d'accord avec la décision sont invités à exprimer la raison de leur désaccord, et la décision peut être modifiée de façon à trouver une troisième voie qui va convenir au plus grand nombre. La prise de décision au consensus permet de recueillir l'adhésion pleine de la personne, et donc que chacun s'approprie la décision et s'y implique, parce que chacun y a contribué. C'est de la démocratie, mais pas représentative. »

L'assemblée pratiquait le langage de gestes permettant d'exprimer son opinion sans parler, ainsi que d'autres méthodes, tels ces rôles assumés par des volontaires : facilitateur de la discussion, scribe (prenant en note), scrutateur de sensations (chargé de veiller à ce que certains ne soient pas exclus ou repliés sur eux-mêmes).

« Le système permet à des gens aux positions totalement opposées de dialoguer avec une vraie qualité d'écoute, me dit Jean-Pierre. Ce n'est plus un rapport de force, mais un rapport d'intelligence. » « Les femmes ont vachement de place, observait Laurence. Cela indique que cela se passe bien. »

À Copenhague aussi, fin 2009, les nombreux jeunes réunis dans les collectifs préparant les actions autour de la conférence sur le climat vivaient cette démocratie directe.

Ces expériences nous rappellent que la démocratie est loin de se limiter à la représentation : elle suppose l'engagement actif des citoyens, qui ne vise pas seulement à contester, mais à appliquer un autre mode de vie et une politique respectueuse des gens. Cela est très éloigné de la conception libérale fondée sur l'individualisme : au début du XIXe siècle, Benjamin Constant concevait la démocratie comme un régime politique fondé essentiellement sur la liberté des individus menant leur vie loin de l'État. Dans la démocratie grecque, au contraire, il s'agissait de faire communauté. Ici, explique Cornelius Castoriadis, la liberté de l'individu « non seulement n'exclut pas mais implique une conscience très forte de l'appartenance à une communauté politique ».

Ce que nous disent les participants à des actions comme celles des Camps d'action climatique, c'est que l'époque a besoin de retrouver le sens de la communauté, une communauté qui prend pleinement en compte la personne, mais ne se réduit pas à une collection d'individus. Que toute action de résistance ne vaut que si elle engage l'adhésion de la communauté, et qu'elle doit se prolonger par des actes positifs montrant qu'existe une alternative au système contesté.

Cela remet-il en cause le système représentatif ? À mon sens, non, pour la raison simple que ce système est devenu une caricature de démocratie masquant la réalité oligarchique de l'exercice du pouvoir. Si une culture vivante de la démocratie à la base se développe, cela ne peut que revigorer les mécanismes encore fonctionnels de la démocratie représentative, pour autant que les élus du peuple non seulement entendent, mais se considèrent bien comme les mandataires de ceux à qui ils doivent compte.

Mais qu'en est-il alors du pouvoir, ce pouvoir qui obsède tant les « observateurs de la vie politique » qu'ils ne savent que commenter les chances des compétiteurs de parvenir au faîte ? La reconquête de la démocratie ne pourra bien sûr pas s'abstraire du pouvoir, afin d'exprimer la loi consentie par tous au bénéfice de tous, et non de quelques-uns. L'oligarchie ne se laissera pas déposséder facilement. Et donc, il faudra des individus qui assument le pouvoir. « La question, pour une politique démocratique, n'est pas d'éliminer les leaders, note Castoriadis ; c'est d'instaurer un rapport différent de la communauté avec l'individu exceptionnel. » Et, plus loin, évoquant la démocratie athénienne : « Lorsque j'écoute un grand pianiste, je ne me sens ni outragé, ni humilié ; il en va de même lorsque j'écoute un discours politique : je suis d'accord ou non, mais cela ne me rabaisse pas. Là encore, ce qui est déterminant, c'est le sentiment de l'appartenance responsable à une communauté. Suis-je partie prenante de ce qui se passe ? Après tout, ce Périclès, c'est l'un de nous, c'est nous qui l'avons fait, il vit ici, c'est parce que notre communauté est ce qu'elle est qu'il peut proposer ce qu'il propose. Il peut donc bien y avoir union des membres du corps politique entre eux et avec certaines personnalités exceptionnelles. »

Cela dépend de nous : selon que nous serons sujets de l'oligarchie ou démocrates vigoureux, nous serons gouvernés par des Berlusconi, des Bush, des Sarkozy, ou par des Périclès, des Roosevelt ou des de Gaulle.

Quoi de neuf ? La vertu

Bien sûr, vous n'avez pas oublié d'où nous sommes partis, au début de ce livre. Nous sommes partis de l'idée suggérée par certains selon laquelle, face à l'ampleur des choix qu'exige la crise écologique si l'on veut éviter qu'elle détruise la société, la démocratie n'est pas apte à ces choix difficiles. J'ai combattu cette idée en démontrant que nous n'étions pas dans une démocratie où la communauté des citoyens pouvait sereinement et contradictoirement examiner les solutions possibles, mais dans un état proche du régime oligarchique. Celui-ci ne permet pas une discussion éclairée, mais entretient au contraire, afin de maintenir l'inégalité qui lui profite, l'illusion que le capitalisme pourra toujours accroître l'abondance. Ce n'est donc pas la démocratie qui est inapte aux choix difficiles, mais le régime oligarchique.

Face à la montée des tensions sociales et des dégradations écologiques qui résultent de sa politique, l'oligarchie tend vers l'autoritarisme voire vers la dictature. Elle fera alors des choix douloureux, mais qui préserveront sa position relative. Je conclus qu'au lieu de prendre la démocratie comme acquise, il faut la revivifier, en résistant à l'oligarchie et en développant la culture et les pratiques démocratiques. C'est la seule voie par laquelle les sociétés occidentales pourront organiser l'appauvrissement matériel dans des conditions qui lui permettront de bien vivre.

Mais je reconnais bien volontiers que rien ne garantit que, même en démocratie, le peuple adopterait les choix qui me paraissent nécessaires. Trois hypothèses se présentent alors. L'une est que, incapable de se transformer, le capitalisme évolue vers une situation où la dictature se mêlera au chaos.

Une deuxième hypothèse voit une assez large fraction de l'oligarchie reconnaître l'ampleur du danger et imposer à l'autre un changement radical. Dans ce combat des deux oligarchies, le peuple sera pris à témoin et même insensiblement investi de la tâche de trancher entre les deux propositions.

Une troisième hypothèse voit la communauté des citoyens bousculer l'oligarchie et choisir l'« automodération ».

Les deux dernières hypothèses sont voisines. Celle du combat entre fractions de l'oligarchie me paraît la plus réaliste, mais peu importe. L'important est que, dans les deux cas, le sens des responsabilités, l'éthique du futur, l'idéalisme public déterminent le sort de la partie – c'est-à-dire le sort du monde. Dans la deuxième hypothèse, l'oligarchie vertueuse ne peut l'emporter que si la majorité du peuple est aussi vertueuse, cette vertu du peuple étant aussi la condition du succès de la troisième hypothèse.

La vertu. Rien de plus nigaud dans l'univers idéologique qui domine notre représentation du monde. Pour les marxistes, la morale est une illusion, un voile qui dissimule l'intérêt de classe ; les comportements humains sont en fait déterminés par les structures matérielles et les rapports de classe. Quant aux capitalistes, ils ne font pas meilleur cas de la vertu : au contraire, l'égoïsme de chacun est supposé être transmuté en harmonie collective par l'alchimie du marché. La culture télévisuelle et publicitaire par laquelle cette idéologie devient culture ignore le concept même de vertu, et fait de la morale une niaiserie bon enfant dans le meilleur des cas, et l'instrument réactionnaire de répression du désir individuel le reste du temps.

Mais quoi qu'il en soit des nécessités du combat politique, de la reconnaissance des forces matérielles, du poids de la vanité, une époque qui abaisse la personne en la réduisant à l'ampleur de son désir, donc de sa frustration, ne peut s'émanciper qu'en relégitimant la valeur de l'engagement : du courage, de la maîtrise, du goût de la liberté, de la coopération. Ce qui nous paraît nouveau était une évidence pour les Grecs, comme l'explique Castoriadis : « Lorsque les Grecs dans l'Antiquité ont créé la polis comme démocratie des hommes libres [...], cette création [était] inséparable d'un certain nombre de valeurs, qui étaient à la fois la condition de la vie politique des Grecs et les fins que cette vie visait à atteindre [...]. Pour l'essentiel, ces valeurs avaient trait à l'homme individuel : ce qui était visé, c'était l'homme vertueux, l'*arétê* (vertu), l'individu *kalos kagathos* (beau et bon), etc. »

Pour le premier socialisme également, ce socialisme utopique que le marxisme allait étouffer, la « morale socialiste » visait, selon Pierre Chanial, à « forger une synthèse nouvelle entre amour de soi et amour des autres, égoïsme et altruisme, liberté personnelle et solidarité sociale ». Du Kropotkine de *L'Entraide* au Marcel Mauss de l'*Essai sur le don* et à la *common decency*, la morale commune de George Orwell, la vertu – ce sentiment d'une droiture humaine tournée vers les autres – court comme un fil oublié mais insécable au long de l'histoire des inventeurs d'un nouveau monde. Pour faire démocratie, il faut faire vertu, pour changer le destin écologique, il faut faire vertu. Vertu, un autre nom de l'humanité.

Références

1. La tentation autoritaire

Page 12 – «C'est la faillite de la démocratie»: Hulot, Nicolas, «Nous avons bradé l'avenir de nos enfants», *Le Journal du Dimanche*, 19 décembre 2009.

Page 13 – «signifie aujourd'hui...»: Bourg et Whiteside, «Pour une démocratie écologique», *La Vie des idées*, septembre 2009, p. 4.

Page 13 – «il est nécessaire...»: James Lovelock, cité par Leo Hickman, «James Lovelock: "Fudging Data is a Sin Against Science"», *The Guardian*, 29 mars 2010.

Page 13 – «si la démocratie...»: Shearman, David, «Kyoto: one Tiny Step for Humanity», www.onlineopinion.com.au, 4 mars 2005.

Page 13 – *Le Changement climatique et la Faillite de la démocratie*: Shearman, David, et Smith, Joseph Wayne, *The Climate Change and the Failure of Democracy*, Davenport, Praeger, 2007.

Page 14 – «les électeurs européens...»: «Rompuying along», *The Economist*, 6 février 2010.

Page 15 – «une sorte d'hyperdémocratie...»: Ewald, François, entretien avec Cécile Prieur, *Le Monde*, 11 janvier 2010.

Page 15 – *Le Mythe de l'électeur rationnel...*: Caplan, Bryan, *The Myth of the Rational Voter. Why Democracies Choose Bad Policies*, Princeton, Princeton University Press, 2007.

Page 15 – «reposait moins sur...»: Caplan, Bryan, cité par Ames, Mark, «Republicans at Highest Levels Really Want to Do Away with Democracy for All», www.alternet.org/story/145648, 12 février 2010.

159

Page 15 – « le meilleur livre politique de l'année » : cité par Ames, Mark, « Republicans at Highest Levels Really Want to Do Away with Democracy for All », www.alternet.org/story/145648, 12 février 2010.

Page 15 – « les peuples ne valideront jamais un tel traité... » : Barbier, Christophe, « Crise de l'euro : le deuxième sceau », *L'Express*, 11 mai 2010.

Page 15 – « dictature bienfaisante » : Adler, Alexandre, « Le mystère grec », chronique du 12 février 2010 sur France Culture.

Page 16 – « J'ai lu les journaux intimes de Mussolini... » : Berlusconi, au siège de l'OCDE à Paris, le 27 mai 2010. Rapporté par www.liberation.fr le 28 mai sous le titre « Berlusconi se compare à Mussolini, ce "grand dictateur" ».

Page 16 – « le manque de liberté peut être un avantage... » : Hassett, Kevin, « Does Economic Success Require Democracy ? », *The American*, mai 2007.

Page 16 – « Une autocratie gouvernée par un parti... » : Friedman, Thomas, « Our One-Party Democracy », *The New York Times*, 9 septembre 2009.

Page 16 – « Il est concevable que la solution... » : George Steiner cité par Lapaque, Sébastien, « Le bloc-notes », *Témoignage chrétien*, 11 mars 2010.

Page 16 – « ne comprennent rien à la technologie... » : Rocca, Jean-Louis, « Le leadership relève de circonstances historiques, pas des droits de l'homme », *Le Monde*, 27 mars 2010.

Page 17 – *l'inanité du concept de bien commun* : Schumpeter, Joseph, *Capitalisme, socialisme et démocratie*, Paris, Payot (1942), 1990, p. 347.

Page 18 – « volonté des citoyens » : *ibid.*, p. 334.

Page 18 – « Le citoyen typique... » : *ibid.*, p. 347.

Page 18 – « la masse électorale... » : *ibid.*, p. 374.

Page 18 – « La méthode démocratique... » : *ibid.*, p. 355.

Page 18 – « Cette circonstance... » : *ibid.*, p. 383.

Page 18 – « Le Premier ministre d'une démocratie... » : *ibid.*, p. 379.

Page 19 – « une "strate" sociale... » : *ibid.*, p. 383.

Page 19 – « renforcer la coopération entre ces trois régions » : Crozier, Michel, Huntington, Samuel, Watanuki, Joji, *The Crisis of Democracy. Report on the Governability of Democracies to the Trila-*

teral Commission, New York, New York University Press, 1975, page de garde.

Page 19 – «La décennie 1960...» : Huntington, Samuel, «Chapter III. The United States», in Crozier, Michel, Huntington, Samuel, Watanuki, Joji, *The Crisis of Democracy, op. cit.*, p. 60.

Page 20 – «La vitalité de la démocratie...» : *ibid.*, p. 64.

Page 20 – «plusieurs des problèmes...» : *ibid.*, p. 113.

Page 20 – «Le bon fonctionnement...» : *ibid.*, p. 114.

Page 20 – «Nous en sommes venus...» : *ibid.*, p. 115.

Page 20 – «On doit reconnaître...» : Schumpeter, Joseph, *Capitalisme, socialisme et démocratie, op. cit.*, p. 393.

Page 21 – «Les gouvernements démocratiques...» : «Excerpts of Remarks by Ralf Dahrendorf on the Governability Study», in Crozier, Michel, Huntington, Samuel, Watanuki, Joji, *The Crisis of Democracy, op. cit.*, p. 191.

Page 21 – «Dans les dernières années...» : Rockefeller, David, «Looking for new leadership», *Newsweek*, 1er février 1999.

2. Le glissement vers l'oligarchie

Page 23 – Kapuscinski, Ryszard, *Mes voyages avec Hérodote*, Paris, Pocket, 2006.

Page 24 – Hérodote, *Histoires*, livre III, 80-84.

Page 28 – *Philippines* : Follorou, Jacques, «Les dynasties, maîtres du jeu électoral philippin», *Le Monde*, 9 et 10 mai 2010.

Page 28 – *Gabon* : Bernard, Philippe, «Le choix gabonais de Nicolas Sarkozy», *Le Monde*, 24 février 2010.

Page 28 – *Chine* : Zeyuan, Yu, «Gare à la nouvelle oligarchie capitaliste», *Llanhe Zaobao*, traduit par : *Courrier international*, n° 992, 5 novembre 2009.

Page 28 – «la marche vers l'oligarchie» : cité par Lesnes, Corinne, «Feu vert aux firmes américaines pour aider les campagnes électorales», *Le Monde*, 23 janvier 2010.

Page 28 – «vieilles et grosses oligarchies» : Hayes, Christopher, «The Twilight of the Elites», *Time*, 22 mars 2010.

Page 28 – «Les membres de l'oligarchie au pouvoir». Hazan,

Éric, « La chute du mur de Paris, c'est pour quand ? », *Politis*, 26 novembre 2009.

Page 28 – « Triomphe de l'oligarchie » : *Le Monde diplomatique*, juin 2010, p. 19 *sq.*

Page 28 – « la proximité exhibée » : Todd, Emmanuel, « L'électeur de droite ne s'y retrouve plus », *Libération*, 18 mars 2010.

Page 29 – *Les sociologues* : Pinçon, Michel, et Pinçon-Charlot, Monique, *Le Président des riches. Enquête sur l'oligarchie dans la France de Nicolas Sarkozy*, Zones, 2010.

Page 29 – « l'oligarchisation » : Gauchet, Marcel, « La démocratie du privé perturbe le collectif », *Libération*, 28 avril 2009.

Page 29 – « gouvernement du peuple, par le peuple et pour le peuple » : Constitution du 4 octobre 1958, article 2.

Page 29 – « d'opinion » : « La démocratie d'opinion en question », *Le Monde*, 18 juin 2010.

Page 29 – « d'influence » : François, Ludovic et Huyghe, François-Bernard, *De la société d'autorité à la démocratie d'influence*, Paris, Ellipses, 2009.

Page 29 – « participative », « médiatique » : Sintomer, Yves, *Le Pouvoir au peuple*, Paris, La Découverte, 2007, p. 27.

Page 29 – « d'action », « d'élection » : Rosanvallon, Pierre, « Le pouvoir contre l'intérêt général », *Le Monde*, 21 septembre 2010.

Page 29 – « sociale » : Supiot, Alain, « Retrouver tout d'abord le sens des limites », *Le Monde*, 22 janvier 2010.

Page 29 – « adulte » : Carcassonne, Guy, « Une démocratie adulte est concevable sans œillères », *Le Monde*, 14 janvier 2009.

Page 30 – *Le dixième supérieur* : INSEE, dossier de presse, « Les revenus et le patrimoine des ménages », avril 2010.

Page 31 – *Le revenu moyen* : Observatoire des inégalités : http://www.inegalites.fr/spip.php ?article1054&id_mot=130.

Page 31 – *la distribution des revenus était restée stable* : Kempf, Hervé, *Pour sauver la planète, sortez du capitalisme*, Paris, Seuil, 2009, p. 26 *sq.*

Page 32 – *Le phénomène s'est manifesté...* : Piketty, Thomas et Saez, Emmanuel, « The Evolution of Top Incomes : a Historical and International Perspective », AEA 2006 session : Measuring and Interpreting Trends in Economic Inequality, janvier 2006.

Page 32 – *L'évolution est similaire en France* : Landais, Camille, « Les hauts revenus en France (1998-2006) : une explosion des inégalités ? », Paris School of Economics, juin 2007.

Page 32 – « vraiment riches se mettent à l'écart… » : « Stealth Wealth », *Newsweek*, 2 juin 2007.

Page 32 – « la liste des riches Chinois » (*China Rich List*) : www.hurun.net. Chiffre 2003 cité par Gross, Daniel, « Split by Decision », *Newsweek*, 12 novembre 2007. Chiffre 2009 cité par Philip, Bruno, « La Chine, eldorado du cognac », *Le Monde*, 23 octobre 2009.

Page 32 – *selon la revue Forbes* : cité par Bouissou, Julien, « Les milliardaires indiens trustent 25 % du PIB du pays », *Le Monde*, 21 novembre 2009.

Page 33 – Michels, Robert, *Les Partis politiques*, Bruxelles, Éditions de l'Université de Bruxelles, 2009.

Page 33 – « cette situation intermédiaire… » : cité par Nouchi, Franck, « Les ratés du sarko-show », *Le Monde*, 10 avril 2010.

Page 34 – « Même si les élections… » : Crouch, Colin, *Post-Democracy*, Londres, Polity, 2004, p. 4.

Page 35 – *qui raconte la scène* : Stein, Ben, « In Class Warfare, Guess Which Class Is Winning », *New York Times*, 26 novembre 2006. À partir de cette anecdote, François Ruffin a écrit un livre incisif, *La Guerre des classes*, Paris, Fayard, 2008.

Page 36 – « citoyens privés » : « About the Organization », The Trilateral Commission, www.trilateral.org, consulté le 21 juin 2010.

Page 36 – « Le but immédiat… » : « About the Organization », The Trilateral Commission, www.trilateral.org, consulté le 21 juin 2010.

Page 36 – *Un club choisi* : Crozier, Michel, Huntington, Samuel, Watanuki, Joji, *The Crisis of Democracy. Report on the Governability of Democracies to the Trilateral Commission*, New York University Press, 1975, p. 218.

Page 36 – *un document sur la sécurité énergétique* : Deutch, John, Lauvergeon, Anne, et Prawiraatmadja, Widhyawan, « Energy Security and Climate Change », The Trilateral Commission, 2007. Cf. www.trilateral.org, consulté le 21 juin 2010.

Page 37 – *Participation de Mme Lauvergeon au groupe Bilderberg de 2009* : http://www.bilderbergmeetings.org/participants_2010.html.

Page 37 – *groupe Bilderberg* : http://www.bilderbergmeetings.org/index.php.

Page 37 – *Un téléspectateur envoie une question* : à voir sur Dailymotion : http://www.dailymotion.com/video/x4m2t6_bilderberg-y-connais-pas-2. Raconté par Calafatidès, Laurence, « L'histoire de Bilderberg racontée à Y. Calvi et J.-F. Kahn », 23 mai 2008, http://www.oulala.net/Portail/spip.php ?article3455.

Page 38 – *Participation de MM. Adler et Strauss-Kahn au groupe Bilderberg* : http://publicintelligence.net/bilderberg/, consulté le 23 juin 2010.

Page 38 – « des gens de pouvoir... » : Agence Reuters, 23 mai 2001, cité par Rossier, Roland, « Bilderberg, club secret des "maîtres du monde" », http://www.jutier.net/contenu/bilderbe.htm, consulté le 22 juin 2010.

Page 38 – *avec le soutien de Raymond Barre* : Lemaître, Frédéric, « Des élites en quête de sens », *Le Monde*, 22 janvier 2008.

Page 38 – *membre de la Trilatérale* : Crozier, Michel, Huntington, Samuel, Watanuki, Joji, *The Crisis of Democracy. Report on the Governability of Democracies to the Trilateral Commission, op. cit.*, p. 217.

Page 38 – *la moitié étant des hommes d'affaires* : « Annual meeting 2011 », www.weforum.org, consulté le 22 juin 2010.

Page 38 – « jouer un rôle plus important... » : Pigman, Geoffrey Allen, *Global Institutions : The World Economic Forum – A Multi-Stakeholder Approach to Global Governance*, Routledge, 2007, cité par « Forum économique mondial », http://fr.wikipedia.org, consulté le 22 juin 2010.

Page 39 – « Les hommes et les femmes de Davos... » : Gumbel, Peter, « In Search of Davos Man », *Time*, 23 janvier 2005.

Page 39 – « Le Siècle est un lieu républicain... » : cité par La Rocque (de), Jean-Pierre, « Entrer dans Le Siècle des 550 lumières », *Challenges*, 4 mai 2006.

Page 40 – « Le capitalisme français... » : « Le capitalisme français reste aux mains d'un club très fermé », *Le Monde*, 12 janvier 2010.

Page 40 – « les patrons des groupes... » : Rey-Lefebvre, Isabelle, *Le Monde*, 12 janvier 2010.

Page 40 – « la race des seigneurs » : cité par Logeart, Agathe, « C'est ma sœur », *Le Nouvel Observateur*, 12 juillet 2007. Phrase à propos de Rachida Dati.

Page 40 – *organisateur du forum de Davos* : NGuyen, Thuy-Diep, « Richard Attias, président de Publicis Events Worldwide », *Challenges*, 25 janvier 2007.

Page 40 – « tout le monde a une Rolex !... » : sur France 2, le 13 février 2010. www.youtube.com/watch ?v=J8RnkztwGtA.

Page 41 – « C'est dérisoire... » : « La fureur de Proglio » *L'Express*, 4 février 2010.

Page 41 – *habitué des réunions Bilderberg* : en 2009 : http://www.bilderbergmeetings.org/meeting_2009_2.html, consulté le 23 juin 2010. Ainsi qu'en 2007 et 2008 : http://publicintelligence.net/bilderberg/, consulté le 23 juin 2010.

Page 41 – « La réduction du temps de travail... » : dans *20 Minutes*, 7 octobre 2003, cité par Chollet, Mona *et al.*, *Les Éditocrates*, Paris, La Découverte, 2009.

Page 41 – *Tel ce secrétaire d'État, Christian Blanc...* : *Le Canard enchaîné*, 17 juin 2010.

Page 41 – *Ou le roi des Belges* : Alissova, Lisa, « Le roi des Belges dans une belle galère », *Libération*, 15-16 août 2009.

Page 42 – *Guy Hands* : Chassany, Anne-Sylvaine, « Tax Exile Guy Hands Finds Lonely Guernesey Haven Is not Heaven », *Bloomberg*, 17 février 2010.

Page 42 – *Fred Goodwin* : Roche, Marc, « La déchéance de Fred Goodwin, ex-héros de la finance écossaise », *Le Monde*, 28 février 2009.

Page 43 – *Volvo* : « En pleine crise, les dirigeants de Volvo s'augmentent », *Le Monde*, 28 février 2009.

Page 43 – *Valeo* : Cori, Nicolas, « Airbag en or massif à Valeo », *Libération*, 24 mars 2009.

Page 43 – *Fortis* : « L'ex-directeur de Fortis a gagné 3,7 millions d'euros en 2008 », *Le Monde*, 11 avril 2009.

Page 43 – *Société générale* : Michel, Anne, « L'attribution de stock-options à des dirigeants de la Société générale provoque une polémique », *Le Monde*, 21 mars 2009.

Page 44 – *L'Expansion* : Dedieu, Franck, « Les superpatrons méritent-ils leur supersalaire ? », *L'Expansion*, mai 2009.

Page 44 – *Bourse de Londres* : The Guardian, du 14 septembre 2009, cité par Roche, Marc, « Les Britanniques choqués par ces patrons qui engraissent comme des matous », *Le Monde*, 16 septembre 2009.

Page 44 – *leurs stock-options* : Dedieu, Franck, « Stock-options : ces dirigeants qui touchent encore leur jackpot », *L'Expansion*, janvier 2010.

Page 44 – « compagnies pourraient... » : Lyons, William, « For Europe's CEOs, no Lack of Bonuses », *Wall Street Journal*, 16 février 2010.

Page 44 – « Quand les banques allaient bien... » : cité par Lemaître, Frédéric, « Les États semblent impuissants face au retour des bonus », *Le Monde*, 11 août 2009.

Page 45 – « sentiment de souffrance morale » : L. B., « Taxe sur les bonus : les banquiers français grognons mais discrets », *Les Échos*, 12 janvier 2010.

Page 45 – « injonction quasi stalinienne » : Truc, Olivier, « En Suède, le gouvernement passe en force pour supprimer les bonus au sein des entreprises privées », *Le Monde*, 14 avril 2010.

Page 45 – *ce qui a généré des profits records* : Gatinois, Claire, Michel, Anne, et Roche, Marc, « Les traders retrouvent les bonus géants d'avant-crise », *Le Monde*, 14 janvier 2010.

Page 45 – *en hausse de 17 % sur l'année précédente* : Robert, Virginie, « 20,3 milliards de dollars de bonus pour Wall Street en 2009 », *Les Échos*, 24 février 2010.

Page 45 – *en hausse de plus de 20 % sur 2008* : Gatinois, Claire, et Michel, Anne, « Près de 2 milliards d'euros de bonus pour les traders des banques françaises », *Le Monde*, 12 mars 2010.

3. La politique du capital

Page 49 – *Ronald Reagan au Japon* : Gelbart, Larry, « Japan Buys a Used President », *New York Times*, 6 novembre 1989. Cité par Galbraith, James, *L'État prédateur*, Paris, Seuil, 2009, p. 123.

Page 49 – « frappait les narines... » : Saifre, William, « Recruiting Reagan », *New York Times*, 11 mai 1989.

Page 49 – *Bill Clinton* : Solomon, John, et Mosk, Matthew, « For Clinton, New Wealth in Speeches », *Washington Post*, 23 février 2007.

Page 49 – *Al Gore* : Schaub, Coralie, « Le business des ex », *Challenges*, 11 février 2010.

Page 50 – *Gerhard Schröder* · « 10 Highest-Paid Public Speakers in the World », 27 avril 2010, www.onlineuniversities.com/blog/2010/04/ 10-highest-paid-public-speakers-in-the ; *conseiller* : Halimi, Serge, « L'argent », *Le Monde diplomatique*, janvier 2009 ; *accord gazier* : Saint-Paul, Patrick, « Gerhard Schröder, le pipeline du bonheur », *Le Figaro*, 14 juillet 2010, et Syfuss-Arnaud, Sabine, « Un ex-chancelier au verbe d'argent », *Challenges*, 11 février 2010.

Page 50 – *Tony Blair* : Leigh, David, et Griffiths, Ian, « The Mystery of Tony Blair's Finances », *The Guardian*, 1er décembre 2009 ; *montage financier* : Leigh, David, et Griffiths, Ian, « Mystery of Tony Blair's Money Solved », *The Guardian*, 17 décembre 2009.

Page 50 – *Jean Chrétien* : Taber, Jane, « Chrétien Betting on Resort-casino in Vietnam », *The Globe and Mail*, 16 avril 2009.

Page 50 – *Mme Palin* : Sherman, Gabriel, « Palin Inc., une entreprise qui marche », *New York Magazine*, traduit par : *Courrier International*, 27 mai 2010.

Page 51 – *Sebastian Pinera* : Legrand, Christine, « Le président milliardaire », *Le Monde*, 19 janvier 2010.

Page 51 – *gouvernement britannique* : Milland, Gabriel, et Warren, Georgia, « Austerity Cabinet has 18 Millionaires », *The Sunday Times*, 23 mai 2010.

Page 51 – *Antoine Bernheim* : cité par Darras, François, « L'argent élevé au grade de grand-croix de la Légion d'honneur », *Marianne*, 27 octobre 2007.

Page 52 – *un mouvement général de privatisation du bien commun* : documenté dans : Kempf, Hervé, *Pour sauver la planète, sortez du capitalisme*, Paris, Seuil, 2009, p. 26 *sq.*

Page 53 – *moelleux matelas de la puissance* : « Lincoln Bedroom Guests Gave \$5.4 Million », CNN. http://edition.cnn.com/ALLPOLI-TICS/1997/02/26/clinton.lincoln.

Page 53 – *Les allers-retours entre postes de la haute administration et conseils d'administration des grandes entreprises* : Mulkern, Anne, « When Advocates Become Regulators », *Denver Post*, 24 mai 2004.

Page 54 – *Gouvernement Obama* : « Banking on Becoming President », opensecrets.org, http://www.opensecrets.org/pres08, consulté le 29 juin 2010 ; « Who's Who in the Obama Cabinet », World socialist web site, 19 janvier 2009, www.wsws.org/articles/2009/jan2009/cabi-j19.shtml, et http://www.wsws.org/articles/2009/jan2009/secu-j20.

shtml, consultés le 30 juin 2010 ; *questions agricoles* : Carney, Timothy, « Obama's Revolving Door and Agri-Chemical Giants », *San Francisco Examiner*, 27 novembre 2009.

Page 54 – *Monsanto* : Kenfield, Isabella, « The Return of Michael Taylor. Monsanto's Man in the Obama Administration », *Counterpunch*, 14 août 2009.

Page 54 – *William Lynn* : Griffin, Drew, et Bronstein, Scott, « Defense Official Example of Revolving Door Between Governing, Lobbying », CNN, 23 février 2010.

Page 54 – *Timothy Carney* : Carney, Timothy, « Cashing Out of the Obama Administration », *Washington Examiner*, 3 mars 2010.

Page 55 – *Dominique Strauss-Kahn* : raconté par Lhaïk, Corinne, « DSK est-il de droite ? », *L'Express*, 23 juin 2010.

Page 55 – *Jean-Marie Messier* : Mamou, Yves, « Le retour médiatique critiqué de Jean-Marie Messier », *Le Monde*, 28 janvier 2009.

Page 56 – « redéfinir l'éthique… » : Messier, Jean-Marie, *Le jour où le ciel nous est tombé sur la tête*, Paris, Seuil, 2009, p. 316.

Page 56 – *Stéphane Richard* : Mauduit, Laurent, « Un "turbomillionnaire" à Bercy », *Marianne*, 27 octobre 2007.

Page 57 – *Jean-Charles Naouri* : http://fr.wikipedia.org/wiki/Jean-charles_naouri, consulté le 30 juin 2010 ; www.challenges.fr/classements/fortune.php ?cible=444, consulté le 30 juin 2010.

Page 57 – *Matthieu Pigasse* : Orange, Martine, *Ces Messieurs de Lazard*, Paris, Albin Michel, 2006, p. 317 ; Pechberty, Matthieu, « Matthieu Pigasse aime mieux jouer au banquier qu'au financier », *La Tribune*, 15 octobre 2008 ; Natixis, « Résultats au 31 décembre 2008 », Communiqué de presse du 26 février 2009.

Page 57 – *Pérol* : « Un Pérol de composition », *Les Dossiers du Canard enchaîné*, n° 112, juillet 2009 ; Bilderberg : Rey-Lefebvre, Isabelle, *Le Monde*, 12 janvier 2010.

Page 59 – *Alter-EU* : « Revolving Doors Case Underline Need for Cooling-Off Period », Press release, Alter-EU, 17 mai 2010.

Page 59 – *Dominique Strauss* : Giret, Vincent, et Le Billon, Véronique, *Les Vies cachées de DSK*, Paris, Seuil, 2000, p. 138 ; *EDF* : *ibid.*, p. 146 *sq.*

Page 59 – *Jean-François Copé* : Martin, Julien, « Maître Copé touche-t-il 200 000 euros chaque année ? », Rue89.com, 24 juillet

2009 ; Copé, Jean-François, *Promis, j'arrête la langue de bois*, Paris, Hachette-Littératures, 2006 ; cité par Davet, Gérard, « Avocats et politiques, les liaisons dangereuses », *Le Monde*, 14 octobre 2009.

Page 60 – *Les quatre parlementaires* : Calvert, Jonathan, Newell, Claire, et Gillard, Michael, « Whispered over Tea and Cake : Price for a Peer to Fix the Law », *The Sunday Times*, 25 janvier 2009.

Page 60 – Patricia Hewitt : « Revealed : Labour's Cash for Influence Scandal », *The Sunday Times*, 21 mars 2010.

Page 61 – *Transparency international* : Verluise, Pierre, « La corruption reste un défi pour l'UE-27 », *Actualités européennes*, IRIS, n° 33, avril 2010.

Page 61 – *Quotidien ABC* : Exposito, Angel, « Al borde del sumidero de la corrupcion », *ABC*, 1er novembre 2009.

Page 62 – « Les gouvernements démocratiques font difficilement » : « Excerpts of Remarks by Ralf Dahrendorf on the Governability Study », in Crozier, Michel, Huntington, Samuel, Watanuki, Joji, *The Crisis of Democracy. Report on the Governability of Democracies to the Trilateral Commission, op. cit.*, p. 191.

Page 62 – *Paul De Grauwe et Filip Camerman* : De Grauwe, Paul, et Camerman, Filip, *How Big are the Big Multinational Companies ?*, janvier 2002.

Page 63 – *en 2002, les cent premières firmes* : Morin, François, *Le Mur de l'argent*, Paris, Seuil, 2006, p. 40.

Page 63 – *Aux États-Unis, il s'appropriait 40 %* : « La finance capte les profits », *Alternatives économiques*, juillet 2010, p. 13. Orléan, André, « La crise, moteur du capitalisme », *Le Monde*, 30 mars 2010.

Page 63 – *Les dix plus grandes banques ont chacune* : Piketty, Thomas, « Non, les Grecs ne sont pas des paresseux », *Libération*, 23 mars 2010.

Page 63 – « le coût de l'argent est devenu » : Galbraith, James, *L'État prédateur*, Paris, Seuil, 2009, p. 177

Page 64 – *Rubin, Bolten Paulson et Geithner* : Roche, Marc, « Des ramifications public-privé au plus haut niveau », *Le Monde*, 31 octobre 2010.

Page 64 – *les hommes de Goldman Sachs à l'international* : Roche, Marc, « En Europe, Goldman Sachs recrute des hommes de pouvoir pour asseoir le sien », *Le Monde*, 2 mars 2010.

Page 64 – *les employés de Goldman ont versé* : Taibbi, Matt, « The Great American Bubble Machine », *Rolling Stone*, 9 juillet 2009.

Page 65 – « Nous aidons », « le travail de Dieu » : Arlidge, John, « I'm Doing "God's Work". Meet Mr Goldman Sachs », *The Sunday Times*, 8 novembre 2009.

Page 65 – « la vérité sur les spéculateurs » : Murphy, Paul, « The Truth About Speculators : They are Doing God's Work », *Financial Times*, 13-14 mars 2010.

Page 65 – « c'est une drogue » : Arlidge, John, « I'm Doing "God's Work". Meet Mr Goldman Sachs », art. cit.

Page 65 – *Goldman Sachs en Grèce* : Story, Louise, Thomas, Landon, et Schwartz, Nelson, « Wall St. Helped to Mask Debt Fueling Europe's Crisis », *New York Times*, 14 février 2010.

Page 65 – *bénéficier de la faillite d'AIG* : Cypel, Sylvain, et Michel, Anne, « Scandale AIG : le rôle de Goldman Sachs et de la Société générale en question », *Le Monde*, 11 février 2010.

Page 65 – *sciemment vendu à des clients* : Robert, Virginie, « Goldman Sachs attaqué pour fraude par la SEC », *Les Échos*, 19 avril 2010.

Page 66 – *débat sans vote* : Assemblée nationale, « Compte-rendu analytique officiel. Session ordinaire de 2005-2006 – 6e jour de séance, 13e séance. 1re séance du mardi 11 octobre 2005 », http://www.assemblee-nationale.fr/12/cra/2005-2006/013.asp.

Page 66 – *la banque Rothschild a donc proposé* : Watts, Robert, et O'Connell, Dominic, « NM Rothschild pitches motorway privatisation plan », *The Sunday Times*, 30 août 2009.

Page 67 – *La discussion parlementaire* : http://www.assemblee-nationale.fr/13/cri/2009-2010/20100007.asp#P98_2862.

Page 68 – *James Galbraith* : Galbraith, James, *L'État prédateur*, *op. cit.*, p. 185.

Page 69 – *l'expérience du Royaume-Uni* : Sabbah, Catherine, « Partenariat public-privé : un mauvais outil de relance », *Les Échos*, 15 avril 2010. Rey-Lefebvre, Isabelle, « Au Royaume-Uni, des économies, mais aussi des dérives », *Le Monde*, 26 juin 2008.

Page 69 – *la Cour des comptes jugeait* : Cour des comptes, *Rapport annuel 2008*, p. 675. Voir aussi : Cour des comptes, *Le Service public pénitentiaire*, juillet 2010.

Page 70 – *un document interne du ministère* : Simonnot, Dominique, « La justice s'avoue impuissante face aux "cols blancs" », *Le Canard enchaîné*, 28 juillet 2010.

Page 70 – *le Service central de prévention* : Alt, Éric, « 0,025 % de condamnations pour corruption », *Le Monde diplomatique*, avril 2010.

Page 70 – *Des députés ne peuvent auditionner* : Transparence international France, « Affaire de Karachi : une nouvelle illustration de l'utilisation abusive du secret défense », communiqué de presse, 19 mai 2010.

Page 70 – *le Royaume-Uni, l'Italie, la Serbie* : Alt, Éric, « 0,025 % de condamnations pour corruption », art. cit.

Page 71 – *la dix-neuvième initiative* : Aloise, Salvatore, « En Italie, un projet de loi raccourcissant la durée des procès crée une polémique » *Le Monde*, 28 février-1er mars 2010.

Page 71 – *supprimer le juge d'instruction* : Routier, Airy, « L'abus de bien social change d'étalonnage », *Challenges*, 11 mars 2010.

Page 71 – *Standard & Poor's abaissait* : Adda, Jacques, « Notation financière : le marché corrupteur », *Alternatives économiques*, juin 2010.

Page 71 – *Elles ont progressivement été reconnues* : Adda, Jacques, « Notation financière : le marché corrupteur », art. cit. Benezet, Erwan, « Les agences de notation dans le collimateur », *Le Parisien*, 7 mai 2010.

Page 72 – *Standard & Poor's accordait* : Adda, Jacques, « Notation financière : le marché corrupteur », art. cit.

Page 72 – *en plein débat sur les retraites* : J.-P. R., « L'agence financière Fitch défend son modèle de notation », *Le Figaro*, 9 juillet 2010. Gubert, Romain, « L'homme qui note la France sur les marchés », Lepoint.fr, 10 juillet 2010.

Page 72 – « sous observation négative » : « Une cote placée sous surveillance », radio-Canada.ca, 26 février 2009. Laviolette, Marc, et Dubuc, Pierre, « Le démantèlement de la Caisse des dépôts dans le viseur », *L'Aut' Journal*, avril 2009.

Page 74 – « L'industrie pharmaceutique a écrit une loi » : Carney, Timothy, « Once Obama's Target, Lobbyist Tauzin Now His Pet », *The Examiner*, 6 janvier 2010. L'annonce télévisée d'Obama est visible ici : http://www.youtube.com/watch?v=NCRO0g9CfAw (consulté le 15 juin 2010).

Page 74 – *Tauzin s'est rendu onze fois* : Cypel, Sylvain, « Fin d'un lobbyiste », *Le Monde*, 17 février 2010. Et : Blumenthal, Paul, « The Legacy of Billy Tauzin : the White House-PhRMA Deal », Sunlight Foundation, 2 février 2010.

Page 74 – *la réforme de la santé* : Appaix, Olivier, « Quand les États-Unis se refont une santé », *Le Monde diplomatique*, mai 2010. Blumenthal, Paul, *op. cit.*

Page 74 – *544 millions de dollars en lobbying* : Center for Responsive Politics, « Federal Lobbying Climbs in 2009 as Lawmakers Execute Aggressive Congressional Agenda », 12 février 2010.

Page 74 – *les conseillers d'Obama* : Taibbi, Matt, « Obama's Big Sellout », *Rolling Stone*, décembre 2009.

Page 75 – *il se rend à New York* : « Obama to Wall St. : "Join Us, Instead of Fighting Us" », *New York Times*, 22 avril 2010.

Page 75 – « Je suis sûr que pas mal » : Obama, Barack, « Remarks by the President on Wall Street Reform », The White House, 22 avril 2010.

Page 75 – *Des chercheurs du Fonds monétaire international* : Igan, Deniz, Mishra, Prachi, et Tressel, Thierry, « A Fistful of Dollars : Lobbying and the Financial Crisis », IMF working paper, n° 287, 2009, p. 27.

Page 75 – *Sur les neuf premiers mois de 2009* : Rey, Hélène, « Le fabuleux lobbying de la finance américaine », *Les Échos*, 10 février 2010.

Page 75 – *Russ Feingold* : cité par Puzzanghera, Jim, Mascaro, Lisa, et Simon, Richard, « Byrd's Death Could Delay Financial Reform Vote », *Los Angeles Times*, 29 juin 2010.

Page 76 – *Pascal Canfin* : propos recueillis par Grégoire Biseau, *Libération*, 2 juillet 2010.

Page 76 – *L'invasion des organismes génétiquement modifiés* : Kempf, Hervé, *La Guerre secrète des OGM*, Paris, Seuil, « Points », 2ᵉ édition, 2007. Voir aussi : Robin, Marie-Monique, *Le Monde selon Monsanto*, Paris, La Découverte, 2009.

Page 76 – *La directive REACH* : Riss, Jorgo, « Chemical Warfare – the Lobbying Battle on REACH », in Alter-EU, *Bursting the Brussels Bubble*, 2010.

Page 76 – *Les projets européens de régulation financière* :

«Financing Warmongers Set EU Agenda», Corporate Europe Observatory, avril 2010.

Page 76 – *Le document définissant la stratégie* : «Europe's 2020 Strategy : Big Business as Usual», Corporate Europe Observatory, mars 2010.

Page 77 – *Siim Kallas* : Kallas, Siim, «The Need for a European Transparency Initiative», discours du 3 mars 2005 à Nottingham.

Page 77 – *une analyse menée par les Amis de la Terre* : «Lobbying in Brussels», Friends of the Earth Europe, avril 2010.

Page 77 – «La prédisposition idéologique» : Alter-EU, *Bursting the Brussels Bubble*, 2010, p. 189.

Page 77 – *À Bruxelles, les nombreux groupes d'experts* : *ibid.*

Page 77 – *Jean-Christophe Alquié* : Alquier, Jean-Christophe, propos recueillis par Guillaume Dasquié et Nathalie Raulin, *Libération*, 23 juillet 2009.

Page 78 – *Daniel Guéguen* : «Interview with Daniel Guéguen on the Scrutiny of Brussels Lobbists», euractiv.com, 4 mai 2005.

Page 78 – *budget de lobbying a atteint aux États-Unis* : Center for Responsive Politics, «Federal Lobbying Climbs in 2009 as Lawmakers Execute Aggressive Congressional Agenda», 12 février 2010.

Page 78 – *dans 93 % des cas* : Center for Responsive Politics, «Money Wins Presidency and 9 of 10 Congressional Races in Priciest U.S. Elections Ever», 5 novembre 2008.

Page 79 – *campagnes des candidats* : Liptak, Adam, «Court Lifts Election Spending Limit», *International Herald Tribune*, 22 janvier 2010.

Page 79 – *Espagne* : Bozonnet, Jean-Jacques, «La droite espagnole est déstabilisée par une affaire de corruption», *Le Monde*, 11-12 octobre 2009.

Page 80 – *Europe (Suède, Finlande, Italie)* : «Comment la vie politique est-elle financée en Europe ?», *Le Monde*, 24 juillet 2010. «Financement des partis politiques en Europe : la démocratie à l'épreuve des affaires », www.myeurop.info, 11 juillet 2010.

Page 80 – *Michael Ashcroft* : «Michael Ashcroft, Baron Ashcroft», http://en.wikipedia.org, consulté le 5 août 2010.

Page 80 – *Forbes* : «Plus de miliardaires, selon Forbes», lavieimmo.com, 12 mars 2010.

Page 80 – *Mme Bettencourt*: Arfi, Fabrice, et Lhomme, Fabrice, «Sarkozy, Woerth, fraude fiscale: les secrets volés de l'affaire Bettencourt», mediapart.com, 16 juin 2010.

Page 82 – *campagne électorale de M. Sarkozy*: «Argent liquide, rendez-vous: la campagne de Sarkozy revient au centre de l'affaire», mediapart.com, 23 juillet 2010.

Page 82 – *M. Woerth et M. de Maistre*: Laske, Karl, et Lecadre, Renaud, «Quand Éric Woerth et Patrice de Maistre passaient à table», *Libération*, 14 juillet 2010. Mahranne, Saïd, «Woerth, poisson-pilote de Sarkozy à la tête du club des donateurs de l'UMP», lepoint.fr, 29 juin 2010.

Page 82 – *M. Courroye*: «Philippe Courroye», http://fr.wikipedia.org, consulté le 5 août 2010.

4. L'art de la propagande

Page 83 – *Al Gore*: Gore, Al, *Earth in the Balance*, Earthscan, 1992. Kempf, Hervé, «Earth in the Balance», *Réalités de l'écologie*, n° 36, novembre 1992.

Page 86 – «sur des questions aussi complexes que la crise climatique»: entretien écoutable avec lien vers transcription sur: http://www.reporterre.net/spip.php?article1181, paru dans *Le Monde* du 12 octobre 2006.

Page 86 – *Al Gore*: Gore, Al, *The Assault on Reason*, New York, Penguin Press, 2007. Traduit par Claudine Richetin, Paris, Seuil, 2008, sous le titre *La Raison assiégée*.

Page 86 – «conversation de la démocratie»: Gore, Al, *The Assault on Reason*, op. cit., p. 13.

Page 86 – «La communication fondée sur la psychologie»: *ibid.*, p. 93.

Page 87 – *Walter Lippmann*: Baillargeon, Normand, «Edward Bernays et l'invention du "gouvernement invisible", in Bernays, Edward, *Propaganda*, Paris, Zones-La Découverte, 2007, p. 16 et p. 60.

Page 87 – «Le rôle du public...»: Lippmann, Walter, *Public Opinion*, New York, BN Publishing, 2008, p. 161.

Page 87 – « Le peuple… » : Lippmann, Walter, *The Phantom Public*, New York, MacMillan, 1927, p. 155. Cité par Baillargeon, Normand, « Edward Bernays et l'invention du "gouvernement invisible", in Bernays, Edward, *Propaganda*, *op. cit.*, p. 18.

Page 88 – « néo-libéralisme » : « Colloque Walter Lippmann », http://fr.wikipedia.org/wiki/Colloque_Walter_Lippmann, consulté le 25 juin 2010.

Page 88 – « La manipulation… » : Bernays, Edward, *Propaganda*, *op. cit.*, p. 31.

Page 88 – « La minorité… » : *ibid.*, p. 39.

Page 88 – « Un homme décide… » : *ibid.*, p. 62.

Page 88 – « clichés, slogans… » : *ibid.*, p. 62.

Page 88 – « avec les ressorts… » : *ibid.*, p. 45.

Page 89 – « Nous devons faire glisser… » : BBC 4, *Century of the Self*, cité par Gore, Al, *The Assault on Reason*, *op. cit.*, p. 94.

Page 90 – *Eurodata TV* : A. F., « Les téléspectateurs mondiaux ne décrochent pas », *Les Échos*, 19-20 mars 2010.

Page 90 – *Durée* : « 3 h 8 min », *Le Monde*, 26 mars 2009. « 3 h 24 de télé par jour pour les Français en 2009 », *Midi Libre*, 2 janvier 2010. Communiqué de presse, « Médiamat annuel 2009 », Médiamétrie, 4 janvier 2010.

Page 91 – « Un individu qui passe quatre heures et demie… » : Gore, Al, *The Assault on Reason*, *op. cit.*, p. 21.

Page 91 – « L'intoxication télévisuelle… » : Kubey, Robert et Csikszentmihalyi, Mihaly, « Television Addiction is no Mere Metaphor », *Scientific American*, février 2002.

Page 92 – « L'ensemble de ces techniques… » : Postman, Neil, *Se distraire à en mourir*, Paris, Flammarion, 1986, p. 107.

Page 92 – « Elle a fait du divertissement… » : *ibid.*, p. 120.

Page 92 – « induit moins des idées… » : Le Goff, Jean-Pierre, *La Démocratie post-totalitaire*, Paris, La Découverte, 2003, p. 177.

Page 94 – *personnes emprisonnées aux États-Unis* : The Pew Center, « Prison count 2010 », mars 2010.

Page 96 – *Émission Dilemme* : « Dilemme : Ophélie : "Personne ne m'a forcée" », *Voici*, 3 juin 2010. Monnier, Vincent, « Basses œuvres », *Le Nouvel Observateur*, 19 juin 2010.

Page 96 – *un bain de purin* : émission «Dilemme» : Monnier, Vincent, «Basses œuvres», *Le Nouvel Observateur*, 19 juin 2010.

Page 96 – *des stimulations sexuelles sur un cheval* : émission «De Gouden Kooi», aux Pays-Bas : Stroobants, Jean-Pierre, «Télé-réalité : toujours plus bas», *Le Monde*, 27 mai 2008.

Page 96 – «pédophile», «connard» : Ridet, Philippe, «La télé-réalité, c'est pas pour de vrai», *Le Monde*, 29 septembre 2009.

Page 96 – «sénile», «pouilleuse» : «Le cinq majeur des candidats», *Le Parisien*, 14 août 2009.

Page 96 – *emprisonné et maltraité* : émission «Inlast», en Suède : Truc, Olivier, «"Enfermés", une émission de télé-réalité pire que la réalité», *Le Monde*, 14 octobre 2009.

Page 96 – *électrochocs* : Larcher, Laurent, «La télévision en ses dérives extrêmes», *La Croix*, 17 mars 2010.

Page 97 – «L'inflation de séries policières...» : «Fiction ou communication ?», *Politis*, 15 juillet 2007.

Page 97 – «la quasi-inexistence...» : Roux, Mathias, «Vraiment si belle, la vie ?», *Le Monde diplomatique*, décembre 2008.

Page 97 – *Parents Television Council* : Miller, Martin, «"24" Gets a Lesson in Torture from the Experts», *Los Angeles Times*, 13 février 2007.

Page 98 – «la concentration accrue...» : Gore, Al, *The Assault on Reason*, *op. cit.*, p. 16.

Page 98 – «Une des plus évidentes...» : *ibid.*, p. 99.

Page 98 – *Québec* : Philpot, Robin, *Derrière l'État Desmarais*. *Power*, Montréal, Les Intouchables, 2008, p. 148.

Page 98 – «Les différences d'opinion...» : Koronaiou, Alexandra, propos recueillis par F. P., *L'Humanité Dimanche*, 1er juillet 2010.

Page 99 – *concentration des médias* : Ward, David, *A Mapping Study of Media Concentration and Ownership in Ten European Countries*, Commissariaat voor de Media, 2004.

Page 99 – *un modèle de propagande* : Lamar, Jake, «La désinformation continue», *Le Monde Magazine*, 24 avril 2010.

Page 99 – «Il ne l'a jamais caché...» : Philpot, Robin, *Derrière l'État Desmarais* : *Power*, *op. cit.*, p. 156.

Page 100 – «fréquenter Le Siècle» : Pujadas, David, et Elkabach, Jean-Pierre, cités par Blandin, Noël, «Select Club : Le Siècle, club de rencontres des élites françaises», *La République des Lettres*, 22 janvier 2008.

Page 100 – *le rédacteur en chef des Échos* : Beytout, Nicolas, cité par http://publicintelligence.net/bilderberg/http://publicintelligence.net/bilderberg, consulté le 6 août 2010.

Page 100 – *Légion d'honneur* : «Légion d'honneur et ordre du Mérite pour journalistes et dirigeants de médias (2005-2010)», www.acrimed.org, 14 juillet 2010.

Page 100 – *J'avais écrit un portrait* : Kempf, Hervé, «Nathalie Kosciusko-Morizet. Tout pour elle», *Le Monde*, 17 juillet 2007.

Page 100 – *Un mois plus tard* : appel du 10 septembre 2007.

Page 100 – *I¹ me fallut* : lettre du 14 septembre 2007.

Page 101 – «il y a des choses...» : Carles, Pierre, «L'humour est une arme subversive», propos recueillis par Xavier Frison, *Politis*, 7 janvier 2010.

Page 103 – *J'écrivis ur article* : Kempf, Hervé, «ConsHome, petit Home», *Le Monde*, 21-22 juin 2010. Lisible sur : www.reporterre.net/spip.php ?article415.

Page 103 – «On ne peut pas faire...» : courriel du 7 juillet 2009.

Page 104 – «aux champions de la finance» : Attali, Jacques, *Rapport de la Commission pour la libération de la croissance française*, Paris, XO Éditions-La Documentation française, 2008, décisions 97 et 103.

Page 104 – «entités les mieux capables..» : Attali, Jacques, *Une brève histoire de l'avenir*, Paris, Fayard, Le Livre de poche, 2006, p. 205.

Page 104 – «l'imposture» : Allègre, Claude, *L'Imposture climatique*, Paris, Plon, 2010.

Page 104 – *Il apparaît rapidement* : Foucart, Stéphane, «Le cent-fautes de Claude Allègre», *Le Monde*, 28 février-1er mars 2010. Huet, Sylvestre, *L'imposteur, c'est lui*, Paris, Stock, 2010.

Page 105 – *après son enquête* : Robert, Denis, *Révélation$*, Paris, Les Arènes, 2001.

Page 105 – *un reportage sur la gestion* : reportage de Benoît Collombat, «Cameroun : l'empire noir de Vincent Bolloré», diffusé sur France Inter le 29 mars 2009.

Page 105 – *enquête sur les agissements* : Deneault, Alain, Abadie,

Delphine, et Sacher, William, *Noir Canada*, Montréal, Écosociété, 2008. Information sur la poursuite : www.ecosociete.org.

Page 105 – *Le PDG de Casino* : «Le Groupe Casino tremble devant Fakir (et réclame 75 000 €)», 30 juin 2010, www.fakirpresse.info.

Page 105 – *une tribune dans laquelle* : Azam, Geneviève *et al.*, «Claude Allègre : question d'éthique», *Politis*, 18 juin 2009.

5. Pourquoi ne se rebelle-t-on pas ?

Page 108 – «les hommes des classes dominantes» : Louis Chauvel, «La paix des vainqueurs», propos recueillis par Joseph Confavreux et Laurence Duchêne, *Vacarme*, n° 47, printemps 2009.

Page 109 – *le dérivatif de la drogue* : Leclerc, Jean-Marc, «La drogue envahit le monde du travail», *Le Figaro*, 28 juin 2010.

Page 109 – «Je ne veux pas retourner…» : «Le cuisinier d'Euro Disney qui s'est suicidé ne voulait pas "retourner chez Mickey"», *Le Monde*, 8 avril 2010.

Page 111 – «une vérité élémentaire…» : Castoriadis, Cornelius, et Cohn-Bendit, Daniel, et le public de Louvain-la-Neuve, *De l'écologie à l'autonomie*, Paris, Seuil, 1981, p. 26-27.

Page 111 – «ces besoins qu'il crée…» : *ibid.*, p. 32-33.

Page 111 – «une classe moyenne…» : cité par Brown, Wendy, «Néo-libéralisme et fin de la démocratie», *Vacarme*, n° 29, automne 2004.

Page 113 – *le prix de plus en plus élevé* : Rollot, Catherine, «Le malaise résidentiel croît dans la classe moyenne», *Le Monde*, 2 février 2010.

Page 113 – «La grande masse des gens…» : George, Susan, propos recueillis par Hervé Kempf le 8 août 2009, www.reporterre.net/spip.php ?article501.

Page 114 – «L'Américain "moyen"…» : Michéa, Jean-Claude, *Orwell éducateur*, Paris, Climats, 2003, p. 157.

Page 115 – *de 38 % en 1979, il est passé à 41 %* : Garrigou, Alain, «Élections sans électeurs», *Le Monde diplomatique*, juillet 2009.

Page 115 – *comme l'ont montré* : Subileau, Françoise, et Toinet, Marie-France, *Les Chemins de l'abstention*, Paris, La Découverte, 1993.

Page 116 – *les plus pauvres, les ouvriers* : Barroux, Rémi, « En Moselle, abstention et vote FN flirtent avec les records », *Le Monde*, 21-22 mars 2010.

6. Le défi de la démocratie planétaire

Page 120 – « Le premier boulot... » : le 22 juillet 2009 lors des Rencontres de Pétrarque à Montpellier, diffusées sur France Culture.

Page 120 – « un objet d'un type entièrement nouveau... » : Jonas, Hans, *Le Principe responsabilité*, Paris, Flammarion, « Champs », 2009 (éd. originale en allemand, 1979), p. 31.

Page 121 – « Effondrement total... » : Dumont, René, *L'Utopie ou la mort*, Paris, Seuil, 1973, p. 8

Page 121 – « Pour la première fois... » : Diamond, Jared, *Effondrement*, Paris, Gallimard, 2006, p. 40.

Page 121 – « Le bonheur est une idée... » : le 3 mars 1794 : « Que l'Europe apprenne que vous ne voulez plus un malheureux ni un oppresseur sur le territoire français ; que cet exemple fructifie la terre, qu'il y propage l'amour des vertus et le bonheur. Le bonheur est une idée neuve en Europe. »

Page 123 – *les émissions par unité de PIB* : IEA, *CO₂ Emissions from Fuel Combustion, Highlights, 2009 edition*, Paris, 2009, p. 83.

Page 124 – *Tim Jackson* : Jackson, Tim, *Prospérité sans croissance*, Bruxelles, De Boeck, 2010, p. 31. Les calculs sont menés avec la valeur du dollar en 2000, précise Jackson.

Page 124 – *controverse* : Ehrlich, Paul, et Holdren, John, « Impact of Population Growth », *Science*, 26 mars 1971, p. 1212 *sq.* Commoner, Barry, « The Environmental Cost of Economic Growth », in *Population, Resources and the Environment*, Washington, DC, Government Printing Office, 1972, p. 339 *sq.*

Page 124 – *équation IPAT* : Jackson, Tim, *Prospérité sans croissance*, Bruxelles, De Boeck, 2010, p. 88. Revenu par habitant : résultat de la division du PIB mondial (39 billions de dollars) par le nombre d'habitants (6,6 milliards). Intensité en carbone : PIB mondial divisé par 30 milliards de tonnes de CO_2.

Page 125 – *les scénarios du GIEC* : GIEC, *Bilan 2007 des changements climatiques : rapport de synthèse*, Genève, 2007, p. 19 *sq*

Page 126 – *James Hoggan* : Hoggan, James, *Climate Cover-Up*, Vancouver, Greystone Books, 2009.

Page 126 – *Naomi Oreskes et Erik Conway* · Oreskes, Naomi, et Conway, Erik, *Merchants of Doubt*, Bloomsbury Press, 2010.

Page 126 – *Greenpeace* : Greenpeace, *Climat de doute*, www.greenpeace.org, mars 2010, et : Greenpeace, « Koch Industries : Secretly Funding the Climate Denial Machine », mars 2010.

Page 127 – *raconte Pierre Radanne* : entretien avec l'auteur le 10 avril 2010, écoutable sur Reporterre : http://www.reporterre.net/spip.php ?article1077.

Page 128 – *OCDE* : OECD, *Perspectives on Global Development*, 2010.

Page 128 – *pays du Sud et pays riches* : « List of Countries by GDP (PPP) per capita », http://en.wikipedia.org, consulté le 13 août 2010.

Page 128 – *revenu moyen* : « Le niveau de vie par habitant des pays à hauts revenus est cinq fois plus élevé que la moyenne mondiale », Observatoire des inégalités, 15 janvier 2008. ww.inegalites.fr/spip.php ?article13&id_mot=116.

Page 129 – Kenneth Pomeranz : Pomeranz, Kenneth, *Une grande divergence. La Chine, l'Europe et la construction de l'économie mondiale*, Paris, Albin Michel-Maison des sciences de l'homme, 2010. Cité par Minard, Philippe, « Révolution industrielle : pourquoi l'Europe plutôt que la Chine ? », *Alternatives économiques*, juin 2010.

Page 131 – *inégalités* : OCDE, *Croissance et inégalités*, 2008, p. 38.

Page 133 – « La granulométrie... » : entretien avec l'auteur le 10 avril 2010, écoutable sur Reporterre : http://www.reporterre.net/spip.php ?article1077.

7. Vertu de la démocratie

Page 135 – *congrès de la Fédération internationale des journalistes d'environnement* : www.ifej.org.

Page 135 – *Le Dieu des petits riens* : Paris, Gallimard, 1998.

Page 136 – *Irom Sharmila* : Chaudury, Shoma, *Tehelka*, traduit sous le titre « Dix ans de jeûne solitaire » par *Courrier international*, 22 avril 2010.

Page 136 – *Armed forces special powers act* : South Asia Human Rights Documentation Centre, « Armed Forces Special Powers Act : a Study in National Security Tyranny », New Delhi, sans date.

Page 137 – *Human Rights Watch* : Human Rights Watch, « These Fellows Must Be Eliminated : Relentless Violence and Impunity in Manipur », 2008.

Page 137 – *associations de droits de l'homme* : « State of Concern », *The Economist*, 20 février 2010.

Page 137 – « naxalite » : Chakravarti, Sudeep, *Red Sun, Travels in Naxalite Country*, New York, Penguin Books, 2009, p. XV.

Page 137 – « le naxalisme était... » : « Peace Depends on Pakistan Stopping Terrorists : Manmohan », *The Hindu*, 15 août 2010.

Page 137 – « Après la chute du mur de Berlin... » : entretien avec l'auteur le 6 novembre 2009. Lire aussi : Roy, Arundhati, *Listening to Grasshopers*, New Delhi, Penguin, 2009.

Page 138 – « l'extrêmisme de gauche... » : cité par : Roy, Arundhati, « Mr Chidambaram's war », *Outlook*, 9 novembre 2009.

Page 138 – *Dans le district de Jagatsinghpur... En Orisssa et au Jharkhand... Dans le Maharashtra* : « Inde : protestations en Orissa contre l'implantation d'un complexe sidérurgique », 18 mai 2010, http://zenit.org.

Page 139 – « La couche bureaucratique... » : Domenach, Jean-Luc, « La Chine, ou les défis de l'État-parti », *Le Monde*, 6 octobre 2009.

Page 140 – *l'INSEE constate que les 20 % des ménages* : INSEE, *L'Économie française. Comptes et dossiers. Édition 2010*, 2010, p. 114.

Page 140 – *Greenpeace India a réalisé* : Ananthapadmanabhan G. *et al.*, « Hiding Behind the Poor », Greenpeace India Society, 2007.

Page 141 – *Des chercheurs américains ont esquissé* : Chakravarty, Shoibal *et al.*, « Sharing Global CO_2 Emission Reductions Among one Billion High Emitters », *PNAS*, 23 mai 2009.

Page 142 – « En France... » : Hazan, Éric, « Une oppression silencieuse », *Témoignage chrétien*, 29 octobre 2009.

Page 142 – « L'objectif véritable... » ; « Une bonne moitié... » :

Dubois, Jean-Pierre, propos recueillis par F. J., *Le Monde*, 10 février 2010.

Page 143 – *un membre du Mouvement d'action non violente* : Haeringer, Nicolas, « La journée d'un interpellé ordinaire », 18 décembre 2010, www.reporterre.net.

Page 144 – *La police interpella plus de 900 manifestants* : Erman, Boyd, « Police G20 Tactics Give Toronto a Black Eye », juin 2010, www.ctv.ca.

Page 144 – « Plusieurs des scènes... » : *ibid.*

Page 144 – les agents provocateurs : « Des agents provocateurs auraient infiltré les manifestants », Radio Canada et *Le Devoir*, 2 juillet 2010.

Page 145 – *l'emploi répété du mot « guerre »* : Chalandon, Sorj, « Les drôles de guerres de Sarkozy », *Le Canard enchaîné*, 28 juillet 2010.

Page 145 – « Nous ne sommes plus en présence... » : Tubiana, Michel, in Ligue des droits de l'homme, *Une société de surveillance ?*, Paris, La Découverte, 2009, p. 101.

Page 147 – « Prétendre qu'il n'y a pas... » : *Les Échos*, 8 janvier 2008.

Page 148 – « tous les hommes possèdent... » : Finley, Moses, *Démocratie antique, démocratie moderne*, Paris, Payot et Rivages, 2003, p. 75.

Page 148 – « la politique de la démocratie... » : Sen, Amartya, *La Démocratie des autres*, Paris, Rivages, 2006, p. 71.

Page 149 – « Il s'agit aujourd'hui de défaire... » : Kessler, Denis, « Adieu 1945, raccrochons notre pays au monde ! », *Challenges*, 4 octobre 2007.

Page 149 – « La pleine liberté de pensée... » : Conseil national de la résistance, « Programme du conseil national de la résistance », 15 mars 1944.

Page 150 – *En Inde, paysans et tribus* : Amnesty International, « Le gouvernement indien refuse la mine de bauxite de Vedanta », communiqué de presse, 24 août 2010.

Page 150 – *des journalistes mettent au jour* : voir le film de Marie-Monique Robin, *Le Monde selon Monsanto*, Arte, 2008, et celui d'Éric Guéret et Laure Noualhat, *Le Cauchemar du nucléaire*, Arte, 2009.

Page 150 – *le mouvement basque voit reconnaître* : voir www.ehlg-doitvivre.org.

Page 150 – *des paysans ont imposé* : vaccin contre la fièvre catharale ovine. Voir : Confédération paysanne, « Une victoire des paysans, le vaccin FCO n'est plus obligatoire », 23 juillet 2010, www.reporterre.net.

Page 151 – « Les individus ne sont pas devenus... » : entretien avec Cécile Daumas, *Magazine Next*, avril 2010, http://inventerre.canalblog.com/archives/2010/04/06/17468223.html.

Page 151 – « Le résultat, c'est que les travailleurs... » : « Welcome to the Real World », *The Economist*, 12 décembre 2009.

Page 152 – *Des Camps action climat se déroulent* : www.uncampement.net, consulté le 17 août 2010.

Page 152 – « Les gen-te-s peuvent s'organiser... » : www.campclimat.org/spip.php ?article41, consulté le 17 août 2010.

Page 153 – *au début du XIXᵉ siècle, Benjamin Constant* : Constant, Benjamin, *De la liberté des anciens comparée à celle des modernes*, Paris, Mille et une nuits, 2010.

Page 154 – « non seulement n'exclut pas... » : Castoriadis, Cornelius, *La Cité et les Lois. Ce qui fait la Grèce*, II, Paris, Seuil, 2008, p. 29.

Page 154 – « La question, pour une politique démocratique... » *ibid.*, p. 194.

Page 155 – « Lorsque j'écoute un grand pianiste... » : *ibid.*, p. 196.

Page 157 – « Lorsque les Grecs dans l'Antiquité... » : Castoriadis, Cornelius, Cohn-Bendit, Daniel, et le public de Louvain-la-Neuve, *op. cit.*, p. 107.

Page 157 – « la morale socialiste » : Chanial, Pierre, « Au-delà du règne de l'intérêt : la critique morale du capitalisme des premiers socialistes français », in *Peut-on critiquer le capitalisme ?*, Paris, La Dispute, 2008, p. 46.

Page 158 – Kropotkine, Pierre, *L'Entraide*, Montréal, Écosociété, 2001.

Table

Pour rester informé des sujets abordés par ce livre
et en discuter, vous pouvez consulter le site :
www.reporterre.net

Pour dialoguer avec l'auteur, vous pouvez lui écrire à :
planete@reporterre.net

RÉALISATION : IGS-CP À L'ISLE-D'ESPAGNAC (16)
IMPRESSION : CPI FIRMIN DIDOT À MESNIL-SUR-L'ESTRÉE
DÉPÔT LÉGAL : JANVIER 2011. N° 102888-4 (104545)
IMPRIMÉ EN FRANCE